马克思主义中国化丛书

总主编　史小宁

马克思恩格斯国家与个人关系思想研究

李萍萍　著

中国社会科学出版社

图书在版编目（CIP）数据

马克思恩格斯国家与个人关系思想研究 / 李萍萍著.
北京 ：中国社会科学出版社，2025. 5. --（马克思主义
中国化丛书）. -- ISBN 978-7-5227-4995-2

Ⅰ. A81

中国国家版本馆 CIP 数据核字第 2025RE4408 号

出 版 人	赵剑英
责任编辑	喻 苗
责任校对	胡新芳
责任印制	李寡寡

出 版	中国社会科学出版社
社 址	北京鼓楼西大街甲 158 号
邮 编	100720
网 址	http：//www. csspw. cn
发 行 部	010 - 84083685
门 市 部	010 - 84029450
经 销	新华书店及其他书店

印 刷	北京明恒达印务有限公司
装 订	廊坊市广阳区广增装订厂
版 次	2025 年 5 月第 1 版
印 次	2025 年 5 月第 1 次印刷

开 本	710 × 1000 1/16
印 张	13. 25
插 页	2
字 数	215 千字
定 价	68. 00 元

凡购买中国社会科学出版社图书，如有质量问题请与本社营销中心联系调换
电话：010 - 84083683

出版前言

马克思主义自诞生以来，在指导工人运动和社会主义革命、建设、改革的过程中，取得了举世瞩目的光辉成就，深刻地改变了世界格局和人类社会的发展走向，为人类社会昭示了新的发展前景。尽管马克思主义的反对者们一再声称马克思主义已经过时，但当人类社会发展出现困境时，人们却不约而同地回到马克思的思想资源中寻求破解困境的灵感，以马克思主义为指导的社会主义制度也在遭遇挫折后焕发出新的生机和活力。从一定意义上来说，当代资本主义社会之所以能摆脱过去周期性经济危机的魔咒，也得益于马克思主义对资本主义制度的深刻批判。无论是19世纪中后期欧洲资本主义克服经济危机的努力，还是2008年国际金融危机后马克思主义著作在西方世界的热销，无论是马克思被西方思想界评为"千年第一思想家"的现象，还是马克思主义不断地被敌人所诋毁，无不显示出马克思主义巨大的思想影响力和持久的生命力。

马克思主义的巨大思想影响力和持久的生命力来自其科学性和真理性。正如习近平总书记《在哲学社会科学工作座谈会上的讲话》中所指出的，"马克思主义尽管诞生在一个半多世纪之前，但历史和现实都证明它是科学的理论，迄今依然有着强大生命力。马克思主义深刻揭示了自然界、人类社会、人类思维发展的普遍规律，为人类社会发展进步指明了方向；马克思主义坚持实现人民解放、维护人民利益的立场，以实现人的自由而全面的发展和全人类解放为己任，反映了人类对理想社会的美好憧憬；马克思主义揭示了事物的本质、内在联系及发展规律，是'伟大的认识工具'，是人们观察世界、分析问题的有力思想武器；马克思主义具有鲜明的实践品格，不仅致力于科学'解释世界'，而且致力于积极'改变世界'。在人类思想史上，还没有一种理论像马克思主义那样对人类文明进步产生了如此广泛而巨大的影响"。

马克思主义并没有穷尽真理，它是随着时代的发展和人类实践活动的发展而不断发展的。作为一种科学的世界观和方法论，作为一种"伟大的认识工具"，马克思主义必须不断地直面时代发展变化的挑战，回答不同历史发展阶段提出的重大课题。在马克思和恩格斯生活的时代，虽然资产阶级统治已经在主要资本主义国家得以确立，资本主义制度正处在上升时期，但资本主义社会的固有矛盾已经开始暴露，无产阶级和资产阶级的矛盾已经日趋显现。在这样的历史背景之下，马克思和恩格斯面临的时代课题，就是站在无产阶级的立场上，揭示资本主义社会的内在矛盾，探讨资本主义社会的运动规律，为社会主义制度取代资本主义制度提供理论论证。马克思正是通过唯物史观和剩余价值学说这两大发现，实现了社会主义由空想到科学的发展，为当时工人运动的发展提供了科学的指南和正确的方向。19 世纪末到 20 世纪 20 年代，资本主义社会发展到了一个新的阶段，即帝国主义阶段，资本主义社会的固有矛盾呈现出新的特征。由于资本主义经济政治发展不平衡规律的作用，帝国主义之间的矛盾尖锐化，人类社会进入了一个以战争和革命为时代主题的新时代。面对时代主题的变化和工人运动面临的新形势新任务，列宁深刻地分析了帝国主义阶段资本主义社会基本矛盾的变化，探讨了帝国主义时期的主要矛盾和发展规律，深刻揭示了社会主义可以在一个国家率先取得胜利的历史必然性，领导俄国无产阶级和人民群众推翻了沙皇专制统治，建立了人类历史上第一个社会主义国家，实现了社会主义由理论到现实的伟大转变，开辟了人类历史的新纪元，也为后世提供了坚持和发展马克思主义的光辉范例。

"十月革命一声炮响，给我们送来了马克思主义。"马克思主义传入中国之时，正值中华民族处在亡国灭种的危急关头，中国社会正处在半殖民地半封建社会的深渊。自 1840 年鸦片战争以来，古老的中国遭遇"三千年未有之大变局"，一批批先进的中国人不断探寻着救国救民的道路。封建社会的开明人士推行的洋务运动失败了，资产阶级维新派发动的维新变法运动也没有取得成功，洪秀全等人发动的旧式农民起义失败了，孙中山等人领导的资产阶级民主革命运动也夭折了。马克思主义传入中国以后，正在苦苦寻求救国救民之道的中华民族的优秀分子找到了新的希望。以李大钊、陈独秀等为代表的中国人开始研究马克思主义、宣传马克思主义，马克思主义与中国工人运动相结合，产生了中国共产党。从此，中国革命的道路才展现出光明的前景，中华民族的命运才出现历史性的转机。

但是，如何在一个半殖民地半封建的落后的东方大国实现民族独立、人民解放进而建立社会主义制度，是马克思、恩格斯乃至列宁从未遇到过且更不可能回答的问题。这是历史和时代给中国共产党人提出的新的严峻课题。对此，中国共产党人进行了艰苦的探索。以毛泽东同志为代表的中国共产党人，顺应时代要求，把马克思主义的普遍原理与中国的实际相结合，创造性地推进了马克思主义中国化，实现了马克思主义中国化的第一次历史性飞跃，形成了马克思主义中国化的第一大理论成果——毛泽东思想。正是在毛泽东思想的指导下，中国人民经过艰苦卓绝的努力，推翻了帝国主义的殖民统治，建立了新中国，实现了民族独立和人民解放，建立了社会主义制度，为中国社会的进步和中华民族的发展奠定了坚实的基础。

社会主义制度的建立，深刻地改变了中国社会的基本结构和基本面貌，为中国社会的进步奠定了坚实的基础。但是在一个生产力水平十分低下、农村人口占绝大多数、封建传统根深蒂固的东方大国，建设什么样的社会主义、如何建设社会主义，是历史和时代给中国共产党人提出的又一崭新的课题。对此，中国共产党人进行了不懈的理论探索与实践探索，其间有挫折、有教训，也有成功的喜悦。改革开放以来，以邓小平同志为代表的中国共产党人，坚持实事求是的思想路线，把马克思主义的普遍原理与中国的实际相结合，实现了马克思主义中国化的第二次理论飞跃，形成了包括邓小平理论、"三个代表"重要思想、科学发展观等在内的中国特色社会主义理论体系。正是在中国特色社会主义理论体系的指导下，中国社会主义建设和改革事业才取得了举世瞩目的伟大成就。

党的十八大以来，中国特色社会主义进入新时代。实现第一个百年奋斗目标、开启实现第二个百年奋斗目标新征程、努力实现中华民族伟大复兴中国梦成为党和国家的主要任务。以习近平同志为主要代表的中国共产党人，坚持把马克思主义基本原理同中国具体实际相结合、与中华优秀传统文化相结合，在坚持毛泽东思想、邓小平理论、"三个代表"重要思想、科学发展观的基础上，贯彻党的基本路线方针政策，结合治国理政、管党治党的成功经验，创立了习近平新时代中国特色社会主义思想，实现了马克思主义中国化新的飞跃，开辟了马克思主义中国化时代化新境界。

历史和实践已经证明，中国共产党为什么能，中国特色社会主义为什么好，归根到底是马克思主义行，是中国化时代化的马克思主义行。坚持和发展马克思主义，是中国革命、改革和建设事业取得成就的根本保障。我们要清醒地看到，世界百年未有之大变局正在加速演进，新一轮科技革命和产业变革深入发展，国际力量对比深刻调整，中国发展面临新的战略机遇。同时，世纪疫情影响深远，逆全球化思潮抬头，单边主义、保护主义明显上升，世界经济复苏乏力，局部冲突和动荡频发，全球性问题加剧，世界进入新的动荡变革期，人类面临的问题和矛盾空前复杂，意识形态领域的斗争愈演愈烈，这些也给马克思主义的发展带来了新的挑战。坚持和发展马克思主义，必须深入研究马克思主义的基本原理，特别是要深入研究和学习马克思主义的经典著作，拨开各种强加于马克思主义身上的迷雾，还马克思主义以本来面目；坚持和发展马克思主义，必须坚决反对对待马克思主义的教条主义和实用主义态度。马克思主义不是僵死的教条，也不是随意裁剪的"百宝箱"，如果不顾历史条件的变化，把马克思主义经典作家针对特定历史条件、特定情境讲过的每一句话都当成普遍真理，照抄照搬，显然不是对待马克思主义的正确态度，而如果凡事都要从马克思主义经典作家的著作中去寻找答案，按照主观需要裁剪马克思主义这个整体，随意从马克思主义的经典著作中寻章摘句，同样也不是对待马克思主义的正确态度；坚持和发展马克思主义，必须不断地推进马克思主义的中国化、时代化和大众化，必须坚持运用马克思主义的立场、观点和方法，研究和回答中国改革开放和社会主义现代化建设中的重大理论问题与实际问题；坚持和发展马克思主义，必须在真学、真信、真懂、真用上下功夫，要认真研究马克思主义经典著作，掌握马克思主义的立场、观点与方法，把握马克思主义的思想精髓，自觉地用马克思主义的世界观和方法论分析问题、指导实践。

坚持和发展马克思主义，必须不断深化对马克思主义的理论研究。

改革开放以来，中央高度重视马克思主义理论研究，深入推进马克思主义理论研究与建设工程、马克思主义理论学科建设、马克思主义学院建设，马克思主义理论研究正在向纵深发展。但正如习近平总书记所说，我们"也有一些同志对马克思主义理解不深、理解不透，在运用马克思主义立场、观点、方法上功力不足、高水平成果不多，在建设以马克思主义为指导的学科体系、学术体系、话语体系上功力不足、高水平成果不多。社会上也存在一些模糊甚至错误的认识。有的认为马克思主义已经过时，中国现在搞的不是马克思主义；有的说马克思主义只是一种意识形态说教，没有学术上的学理性和系统性。实际工作中，在有的领域中马克思主义被边缘化、空泛化、标签化，在一些学科中'失语'、教材中'失踪'、论坛上'失声'"。① 因此，加强马克思主义理论研究是高校马克思主义理论学科和哲学社会科学工作者义不容辞的光荣使命。

西北师范大学马克思主义学院有着悠久的办学历史和较为深厚的学术积淀，其前身是 1953 年成立的马列主义教研室，1959 年成立了政治教育系，开始招收思想政治教育专业本科生。经过历代学人的辛勤耕耘，学院已成为甘肃省重要的马克思主义理论学科人才培养和学术研究基地。2021 年，学院成功获批马克思主义理论博士学位授予一级学科，现拥有马克思主义理论博士后科研流动站，马克思主义理论学科为甘肃省级重点学科。学院拥有一支政治立场坚定、结构合理、业务水平较高的师资队伍，近几年来编辑出版有《马克思主义理论研究》连续出版物。为了进一步加强马克思主义理论学科建设，提升中青年教师的教学科研能力，学院组织中青年教师进行科研攻关，编写了这套"马克思主义中国化"书系。希望本丛书的出版能够为马克思主义理论学科教学科研人员和其他读者提供学习和研究马克思主义的参考材料，也希望得到专家学者的批评指正。

史小宁

西北师范大学马克思主义学院

2023 年 9 月 10 日

---

① 习近平：《在哲学社会科学工作座谈会上的讲话》，人民出版社 2016 年版，第 10 页。

目　录

第 一 章

绪　论

第一节　选题缘由及意义

一　选题缘由

国家是人类历史发展的产物，它是随着人类社会生活的需要和自身文明程度的提高而建立起来的。虽然在马克思主义看来，国家之消亡具有历史必然性，但是当前时代，我们仍处于国家之中这个事实是不会在短时间内得到改变的。既然国家仍然现实地存在着，并且人们已经越来越意识到国家发展的重要目标之一应当是促进个人的发展，那么探讨国家与个人的关系问题无疑具有极强的现实意义。事实上，关于国家与个人关系的探讨不仅具有现实意义，它同时具有极强的理论意义。一方面，马克思恩格斯对于国家与个人的关系问题作过相当深入的阐发，这就是说，有关国家与个人关系的探讨其实也是马克思主义的一个重要内容，因而对这一问题加以探讨，将有助于在理论层面上深入把握马克思主义理论；另一方面，西方不少学者为追求所谓的个人自由，也在极力探讨国家与个人的关系，并倡导限制国家权力以保障个人自由。因此，我们深入把握马克思恩格斯的国家与个人关系思想也将有助于认识和批判西方论者有关国家与个人关系的观点。总的来说，选择就马克思恩格斯有关国家与个人关系的思想加以研究，主要是基于如下三个理由。

第一，国家与个人关系问题是人类发展史上一个非常重要的问题，对它的正确认知关乎人的生存与发展。追寻人类历史的源头，可知人类最初是在一种自然状态下生存，没有社会，更没有国家的。不过，随着人类生存技能的提高及社会生产力的发展，私有财产开始出现，阶级也随之形成。如此，国家便在阶级斗争中得以建立。一旦国家建立起来，国家与个人就不可避免地处于一种矛盾之中。对此，历史上不同时期的哲学家、思想家都结合自身所处的历史环境对国家与个人的关系问题作了相应的探讨，也提出过解决国家与个人矛盾关系的方案。如柏拉图在《理想国》中、霍布斯在《利维坦》中，都希望构建一个美好的国家来解决国家与个人之间的矛盾。到了现代，仍然有许多思想家、思想流派在着力探讨国家与个人关系问题，例如新自由主义这一思想流派就期望最大限度地限制国家的权力以让个人获得更为充足的自由；再如无政府主义干脆就期望取消国家的存在；等等。所以，国家与个人关系问题实际上在人类历史发展过程中一直是人们关注和探讨的重要问题之一。

第二，马克思恩格斯对国家与个人关系问题的研究蕴含着实现人的解放、自由与发展的向度，因而值得深入研究。从一定程度上说，人想要实现自由而全面的发展，其前提之一就是国家与个人之间的矛盾关系得到彻底解决。马克思在《论犹太人问题》中对国家与个人之间的关系作了较为深刻的阐发。马克思认为，人们通过国家这一中介可以实现政治解放，但并不能实现彻底的解放。也就是说，国家是可以给个人带来政治自由的，从这个维度来说，国家对于促进个人实现其全面自由有积极作用。不过，个人通过国家这一中介，还不能实现完全的自由。通过国家所实现的政治解放表面上使人在政治生活中能够实现人人平等，但市民社会中的人有阶级之分，也就是说还存在实质性的不平等。从本质上说，市民社会中的人和政治生活中的人是现实的同一的人。但由于国家的阶级性质，使得人的本质二重化，一方面，政治生活中的人是抽象的人；另一方面，市民社会中的人又是现实的、自私自利的人。因此，从这个维度来看，国家与个人之间是存在矛盾的。以往的哲学家和思想家都是从国家内部解决国家与个人的冲突，但马克思恩格斯运用辩证唯物主义和历史唯物主义方法，探讨国家的起源和本质，并阐发了国家消亡的历史必然性，这是站在国家消亡之基础上来解决国家与个人的矛盾关系的。在马克思恩格斯看来，人的彻底解放在于国家的消亡和共产主义的实现。总之，马克思恩格斯关于解决国家与个人矛盾关系的方案与其他哲学家和思想家有所不同，并且马克思恩格斯的国家与个人关系思想与人的彻底的自由的实现密切相关，因而值得深入研究。

第三，就当前的现实而言，中国特色社会主义仍处于社会主义初级阶段，国家依然存在，因而在建设和发展中国特色社会主义时，如何有效地协调处理国家与个人的关系，就是一个现实且重要的问题。当前，世界正处于百年未有之大变局的历史时期，在国际上，面对日趋激烈的国际竞争和西方国家发起的非合法化的贸易战及外国势力的打压；在国内，则面对着国内社会贫富差距大，以及由于个人素质和能力的差异而造成的机会不平等和社会地位不平等等问题。显然，这些问题都不同程度地影响着国家与个人的关系。不过，面对这些难题，我们党积极作为，团结人民，努力建设国家，增强国家实力，在尽力解决这些矛盾，以此促进国家与个人更加地和谐统一。唯有如此，我国才能在世界历史的洪流中不断前行。因而，处理好国家与个人之间的关系，让国家与个人之间形成良性的互动就显得非常重要。因此，从这个维度来看，我们需要深入研究马克思恩格斯关于国家与个人关系的思想，并运用这一思想理论为国家建设和治理建言献策。所以，探讨马克思恩格斯国家与个人关系思想对我国的发展和建设具有积极的启示意义。其一，我国应当始终坚持中国共产党的领导；其二，我们应当始终坚持以人民为中心的发展思想。此外，在建设中国特色社会主义过程中，应当重视个人发展、促进个人的发展。因此，研究马克思恩格斯国家与个人的关系具有很强的现实意义。

二　选题意义

当下，人们仍然生活在国家之中，因而人的幸福生活离不开国家的安全与发展。当今世界，国家发展繁荣与否在一定程度上取决于国家与个人的关系良好与否。因此，对国家与个人关系的探讨不仅是一个理论问题，还是一个重要的现实问题。马克思恩格斯的国家与个人关系思想不仅对当前我国解决国家与个人矛盾关系有借鉴意义，而且能够为中国特色社会主义国家治理提供新方向，因而关于它的研究就具有十分重要的理论意义和现实意义。

第一，深入研究马克思恩格斯国家与个人关系思想理论将有益于深化学界关于马克思主义的人的解放理论的研究和阐发。众所周知，马克思是在深入了解其所处的资本主义时代中工人阶级生活的悲惨状况后，遵循中学时期提出的为大多数人幸福而工作的职业理想，而走向了一生立志为全人类寻求解放的道路，并由此创立了以他的名字命名的"马克思主义理论"。显然，马克思恩格斯国家与个人关系思想就是马克思和恩格斯在寻求人的解放道路过程中加以论述和阐发的。他们深刻揭示了国家的本质是阶级统治工具，人生活在国家中，因而必受国家的统治和压迫。马克思恩格斯揭露了资产阶级利用国家在法律、税收等方面对他们倾斜而对工人阶级进行种种压迫。之后，他们又指出工人阶级要想改变自己的悲惨状况就必须推翻资产阶级旧的国家机器。因此，在马克思恩格斯看来，实现人的解放的必要前提乃是推翻资本主义国家，建立由工人阶级执掌政权的社会主义国家。同时，马克思恩格斯指出，只有在共产主义社会人才能实现真正的解放。马克思恩格斯的国家与个人关系理论表明，在社会主义国家中，由于工人阶级掌握政权实行人民民主专政，这时国家的性质相较于资本主义国家发生较大的变化，因而国家与个人的矛盾关系得到极大缓解。不过，要真正实现人的自由而全面的发展，就必须集中人力物力大力发展社会生产力，为国家的自行消亡和共产主义社会的实现奠定坚实的物质基础，由此，这一理想才能实现。以往的研究者大都从唯物史观社会形态演进的角度来理解马克思主义的人的解放的理论，但本书则是从马克思恩格斯国家与个人关系思想研究出发来阐释马克思主义的人的解放理论。因此，可以说，关于马克思恩格斯国家与个人关系思想的研究将在一定程度上深化对马克思主义的人的解放理论的理解。

第二，对马克思恩格斯国家与个人关系理论展开研究，一方面有利于深刻认识和批判一些西方学者关于国家与个人关系认识的局限，另一方面，也有助于人们加深对辩证唯物主义和历史唯物主义的理解。国家与个人关系理论是马克思主义政治哲学乃至西方政治思想界研究的重点，即便在当前时代，它仍然具有重要的理论意义和现实意义。围绕国家与个人关系问题，在国外学界已形成不同的流派。其一，福利国家论者支持强化国家权力，但这种举措可能会对个人自由造成一定的侵犯，致使国家与个人的矛盾关系更加突出。其二，新自由主义者则强调国家应该弱化自身权力，只充当"守夜人"角色，其余一切交由市场来决定。不过这样一来，由于市场缺乏国家的宏观调控而必然陷入无序的竞争中，进而导致比较严重的经济危机。其三，无政府主义者坚持社会的发展不需要国家，认为没有国家的社会也可以实现高效发展。显然，这些流派的观点都紧密围绕国家与个人的关系展开，不过他们都没能把握住国家与个人关系的本质。与这些流派不同的是，马克思恩格斯国家与个人关系理论表明，在无产阶级专政的社会主义国家内，人民当家作主，人民有充分的自由表达权和决策权，同时政府也可以运用宏观调控实现社会健康、有序地发展。关键是，马克思恩格斯认为国家之消亡是具有历史必然性的，他们认为在共产主义社会内，国家是不复存在的。显然，这一观点乃是西方论者都不曾拥有的。另外，马克思恩格斯依据辩证唯物主义和历史唯物主义对国家与个人关系展开研究，为我们探清了国家的历史唯物主义起源、揭露了国家的阶级根源，并阐发了国家之发展及消亡的命运，由此证明了历史唯物主义和辩证唯物主义并非空洞的学说，而是能够把握人类社会之发展规律的科学方法。因此，本书关于马克思恩格斯国家与个人关系思想的探讨一定程度上将有助于人们深化对历史唯物主义和辩证唯物主义的理解。

第三，深入研究马克思恩格斯国家与个人关系思想还将有助于为实现国家与个人的良性互动及和谐发展提供新的思路和方法，同时能够为新时代中国特色社会主义国家的治理和发展提供积极的启示。国家的构成虽然是复杂的，包括了相应的机构和制度体系，但其最为关键的构成内容其实是现实的各个个体，因而国家与个人密切相关。因此，如何处理好国家与个人的关系是自古以来思想家和政治家在研究国家政治生活时所关注的重点。这些思想家、政治家虽然也提出了许多解决国家与个人矛盾关系的方案，但都具有一定的局限性，因而不能从根本上解决两者的矛盾。相反，马克思恩格斯运用辩证唯物主义和历史唯物主义揭示了国家的起源、本质，同时充分吸收借鉴前人有益的成果，提出了合理解决国家与个人之间矛盾关系的方案。马克思恩格斯认为，国家是统治阶级实行阶级压迫的工具，因而只有通过国家消亡才能使国家与个人之间的矛盾得以化解。不过，国家的消亡是有条件的，即社会生产力高度发达。所以，在推翻资产阶级国家后要建立无产阶级国家即无产阶级专政，也就是占人口绝大多数的无产阶级掌握政权用"专制"的手段将私有制变为公有制，大力发展社会生产力。从一定程度上说，无产阶级专政国家乃是作为国家尚存阶段用以缓解国家与个人矛盾关系的方案。在马克思恩格斯看来，共产主义社会才是国家与个人矛盾关系得到彻底解决的终点。当前，中国特色社会主义仍处于社会主义初级阶段，并且中国特色社会主义始终以马克思主义为指导。因此，从根本上说，中国特色社会主义国家治理的终极目标乃是循着马克思主义的逻辑理路进行的，也就是说，它以实现每个人的自由而全面的发展为目标。所以，我们党和国家始终坚持以人民为中心的发展思想，着力解决新时代的主要矛盾，让全民共享发展的成果，促进国家与个人的良性互动，实现国家富强、人民幸福。由于马克思恩格斯在其著述中没有对"国家与个人的关系"作大篇幅的直接论述，因而对于它的把握往往是在遵循社会历史发展规律和人的解放的主题下进行的。因此，与马克思恩格斯其他重要理论相比较，马克思恩格斯的国家与个人思想并没有得到相应的重视。总之，对于马克思恩格斯的国家与个人关系思想加以深入研究，既具有理论意义，也具有现实意义，并且能够为新时代中国特色社会主义国家的治理和发展提供积极的启示。

第二节　国内外研究现状

一　国内研究现状

国内学者更多地将重点放在马克思国家理论或马克思主义国家理论本身研究之上。一是研究马克思主义国家理论发展的历史脉络。如邹永贤的《马克思主义国家学说概论》、王子琳的《国家学说概论》等著作以及 10 多篇博士论文。二是对马克思、恩格斯及列宁的关于国家理论经典著作的解读，并在此基础上深掘其中的国家理论。主要集中在《黑格尔法哲学批判》《德意志意识形态》《共产党宣言》《家庭、私有制和国家的起源》《国家与革命》等。三是结合当代中国特色社会主义现实，将中国特色社会主义国家治理与马克思主义国家理论相结合展开研究，以期获得相应的理论资源进而对现实给予指导。关于这方面的著作和论文比较多，如冯留建的《马克思主义国家理论与中国国家治理现代化》、王沪宁主编的《政治的逻辑——马克思主义政治学原理》、郁建兴的《马克思国家理论与现时代》、刘军的《国家起源新论：马克思国家起源理论及当代发展》等著作，论文大概有 1000 多篇。当然国内学者对马克思恩格斯国家与个人关系也有研究，但只是零散研究，还没有形成系统的理论。这主要表现在以下四个方面。

第一，将国家与个人的关系放到个人与共同体关系的历史演变进程中加以探讨，认为个人与国家即虚假的共同体之间存在矛盾。在马克思恩格斯看来，国家是虚幻的共同体，国家具有虚假的普遍性。因此，国家与个人也存在矛盾，个人只有到自由人的联合体即共产主义社会才能实现自由而全面的发展。聂锦芳在其论文《"现实的个人"与"共同体"关系之辨——重温马克思、恩格斯对一个重要问题的阐释与论证》中指出，资产阶级国家是虚幻的共同体，在其中人是不自由的。即使有自由也是为数不多的个体才能享受自由。因为在这种国家中，"个人自由只是对那些在统治阶级范围内发展的个人来说是存在的，换言之，这些人之所以有个人自由，只是因为他们是属于统治集团中的个人"①。所以，全部的人并没有在国家内实现真正的自由。这也说明，作为虚幻的共同体的国家与个人之间是有矛盾的。冯珊在其论文《马克思个人与共同体关系的思想研究》中向我们说明，个人与共同体的关系在马克思哲学中具有非常重要的地位，说得具体一点就是，克服个人与共同体的矛盾是马克思哲学的重大主题。她指出："虚幻共同体借国家这一形式来填充自身的现实性，致使个人与共同体的关系在现实中成为一种外在的关系，彼此矛盾对立。"② 马克思将国家称为虚幻的共同体，由此来看，个人与国家也存在矛盾。刘海江在其著作《马克思实践共同体思想研究》中将重点研究指向马克思早年对政治共同体的批判，指出正是个人的活动形成国家，而且"家庭、市民社会和国家都只是个人的社会规定"③，也就是说人在社会生活中具有主体意义。但资本主义国家具有虚幻性，使人二重化为政治国家中抽象的人和市民社会中自私自利的人。所以这一阶段的国家还不是真正的共同体，国家与个人存在矛盾。

---

① 聂锦芳：《"现实的个人"与"共同体"关系之辨——重温马克思、恩格斯对一个重要问题的阐释与论证》，《哲学研究》2010 年第 11 期。

② 冯珊：《马克思个人与共同体关系的思想研究》，博士学位论文，吉林大学，2018 年。

③ 刘海江：《马克思实践共同体思想研究》，中国社会科学出版社 2016 年版，第 51 页。

第二，从马克思恩格斯对黑格尔有关国家与个人关系的论述之批判中，理解马克思恩格斯的国家与个人关系，并由此阐明国家与个人之间的矛盾就是特殊利益与普遍利益之间的矛盾。如宋艳华等在其论文《马克思对黑格尔个人与国家关系思想的理论批判》中指出，黑格尔用孤立、静止、片面的方法考察国家与个人的关系，把国家与个人完全对立起来，因而他的国家理论是抽象的，并且黑格尔尝试通过等级和同业公会将国家与个人统一起来。但这种思路无法实现国家与个人统一，将国家抽象化，以解决特殊利益与普遍利益之间的矛盾，导致国家成为虚幻的共同体，其实"个人与国家关系实质上就是特殊利益与普遍利益的矛盾，这对矛盾是社会上诸多矛盾产生的根源"①，这就直接说明国家与个人是有矛盾的。薛俊强在其论文《马克思的"个人"、"国家"与"社会"关系视域的开启——从与黑格尔、卢梭的关系视角之审视》中谈道，马克思的个人、国家与社会观是对黑格尔理性国家思想、卢梭的社会契约论和国家学说的批判中形成的。资产阶级国家表面上看似在利用其职能执行普遍事务，但实际上是资产阶级阶级统治的工具。国家利益作为人民利益只是形式上的。马克思对黑格尔法哲学的批判，只是将黑格尔法哲学当作批判的靶子，在思考一个很现实的问题，"即如何使每一个人在一个理性的共同体中获得发展、这个理性的共同体是什么及如何实现人与共同体和谐的发展"②。由此，我们不难发现，马克思通过对黑格尔国家与个人的批判，来阐述其对国家与个人关系的认知，从而为解决这一矛盾关系进行了深入的思考。

第三，在研究马克思的个人观及人的解放的理论时，指出国家的本质是阶级统治的工具，国家与个人之间存在矛盾，因而人的解放的路径是要推翻资产阶级国家，建立无产阶级国家，最后实现共产主义。有论者在研究马克思的个人观时认为，国家是虚幻的共同体，"个人与国家是普遍性与特殊性、压迫与自由的辩证关系"③。也就是说国家与个人不是

---

① 宋艳华、蒋锦洪：《马克思对黑格尔个人与国家关系思想的理论批判》，《广西社会科学》2019 年第 1 期。

② 薛俊强：《马克思的"个人"、"国家"与"社会"关系视域的开启——从与黑格尔、卢梭的关系视角之审视》，《湖北行政学院学报》2009 年第 5 期。

③ 章新若：《论马克思的辩证个人观》，《理论月刊》2014 年第 1 期。

统一的，是有矛盾的，而且只有在"自由人的联合体"即共产主义社会中，人才能实现真正的自由。也有论者在比较研究马克思的国家观与哈耶克的国家观时谈道："马克思的虚幻论国家观揭露了现存国家制度的根本缺陷在于，国家对个体权利的吞噬使国家与个人处于对立之中，因而国家成为了虚幻共同体。"① 正是马克思运用历史唯物主义考察国家的本质、市民社会的经济性质和个人的生存状况得知，资本统治着劳动、资本财产的权力控制甚至操纵着国家权力，这是国家与个人对立的根源之一。同时揭露国家的虚幻性并为实现人的自由而全面的发展提供现实路径。杨勇在其论文《哲学视野中国家与个人的关系》中描绘历史上国家与个人关系演变的历程，指出现时代国际竞争是人才的竞争，因此在公平正义的制度框架内有效调节国家与个人的关系，从而逐步实现人的自由与发展。②

第四，结合当代国家依然存在的现实，认为不能只用批判的视角来审视国家，还应看到国家的积极意义。中国特色社会主义国家治理价值旨归是促进人的发展，因此其治理的方针和政策侧重点是协调国家与个人的关系，现实实践表明，国家与个人之间有良性互动。如林青在其论文《作为中介者的国家——论马克思国家学说的建构意义》中从政治解放的角度肯定国家作为人的解放中介的意义。国家是作为中介存在的，这主要表现在，一方面，资产阶级的政治解放使人与人的联系不再通过宗教，而直接通过国家而实现，政治解放具有一定的进步意义。中世纪的人们在市民社会中的等级直接决定了他的政治性，也就是说人受自身等级的束缚，"这种政治关系规定了人与国家的关系"③。但资产阶级的政治解放消灭了市民社会的政治性质，市民社会中的人不论等级、职业、出身都能平等地参与政治生活之中，政治国家成为人实现解放的中介。另一方面，无产阶级国家也是人解放的中介。因为资产阶级国家的政治解放不是人的真正的解放。人的真正的解放需推翻资产阶级国家，建立无产阶级

---

① 曾凡跃：《试论马克思与哈耶克国家观批判的不同维度》，《学术界》2012年第7期。
② 杨勇：《哲学视野中国家与个人的关系》，博士学位论文，中共中央党校，2005年。
③ 林青：《作为中介者的国家——论马克思国家学说的建构意义》，《复旦学报》（社会科学版）2017年第2期。

国家，将其作为中介过渡到共产主义社会。国家作为人的解放的中介还是有进步意义的。还有论者指出，当今世界各国的繁荣发展离不开国家与个人的和谐共处。因此，要处理好国家与个人关系。总的来说，要坚持公平正义，在法律和制度的框架内有效处理国家与个人的关系，国家给个人提供发展的平台，这样在国家富强的同时，实现人的个性自由发展，由此彰显国家的重要性。

二 国外研究现状

国家与个人关系问题一直是西方政治家、思想家绕不开的话题。卢梭、霍布斯、洛克、卢梭，甚至黑格尔都曾探讨这个问题。尤其是马克思主义理论诞生以来，国外学者对马克思主义国家理论乃至对国家与个人关系给予了高度的关注，这主要表现在以下四个方面。

第一，国外学者受古典自由主义和新自由主义的影响，在研究国家与个人关系时，他们将焦点集中在应当采取何种举措以便让国家权力和个人权利之间达到平衡，进而更好地保障个人自由。如哈耶克认为，国家通过对市场经济的干预，不断使其权力膨胀，最终危害个人权利。因此，他以有限理性作为自己的理论基础，主张建立有限政府和法治政府，反对集权主义和计划经济，以此来平衡国家权力与个人权利。罗伯特·诺奇克在其著作《无政府、国家和乌托邦》中坚持"最低限度的国家"[1]，以此来保护个人权利免受其他个人和组织的侵犯。他主张建立有限政府来防止政府权力滥用，从而让个人免受政府压制，也就是要在最低限度国家内保障个人自由。威廉·冯·洪堡在《论国家的作用》中指出，国家是维护个人利益和目的的手段，其目的在于"促进幸福"[2]，即公民的幸福。他以促进人的自由发展为旨趣，以实现自由人的共同体为最终目标，主张建立有限国家来限制国家权力。在他看来，这种有限国家是实现自由人的共同体必不可少的外部条件。

---

[1] ［美］罗伯特·诺奇克：《无政府、国家和乌托邦》，姚大志译，中国社会科学出版社2008年版，第32页。

[2] ［德］威廉·冯·洪堡：《论国家的作用》，林荣远、冯兴元译，中国社会科学出版社1998年版，第37页。

第二，西方学者还对资本主义国家的性质及其在社会发展中的作用展开研究。二战后涌现大量"以国家为中心"的学者，他们在研究马克思国家理论基础上，结合现实环境对资本主义国家性质提出自己独到的见解。他们认为，国家不能被简单地定义为统治阶级的工具，实质上它是由多种复杂的社会关系网络构成的并非单一的整体。国家具有"一种来源于（从更加宽泛的经济和社会之中产生出来的）各种压力和势力自主性，并且在民族生活和国际关系之中，把独特的、无可替代的中心地位赋予了这种自主性"①。也就是说国家对社会的发展具有非常重要的作用。这主要分为以下几个派别，一是以密里本德为代表的作为"工具主义"国家理论。密里本德赞同马克思关于国家是阶级统治工具的观点。他指出，拥有生产资料的一个阶级，就以它拥有的经济权力为基础，"把国家作为它统治社会的工具"②。国家虽然在相互竞争的利益集团中间并不扮演一个裁判者的角色，但它其实也参与利益纷争，并代表乃至支持其中一个利益集团。就资本主义国家来说，它维护了资产阶级的统治和资本主义生产与生产关系的再生产。二是以阿尔都塞和普朗查斯为代表的"结构主义"国家理论。他们普遍认为，理解资本主义应该把研究的重点放在社会结构上。如普朗查斯认为，国家是由经济关系、政治与法律机制、意识形态等多元要素组成的结构性政体，对国家的研究"要从生产方式的各部门结合的结构"③出发。国家维持着社会形态的统一，调节社会关系的平衡。三是以奥菲为代表的"调节者"国家理论。他认为，国家具有相对自主性，主要表现在通过调节阶级矛盾维护现有社会结构，同时积极应对社会经济危机。四是以杰普索为代表的"制度平台"国家理论。他认为，"国家是一系列制度的集合体"④，它是这样的一个制度平台，即能为社会中各个阶层中的人提供活动的平台。正是在这个平台上社会各阶层的人，根据自身判断力做出有利于自己发展的选择。但他的

① 参见［英］B. 杰普索、艾彦《国家理论的新进展——各种探讨、争论点和议程》，《世界哲学》2002 年第 1—2 期。
② ［英］拉尔夫·密里本德：《资本主义社会的国家》，沈汉等译，商务印书馆 1997 年版，第 27 页。
③ 陈炳辉：《西方马克思主义的国家理论》，中央编译出版社 2004 年版，第 70 页。
④ 杨雪冬：《西方马克思主义的国家理论简评》，《马克思主义与现实》2004 年第 2 期。

分析否定了国家的阶级本质，可以说是对资本主义国家合法性的辩护和论证。还有学者认为，公众的无知是民主政治国家自治的主要机制，但像斯科波尔和普朗查斯这样的理论家没有考虑到公众的认知度，他们要么低估了国家的自主性，要么强调了国家自治的必要条件。他对葛兰西给了较高的评价，"尽管他过于坚持任何形式的意识形态渗透"[1]，但科学的意识形态霸权概念对民主自治起到重要的作用。

第三，西方学者对国家深层内涵也给予了较多的关注和研究。从传统意义上说，近代政治学、马克思的国家理论都将国家定义为具有强制力的政治机关或者具有独立主权的政治社会。但随着社会的发展，尤其到了20世纪，一些西方学者对国家的内涵有了不同的认识。如葛兰西认为，"国家的一般概念中有应该属于市民社会概念的某些成分（在这个意义上可以说：国家＝政治社会＋市民社会，换句话说，国家是披上了强制的甲胄的领导权）"[2]。阿尔都塞在葛兰西的基础上提出了"意识形态国家机器"的概念，他认为，国家不仅由政府、行政机关、军队、警察、法庭、监狱等镇压性国家机器组成，还有由"宗教、党派、家庭、学校、传播媒介等具有意识形态构成的意识形态国家机器"[3]。在他俩看来，在国家具有的市民社会属性和意识形态性之下，国家掩盖了赤裸裸的阶级专制的暴力机器的性质，使其披上了国家存在合理化的"社会"外衣。国家不单有阶级压迫的性质，还有保障社会和稳固公共秩序的管理职能。还有学者如列菲弗尔结合时代的发展来重新研究马克思主义的国家理论。他认为，马克思和恩格斯没有建构有着明确意义的国家理论，也就是并不存在一种连贯的和完全的国家学说体系。他们在国家问题上只有三种草图："第一种是'集体资本家的'、即'总资本家的国家'；第二种处于各个阶级之上的国家，这种国家具有寄生性和掠夺性；第三种是关心

---

① Samuel DeCanio, "Beyond marxist state theory: State autonomy in democratic societies", *Critical Review*, Vol. 14, No. 2 – 3, 2000, pp. 215 – 236.

② Todd Gordon, "Towards an anti-racist Marxist state theory: A Canadian case study", *Capital & Class*, Vol. 31, No. 1, 2007, pp. 1 – 29.

③ 参见陈越《哲学与政治：阿尔都塞读本》，吉林人民出版社 2003 年版，第 335—336 页。

整个社会，管理市民社会的国家，这种国家甚至给市民社会带来好处。"①
而这三种草图有时是比较混杂的轮廓。就此他还认为，无产阶级专政并
不组成一个积极的国家理论等。

第四，国外学者在研究马克思国家理论时对马克思恩格斯国家与个
人关系进行一定的研究，认为国家与个人存在矛盾。德国学者亨利希·
库诺在《马克思的历史、社会和国家学说》中谈到封建国家与资本主义
国家的区别时说道，在封建国家内，市民社会的生活要素，如财产、家
庭、劳动方式，以及以领主权、等级和同业公会等的形式上升为国家生
活的要素，它们以这种形式确定了个人和国家的整体关系，而"国家本
身被看作是限制个体自由的，建立在社会阶级分化基础上的，通过法律
调节来维护阶级划分的强制性机关"②。张效敏在其著作《马克思的国家
理论》中谈到革命与人的意志时说，生产关系与现有的生产力发生矛盾
时，人就要充分发挥自己的意志，进行政治革命和社会革命。③ 这从另一
个角度说明，建立在一定物质基础和生产关系之上的国家，阻碍了个人
的发展。英国学者安东尼·吉登斯在《资本主义与现代社会理论——对
马克思、涂尔干和韦伯著作的分析》一书中认为，在资本主义国家中，
人的本质二重化，人并没有得到解放。资本主义国家中并没有真正的民
主存在，也就是说这种政治共同体与个人存在异化，而要克服这种异化，
必须通过解决市民社会的个体利益与政治生活的"社会"特性之间的二
元分裂来实现。普选是最好的选择，普选使市民社会中的每一个人成为
政治的存在，从而使政治成为不再分离的领域。如何达到这种普选的现
实条件，马克思将关注点放到无产阶级身上，无产阶级在现实社会遇到
的不是特殊的不公正，而是普遍的不公正。所以要实现社会变革，在无
产阶级国家中实现普遍的民主制。以色列学者阿维瑞纳在其著作《马克
思的社会与政治思想》中认为，资本主义国家表面上使人成为自由的人，

---

① ［法］亨利·列菲弗尔：《论国家——从黑格尔到斯大林和毛泽东》，李青宜等译，重庆
出版社 1988 年版，第 140 页。

② ［德］亨利希·库诺：《马克思的历史、社会和国家学说》，袁志英译，上海译文出版社
2006 年版，第 241 页。

③ 参见［美］张效敏《马克思的国家理论》，田毅松译，上海三联书店 2013 年版，第
28 页。

政治解放使国家从宗教中解放出来，但并没有将人从它们的影响中解放出来。但现代国家不承认这种内部矛盾，"按照马克思的观点，它就制造出自由的假象、有学问的谬见，即指出实际上'bellum omnium contra omnes'［一切人反对一切人的战争］，成了人的意识的一种调节"①。这直接说明政治国家与个人存在矛盾。美国学者汉娜·阿伦特在其著作《马克思主义与西方政治思想传统》中指出，马克思的国家理论更多的是说阶级的支配作用，阶级支配使国家有一定的永久性，这种支配阻碍了生产力的发展，所有支配权的统治形态是专制的。马克思所处的时代是资产阶级支配工人阶级的时代，"但到无产阶级专政的时候国家的支配开始衰微"②，她所说的这种支配就说明，在一定程度上国家与个人存在矛盾。

三　国内外研究现状评述

综上所述，国内外学界都不同程度地对国家与个人的关系、国家理论以及马克思国家理论给予研究与关注，这就为本书的研究提供了大量可支撑的材料。一方面，从国内研究现状看，主要有如下三点研究趋向：一是研究马克思国家理论的较多，主要是研究马克思国家理论本身的问题，如国家的本质、内涵及起源，国家与社会关系，国家是否具有自主性等问题。尤其近几年随着中国特色社会主义国家治理的实践行动，学界更是掀起一股对马克思主义国家理论研究热潮。二是对个别经典著作的研究，如从《黑格尔法哲学批判》《论犹太人问题》等著作中探究国家与个人的关系，以期寻找理论资源为我国现时代如何处理好国家与个人的关系给予现实的指导。三是学界研究个人与共同体的关系的也比较多。马克思恩格斯认为，国家是虚幻的共同体，因而可以说，研究个人与共同体关系，也就是在部分地研究国家与个人关系。另一方面，从国外研究现状看，则有如下两点趋势：一是国外大多数学者受自由主义的影响，

---

① ［以］阿维瑞纳：《马克思的社会与政治思想》，张东辉译，知识产权出版社 2016 年版，第 51—52 页。

② ［美］汉娜·阿伦特：《马克思与西方政治思想传统》，孙传钊译，江苏人民出版社 2007 年版，第 172 页。

对国家与个人关系研究也是较多的，他们主要主张建立有限政府，通过限制政府权力来保障个人自由这方面展开。二是依据马克思国家理论对资本主义国家的性质、职能进行研究，即国家到底在社会发展中扮演怎样的角色以及应当如何更好地发展国家。总的来说，国内外学者对马克思国家理论的研究成果颇丰。尤其是国内学者不仅从理论层面上，更是从现实层面上对其展开了深入研究。此外，还对国家与个人关系给予了较多的关注。特别是国外学者，对国家与个人关系这个传统西方政治思想问题展开研究，力求实现国家与个人的和谐发展。国内学者也关注到国家与个人的关系，他们在理论层面上，更多的是从个人与共同体关系出发展开研究；在现实层面，则依据现阶段中国特色社会主义的发展，探索如何实现国家发展与个人成长的问题，使国家与个人更加和谐统一。

综合国内外研究现状，可以发现，学界对马克思恩格斯国家与个人关系的研究还没有形成一个完备的体系，深度也不够。总之，通过文献梳理，我们发现，马克思恩格斯国家与个人关系思想是一个值得深入研究的内容，并且学界对其研究并没有达到应有的深度且不成体系，因而对马克思恩格斯的国家与个人关系思想展开深入研究就是重要且必要的。

第三节　研究思路与方法

一　研究思路

本书将把马克思恩格斯国家与个人关系作为研究对象，主要涉及如下三个方面：一是把握马克思恩格斯国家与个人关系思想的基础；二是把握马克思恩格斯国家与个人关系思想的核心内容；三是把握马克思恩格斯为解决国家与个人矛盾进行的路径探索。此外，本书期望通过这样一种研究，找到相应的理论资源，以期为中国特色社会主义的现实实践给予一定启示。

本书第一章是绪论，主要呈现本研究的选题缘由与意义，阐述这一选题的国内外研究现状及本书的研究思路、方法，创新点和不足等问题。

第二章主要论证国家与个人关系是人类发展史上的重大问题。笔者首先从历史的角度梳理国家与个人的关系，在这里主要是梳理西方历史上国家与个人的关系，尤其是欧洲，因为马克思恩格斯思想发源于欧洲，他们也将更多的关注点放到欧洲社会。笔者主要梳理人类社会发展的五个历史阶段中国家与个人关系的演变，然后总结出国家与个人关系的表现形式，第一是国家与个人的同一性关系，就是说国家与个人之间是和谐的、相互促进的关系。第二是国家与个人的悖论性关系，即矛盾关系。在马克思主义看来，国家是阶级统治的工具，国家限制个人发展。第三是个人对国家的超越性关系，即个人如何实现真正的自由。因为在马克思恩格斯看来，只有在共产主义社会人们才能实现真正的自由和解放，而共产主义社会意味着国家消亡，所以，就是从这个维度来说个人对国家的超越。而本书主要研究的是国家与个人的悖论性关系，也就是矛盾关系，由此提出解决矛盾的方案。

第三章主要阐述马克思之前的政治思想家在解决国家与个人矛盾关系时所用的方法。一是建立理想的城邦制度来解决国家与个人的矛盾；二是以限制国家权力来解决国家与个人的矛盾；三是以建构理性国家来解决国家与个人的矛盾；四是空想社会主义者构建他们自己所设想的国家制度来解决国家与个人的矛盾。但他们都没能把握国家与个人矛盾关系的本质，因而所提供的方案都不能彻底地解决国家与个人的矛盾。

第四章主要阐述马克思恩格斯国家与个人关系思想的基础。主要分为理论基础、现实基础和实践基础。

第五章主要论述马克思恩格斯国家与个人关系思想的核心内容，主要是从四个维度来说明的，一是从人的全面解放的维度把握国家与个人的关系；二是从"国家—市民社会—个人"三重结构中审视国家与个人关系；三是从共同体历史演变中阐发国家与个人关系；四是从国家的阶级统治的属性中探寻国家与个人的关系。从这四个维度中都可以看出，国家与个人是存在矛盾的，国家压迫个人，限制个人的发展。

第六章主要交代马克思恩格斯是如何解决国家与个人之间存在的矛盾的。第一节主要提出马克思恩格斯解决国家与个人矛盾的理论基石和实践方式。第二节主要阐明在社会主义阶段如何解决国家与个人的矛盾，无产阶级建立代表绝大多数人民利益的无产阶级专政的国家，大力发展社会生产力，为彻底解决国家与个人矛盾提供社会条件。第三节在共产主义阶段，国家消亡，国家与个人矛盾得到彻底解决。

第七章主要探讨马克思恩格斯国家与个人关系思想的中国启示。我国仍处于社会主义初级阶段，也就是仍处于马克思恩格斯所指出的那个阶段，即社会主义阶段。我们深刻认识到国家是依然存在的，但是要继续实现国家繁荣富强，人民幸福安康，就要解决好国家与个人的关系，促进国家与个人和谐统一。因而对我国的启示是：其一，要坚持中国共产党的领导，因为中国共产党始终代表广大人民群众的利益，中国共产党领导的国家也是为人民的，所以能促进国家与个人的统一。其二，要把促进个人发展作为国家治理的重要目标。只有千千万万个个人得到公平的发展机会和广阔的发展舞台，人们才会感受到我们国家的伟大，激发爱国热情，反过来建设国家。其三，要坚持在社会发展中实现国家与个人的良性互动，这使国家与个人更加和谐统一。如此，我们就能实现国家繁荣富强，人民幸福安康的梦想。

二 研究方法

第一，文献研究法。首先，要深入马克思恩格斯卷帙浩繁的文献中，对文本进行深耕，提炼马克思恩格斯关于国家与个人关系的论述，理解其核心要旨。其次，阅读西方政治思想家研究国家与个人关系的著作，掌握其主要思想主张，找出其局限性所在，为后期的研究做好准备。

第二，历史与逻辑相结合的方法。马克思恩格斯国家与个人思想的形成不是一蹴而就的，而是有一个随着马克思恩格斯自身实践经验和理论丰富而不断深化发展和完善的过程。所以对马克思恩格斯国家与个人的研究不能局限在一个时期或一个时间段内，而要放到思想发展的整个过程中进行研究与理解。当然也不能忽视马克思恩格斯整体思想而单独研究一个理论。换言之，要在马克思恩格斯整体的思想中研究国家与个人关系思想，所以要时刻把握马克思恩格斯思想发展的轨迹，在思想发展的逻辑研究中把握马克思恩格斯国家与个人关系思想。

第三，比较分析法。比较分析法是科学研究的一个重要方法。本书采用纵向对比的方法，一是对西方历史上不同时期的国家与个人关系进行梳理，然后作比较，找出其发展变化的重要原因；二是对西方历史上不同思想家解决国家与个人矛盾的方案进行比较，找出其局限性，以此凸显马克思恩格斯国家与个人关系思想的科学性。

第四，批判与建构的方法。理论的形成和发展离不开对前人研究成果的继承、批判与创新。马克思恩格斯国家与个人关系思想是在霍布斯、卢梭、洛克、黑格尔等思想家关于国家与个人关系认识的基础上形成的。其中既有批判又有继承，在批判中建构其思想。就以本书为例，马克思主要在批判黑格尔国家与个人关系思想的过程中来逐渐形成国家与个人关系思想。因而，批判与建构的方法是本书着重运用的方法。

第四节 创新之处与不足之处

一 创新之处

第一，研究角度的创新。本书以马克思恩格斯的国家与个人关系思想作为研究对象，而这在一定程度上也是在研究马克思恩格斯的国家理论，因为在理解国家与个人关系的问题中，必然涉及马克思恩格斯关于国家的论述。马克思恩格斯认为，国家与个人矛盾关系的本质在于国家的虚幻性和阶级性，因而强调推翻资产阶级国家，建立无产阶级专政的社会主义国家，最后随着国家消亡，彻底解决国家与个人矛盾，实现人的解放。目前国内外关于马克思恩格斯国家理论的相关研究著作及学术论文不少，但从国家与个人辩证关系来研究马克思恩格斯国家理论的成果很少。因此，本书以国家与个人关系这一视角来系统研究马克思恩格斯国家理论具有创新性。

第二，研究内容的创新。本书主要研究马克思恩格斯国家与个人关系思想，之前学界在研究马克思恩格斯的个别重要的经典著作时，对其中蕴含的国家与个人思想作了相应的解读，但并没有系统地研究过马克思恩格斯国家与个人关系思想。所以本书的创新之处在于：首先，从历史的维度将西方历史上的国家与个人的关系做梳理。在梳理过程中，总结出国家与个人关系的表现形式，既有同一性，也有悖论性，也有在马克思恩格斯理论的指导下个人对国家的超越性即个人超越国家。其次，引入西方政治思想家关于解决国家与个人矛盾的方案，分析其具体内容并指出其局限性，为深入把握马克思恩格斯解决国家与个人矛盾关系的论述奠定基础。再次，研究马克思恩格斯国家与个人关系理论的基础、核心内容及解决国家与个人矛盾的路径探索。最后，本书从国家与个人关系维度挖掘马克思恩格斯国家与个人关系思想对当前中国特色社会主义的启示。因而，从这个角度来说，本书的研究内容具有创新性。

二 不足之处

马克思恩格斯国家与个人关系思想散见于马克思恩格斯的国家观和个人观及共同体思想之中，因此要阅读大量文本，从文本中提炼其主要观点，所以这是主要的难点。

第一，缺乏现成材料支撑，需从原始材料挖掘。综合来看，学界对马克思恩格斯国家与个人关系思想的研究比较零散化、碎片化，并没有形成完整而系统的体系。虽然马克思恩格斯在其著作中并没有对国家与个人关系作出较多直接的论述，但这一思想却贯穿马克思恩格斯思想发展的始终。从一定程度上说，马克思恩格斯国家与个人关系思想是一个新的研究领域，因而新的领域也面临着新的挑战与风险。

第二，很难廓清理论、理想与现实的界限。马克思指出，国家消亡才能实现人的解放。但我国目前仍处于社会主义初级阶段，国家还是存在的，国家治理围绕如何实现人的发展、促进个人的发展展开。实践证明，中国特色社会主义国家能实现人的发展，因而必须对马克思恩格斯国家与个人关系思想要有阶段性的把握，然后展开现实的国家治理。

第三，本书涉及重要思想家较多，这为研究增加了难度。由于笔者所学知识受限，对第三章中不同时期哲学家和思想家所提出的解决国家与个人之间矛盾关系的措施，需要从相应的著作中挖掘，而这需要花费大量的时间来查找、消化并理解。此外，这些思想家的著作，尤其是黑格尔、康德的思想颇难理解，而这同样给本书的论述增加了不少困难。

第 二 章

西方历史上国家与个人关系的
演变及其表现形式

　　自人类诞生以来，一方面，人类为了生存不断与自然界发生联系；另一方面，人为发展自身而在与其他人交往过程中逐渐形成人类社会。人类社会是从自然界中分化出来的。在这里，我们暂且不谈人类社会如何从自然界中分化出来、阶级如何产生、国家如何产生等问题，而是着重探讨西方历史上国家与个人的关系演变，并由此理出国家与个人关系的表现形式。国家与个人关系的演变过程也是个人自我意识逐渐觉醒、个体自我发展的过程。就如马克思所说的，"人们的社会历史始终只是他们的个体发展的历史，而不管他们是否意识到这一点"①。在人类社会早期，由于种种原因，人们在原始共同体中生活并依附于共同体。向前追溯历史我们发现，"个人，从而也是进行生产的个人，就越表现为不独立，从属于一个较大的整体"②。如先是在扩大成为氏族的家庭中，后来是在各种形式的公社中。但随着社会生产力的发展，个体意识的萌发，个人开始理性地看待与国家的关系。通过梳理西方历史上国家与个人的关系，可以看到国家与个人的关系呈现出三种形式，即国家与个人的同一性关系，国家与个人的悖论性关系以及个人对国家的超越性关系。国家与个人的悖论性关系是古往今来众多政治思想家研究的重点，同样是马克思恩格斯所关注的重点，因而也是本书研究的重点。此外，个人对国家的超越性关系与马克思主义关于人的自由而全面的发展理论是相呼

---

① 《马克思恩格斯文集》（第10卷），人民出版社2009年版，第43页。
② 《马克思恩格斯文集》（第8卷），人民出版社2009年版，第6页。

应的。依据马克思主义理论，人类社会最后会进入共产主义，而在共产主义社会内是没有国家存在的，因而国家与个人的矛盾也便随之消失，如此，人的自由全面发展得以实现。

第一节　西方历史上国家与个人关系的演变

国家与个人关系的历史演变过程也是个体自我发展的历史过程。本节，我们将目光集中到西方，来看古希腊城邦时期、古罗马时期、中世纪以及近代和当代资本主义五个历史时期国家与个人关系的演变。通过对这五个时期国家与个人关系的历史嬗变的考察，可以发现个人由依赖国家逐渐地变成独立于国家。事实上，国家离开了活生生的、现实的个体，它自然无法成其为国家，因而个人对于国家来说当然是它不可忽视的对象；反过来，个人的生存和发展在一定程度上依赖于国家，这就是说国家保障人的生存。重要的是，在国家依然存在的阶段，国家与个人的矛盾关系就是不可避免的，而个人为了追求自身的解放和自由，就必然会超越国家，进入无国家的社会，也就是共产主义社会。不过，这一切的实现都将取决于生产力的发展和社会的进步。

一　古希腊城邦时期：个人依附于城邦

古希腊是现代西方文明的摇篮。古希腊城邦众多，它们虽属一个文明，但城邦之间相对独立，主要的城邦有雅典和斯巴达。古希腊城邦处于希腊半岛，大部分是山地，缺乏耕种条件，因而农业发展不足。不过，他们面向海洋，从事海上贸易活动。面对大海的波澜壮阔和不确定性，希腊人喜欢无限遐思，这也是希腊文明辉煌的一个重要原因。城邦一般是"以一个设防的城市为中心，包括其周围不大范围的农村地区构成的政治实体"①。城邦的主要任务是保卫内部安全和稳定。城邦不设国王，其最高权力机关是公民大会。公民大会由公民抽签产生，公民共同商议城邦事务，并且公民有提议权和表决权，他们可以在大会上提出建议，也可以赞成或反对某项提议。但是，城邦的公民是极少数的，一方面，

---

① 唐士其：《西方政治思想史》，北京大学出版社 2002 年版，第 43 页。

城邦本来规模不大，人口不多；另一方面，城邦的公民不包括妇女、奴隶、外邦人和儿童。所以，希腊城邦实质是奴隶制的。那么，古希腊城邦中，个人的生活状态是怎样的，城邦与个人的关系又是怎样的，我们将从以下三点来看。

第一，城邦中公民积极参与政治生活，个人是城邦中的一员，个人只有在城邦中才能够实现发展。城邦中的人们有强烈的责任感和使命感，他们对物质生活要求低并将主要的精力放在参与城邦的公共生活上。可见，城邦的政治生活占据主导地位。当然，这跟城邦的法规和日常惯例有关，因为各城邦的物质生产活动主要由奴隶和外邦人完成的，而且各城邦还通过法律来限制公民从事过多的商业贸易活动。古希腊人信赖城邦，他们认为参加城邦的政治活动才能实现幸福完满的生活，"因为他们相信，是城邦使他们成为真正的人"①。也就是说，古希腊人相信，个人只有成为城邦的一部分，参与城邦的政治生活才能使他们找到存在的意义。可见这个时期的希腊人没有关于个人的观念，自我意识还未觉醒，他们不知道除了城邦之外还有个人。

第二，城邦运用其至高无上的权力管控公民的生活，与此同时督促公民积极履行城邦的义务。在古希腊，城邦的权力是绝对的，它以整体性、无所不及的力量掌控城邦中的各项事务，尤其是对公民生活的诸多方面进行干预。一是希望公民有很强的责任和担当，对城邦尽一定的义务，甚至要求其必要时为城邦的利益而牺牲自己。此外，公民还要积极地参与政治生活，轮流担任公职，如果推脱还有可能受到惩罚。二是公民要严格遵守法律。比如公民没有独身的自由，也就是说到一定年龄必须结婚，并且晚婚也会受到城邦的惩罚。三是城邦中没有宗教信仰自由的权利，每个人的宗教信仰受到城邦的严格监督。四是在城邦发展初期，个人不允许有私有财产，有些财产还要充公。五是城邦对教育进行垄断。教育是城邦的特权，奴隶没有受教育的权利，而且教育的主要目的是培养人们如何热爱城邦。就如有学者所言："公民道德学（如何做一个好公

---

① 唐士其：《西方政治思想史》，北京大学出版社 2002 年版，第 22 页。

民以促进国家繁荣的学说）远比自然科学重要。"① 这是城邦之中真实的生活。虽然现代的人们向往古希腊城邦中个人与城邦的这种和谐一致的生活，"但这种个人与城邦的关系模式，却是一个具有现代公民权利观念的人所绝对不愿意接受的"②。

第三，就实质而言，古希腊城邦是奴隶制的城邦，个人与个人以及城邦内部充满矛盾。虽然表面上看公民参与政治生活，他们积极建言献策，使城邦和谐发展。但实质上，城邦内部充满矛盾，有奴隶主和奴隶的矛盾、新旧贵族之间的矛盾及贵族和平民之间的矛盾。因此，城邦之间和城邦内部时有斗争。面对出现的争斗，古希腊哲学家赫拉克利特曾这样评价："战争是万物之父，也是万物之王。它使一些人成为神，使一些人成为人，使一些人成为奴隶，使一些人成为自由人。"③ 城邦中不仅有奴隶起义，还有新旧贵族、贵族和平民之间的矛盾冲突。可以说，城邦政体从王制到贵族制再到民主制的演进恰恰与这些矛盾和冲突相关。这些矛盾和冲突的根本原因是城邦内部的贫富分化。据历史记载，城邦在贵族制时期设立元老院，元老院一般是由贵族成员组成的，主要是由拥有大地产的土地贵族组成。但这一时期城邦的商业和手工业逐渐繁荣，由此产生新的贵族，因而新旧贵族之间产生矛盾，导致城邦的权力结构发生变化。城邦斗争带有浓厚的阶级色彩，城邦内部党派纷争激烈，因为每一派都代表不同阶层的利益。商业的繁荣使每一个人渴望财富和权力，政治舞台就成了他们追逐利益的角斗场。内部党派斗争极其血腥，失败的要被处死或流放，终身不能回到城邦。针对此，城邦内部也不乏涌现出改革家，他们尝试进行了一系列改革，如伯利克里设立五百人议事会来进行民主改革，这在一定程度上缓和了贵族与平民的斗争。伯利克里执政时期可以说是雅典民主制全盛时期。后来梭伦也对氏族贵族与平民的矛盾进行一系列改革，试图实现个人之间利益的平衡，主要是废除奴隶债务，提高公民大会权力等。此外，克利斯提尼为削弱氏族贵族

---

① ［德］亨利希·库诺：《马克思的历史、社会和国家学说》，袁志英译，上海译文出版社2006年版，第13页。

② 唐士其：《西方政治思想史》，北京大学出版社2002年版，第71页。

③ ［英］安东尼·肯尼：《牛津西方哲学简史》，陈晓曦译，中国轻工业出版社2019年版，第8页。

的权力，实行陶片放逐法。陶片放逐法是指在公民实行政治权利过程中，将他们认为的滥用城邦权力，危害城邦利益的人的名字写在贝壳上，由公民投票，得票数多的人被放逐。显然，这些改革的出现正是因为城邦内部出现了矛盾。

总的来说，古希腊城邦拥有绝对的权力，个人依附于城邦。虽然城邦内部有矛盾，但面临城邦的生死存亡，生活于城邦之中的人则会立刻团结一致共同抵御外敌，保卫城邦，因为他们将城邦的整体利益放在最高位。总之，在城邦时期，人们的利益在国家利益面前都得让位，以便国家能够实现充分公共的善，而实现公共善的国家也是治理得很好的国家。在这种国家中人们是安全的，个人的生活得以保障。这是一种整体性的，个人还是在城邦之中，人存在的目的是实现城邦的善，人们追求的是共同生活的善，个人被城邦裹挟着，个人的个性淹没在追求整体秩序的洪流之中。

二 古罗马时代：个人对"理性法国家"的质疑

古罗马国家是在征服各个城邦的基础上建立起来的。古希腊城邦后期发展成与古典城邦不同的城市，这种城市里有大量外来的移民，而且外来移民与当地人民有着显著的差别，这样组成的城市，它们不是独立存在的，而是完全从属于其他帝国。王国里的人民如果不幸遇到暴虐的国君，那么就受到暴君的统治。如果遇到懦弱的国君，那么就要遭到其他城邦的入侵，城市在这时表现得松散且毫无抵抗力。其实，正是希腊城邦之间的不团结才导致了后来的罗马入侵。所以，个人的生活充满一种"偶然性"。古罗马时期虽没有出现像古希腊城邦时期的柏拉图和亚里士多德那样卓越的政治思想家，但其在法律方面有所建树，罗马法为后来国家制定法律提供了重要的蓝本。不过，透过历史便能发现，被罗马法裹挟着的古罗马这一"理性法"国家也有不合理的要素存在。在这里，我们就来分析一下古罗马"理性法国家"中个人与国家的关系。

西塞罗有一整套较完备的法学思想。西塞罗认为，如果按照柏拉图和亚里士多德所说的那样，主要凭道德和正义来实现国家繁荣是不可能的，因为随着社会生产力的进步、私有财产的出现及个人逐利行为的增加，道德和正义在现实的利益面前总是乏力的，所以他向往一种理性和神的法。理性法一般被认为是科学的并代表人类意志的法律。罗马正是所谓的"理性法"国家。从法律规定来说，古罗马不仅规定人民权利，还"对国家与个人进行了严格的区分，它们各自有其特定的权利和义务"①。因而，从这个方面来看，个人被置于国家法律的中心，国家代表公民的最高权利，但国家中的最高权力在国王手中，这样一来，国家中具有最高权力的人即国王被认为是人民权利的代表。国家成为一个法人，国家存在的主要目的是保护个人的权利。

不过，就古罗马的现实生活来看，法律的实践并没有像法律本身所描绘的那么完美。虽然罗马是有理性法的国家，法律的目的是保护个人权利，但斯多葛学派一针见血地指出，古罗马法律中谈到的个人是抽象的而非现实的个人，同时在必要的时候个人还是要为国家和社会做出牺牲的，并且在法律中国王被神圣化，国王具有一般人不具有的理性。古罗马最初也是城邦，但只是在内部实行王制的城邦，国王下面设有辅佐国王的元老院。从历史上看，古罗马不是一个真正的民主制城邦，而是由共和制发展成罗马帝国，其本质是奴隶制国家。所以人们一般认为，不同于古希腊公民对城邦的义务，古罗马发展的前期更多的是保护公民，因为他们的政治权利逐渐扩大，随之他们也受到法律的保护。如前所述，从法律上来说，国家的权力是由人民赋予的，但随着时间的推进，古罗马征服和统治整个半岛建立罗马帝国。古罗马进入帝国时期后，政治结构发生变化，国王的权力不断扩大，从而损害元老院和公民议会的权力。如国家内部重大事项一般由财富多的人掌控，所以"实际决定不是由公民大会做出的，而是在法庭或战场上做出的……城市居民都全力以赴地积聚财富，贪图享受，让贫民和奴隶自己设法谋生"②。这样一来，城邦中的人们为自己的利益而展开阶级斗争，而旧城邦内平等的理念与奉献的精神丧失殆尽。还有"元老们被禁止从事海外贸易，官方对罗马政治精英所拥有的财富的界定几乎总是依据土地，那被认为是他们的财富的

---

① R. G. Gettell, *History of Political Thought*, New York: Appleton-century-Crofts, INC. 1924, p. 68. 转引自唐士其《西方政治思想史》，北京大学出版社 2002 年版，第 125 页。

② [美]斯塔夫里阿诺斯：《全球通史（上）》，吴象婴等译，北京大学出版社 2005 年版，第 117 页。

基础"①，但他们还是以非政治精英的身份参与商业活动。更为突出的是，人民的基本权利受到侵害，《十二铜表法》中规定，家庭中最年长的男性继承人对家庭其他成员尤其妇女有绝对的权威。在罗马时代，奴隶和农民的生存受到威胁，其他地方的奴隶不断涌进罗马，便宜的粮食也进入罗马市场。这就带来了一系列连锁反应。农民把自己的土地不得不卖给新的富有阶级。这样一来，土地集中在富有阶级手里，农民没有可靠的收入和土地，所以只能到城市中寻找工作。奴隶的生活更加贫困，因为在城市中，他们不仅遇到了同他们竞争工作机会的农民，而且在大规模的商业和农业活动中，他们绝大多数人几乎处于被囚禁的状态。随着地区贸易的增长和经济的进一步发展，奴隶数目增加，自由劳动者的地位下降，经济不平等和社会冲突日益加剧。

在古罗马动荡的环境中，许多人被迫离开他们之前旧的、习以为常的环境，转而进入让他们一开始感觉无助和迷茫的新的城市环境。在旧城邦里生活比较简单，法律、道德、宗教、义务全有明确规定，且为大家普遍接受，但现在人们处于一个无规律和稳定性的世界之中。统治者用宗教这种意识形态统治着人们，让人们认为国王是上帝派来拯救人类的使者，为此应该效忠国家。每个人不仅被一种非人的神秘力量所压制，而且将国王权力的归属由人民意志所赋予的变成是由上帝所赋予的。因而，面对道德和信仰之间实际存在的各种差距，人们很难相信存在着一种普遍正义的法律。随着罗马帝国的战乱和国王权力的扩大，这种"理性法"失效。随之而来的是基督教，由基督教统领的神圣国家得以建立，上帝之城与世俗之王统治着人民。古罗马这个"理性法国家"内所倡导的平等已变为上帝面前人人灵魂的平等，法律和统治都根植于上帝指导人类生活的计划之中。

三　中世纪神权统治时期：个人绝对服从宗教国家

中世纪是一个教皇主宰的时代，教会与国家结合形成神权政治。在这一时期，基督教统治人们的心灵，人们绝对服从宗教国家。教会被罗

---

① ［英］玛丽·比尔德：《罗马元老院与人民》，王晨译，民主与建设出版社 2018 年版，第 327 页。

马皇帝宣布为合法后，不但得到了大量的地产，而且教皇成为封建贵族的一员。随之而来的是，教会的影响迅速扩大，并且建立了严密的金字塔式的教会体系。教会依靠上帝权威，成为人民的精神领袖，争取信教徒的支持，进而干涉世俗事务。在某种程度上，一方面，教会已成为国家行政机构的一部分；另一方面，教会管理日常的宗教事务成为一种平常的宗教机构。总之教会与国家合一形成宗教国家。宗教国家通过基督教统治人民，麻痹人民的心灵，让人民做顺从的臣民和上帝忠实的信徒。正如恩格斯所言："中世纪的历史只知道一种形式的意识形态，即宗教和神学。"① 英国学者约翰·阿克顿也说过，在拥有精致文明的帝国皈依宗教的时代，在其之前所拥有的智慧、罗马法及从犹太人、异教徒和基督教世界所承继的全部遗产均使"教会成为专制主义一个精心装饰的精神支柱"②。在基督教国家内人们的信仰取代了理性。信仰成为中世纪社会结构的内在支柱。信仰中包含一种政治伦理，正是这种政治伦理化的信仰，使得人民绝对服从宗教国家。中世纪的美德不再是像古希腊罗马时期那样由哲学家所提出，而是直接提取于基督教中内含的法律道德。基督教中人的灵魂与肉体是二分的，世俗中的人带有原罪，来人世间是受罪的。人来到世间的主要目的是自我救赎从而进入天国得到永恒的幸福，因而中世纪的人们不管政治变革和王位更替，因为对他们来说，天国的生活才是真正的生活。所以，古希腊时期的个人归属于城邦，而中世纪时期的个人则受教会统治，因而个人不是完整的个人，个人一半在天堂，一半在人间，即灵魂归于上帝之城，肉体归于世俗之城。基督教的思想统治着人们，"基督教所需要的并不仅仅是品格缺陷或恶的概念，而且是违反神的律法的概念，即罪"③。所以，基督教预设人们生而有罪，认为人类应该谦卑，应该禁欲，这样才能让自身有罪的心灵在这种谦卑的忏悔中得到洗礼，同时使自己的灵魂得到升华，继而拥有智慧，最后重新寻回自身存在的意义与价值。

---

① 《马克思恩格斯文集》（第4卷），人民出版社2009年版，第289页。

② ［英］约翰·阿克顿：《自由史论》，胡传胜等译，译林出版社2001年版，第28页。

③ ［美］A. 麦金泰尔：《德性之后》，龚群等译，中国社会科学出版社1995年版，第211页。

中世纪时期，不仅人们的心灵世界受上帝的统治，而且人们的身体受宗教国家的摧残。由于生产力低下，土地不但是中世纪封建经济财富的重要标志，也是划分阶级的一个重要依据。中世纪国家等级森严，不仅在国家内部有严密的等级，如僧侣、贵族和平民以及农奴等，而且在教会内部也有严密的教阶制。由土地占有而来的封建人身依附，主要是农奴对封建领主的依附，农奴终身将依附于土地所有者而没有人身自由。退一步说，如果中世纪有自由，那么自由是一种群体性自由。个人是群体性的个人，个人是隶属于一个阶层或者一个群体之中，更确切地说，个人是归于某种社会等级的。如苏联学者科恩所言："个体首先是被家族关系所束缚……其次，个体为邻里关系所围绕，起初是在公社范围内，后来又加上教区……最后，每个人都属于一定的阶层。"① 此外，人们的意识也受到束缚，不管他们的自我意识如何，个人"仍感觉到自己附着于、从属于某人或什么（自己的市政长官、土地、公社、教区）"②。正是如此的感觉，使个人不仅被牢牢地锁定在他所处的社会和社会关系之中，而且使他接受并认定这种社会。随之他将失去重新认识自我、突破自我的机会，甚至失去认识世界、树立自己正确的世界观的机会。在中世纪，代表主流官方意识形态的基督教哲学家也极力维护这种制度，证明神权国家和上帝存在的合理性和合法性，奥古斯丁和阿奎那是主要的代表人物。奥古斯丁指出，世界上有两个国度，一个是上帝之城，一个是世俗之城。上帝之城是永恒存在的，上帝之城内和平安定的政治秩序代表上帝的理性，是正义的体现。世俗之城中充满罪恶，人间的暴力、战争、混乱的政治秩序是上帝对人的堕落行为所做的惩罚。人们唯有在世俗之城中接受上帝降下的苦难，虔诚忏悔得到上帝的认可，拥有正义的灵魂才能升入天国。奥古斯丁认为，世俗之城和上帝之城有很大的区别。尘世国家中的人只想拥有对自我的爱，君主们为了统治欲而奴役被他们征服的民族；而天国中的爱是对上帝的爱，这种爱是一种对自我的放弃，更是对上帝的敬仰之情。在天国内，"君主与臣民们出于爱而相

---

① ［苏］科恩：《自我论》，佟景韩等译，生活·读书·新知三联书店 1986 年版，第 127—128 页。

② ［苏］科恩：《自我论》，佟景韩等译，生活·读书·新知三联书店 1986 年版，第 145 页。

互服务"①。因此，奥古斯丁和阿奎那认为，世俗之城内完善的国家是根本不存在的，但他们又认为国家存在还是有其合理性的，由于人们之间的利益和目的的差异，政府要对人进行管理，协调人们之间的利益，所以他们将国家视为在社会中促进人与人之间合作的机构。虽然国家中时有暴君出现，暴君的统治也会带来不平等和不正义，但是社会总体还是稳定的，比起无序和战乱这种状态还是好的，这种环境对人们来说是有益的。他们这样做的目的并不仅仅表明人有社会性，更重要的是强调通过国家协调的这种秩序来实现基督教的最高目的即人类灵魂的得救，因为在人类完善的过程中政治和社会是必不可少的环节。国王有神圣的义务，就是帮助上帝实现人间的稳定秩序，让人类的灵魂得救，最后升入天国。所以，国家稳定性和一致性是国家的根本目的。此外，奥古斯丁和阿奎那不同情奴隶，还认为受苦的奴隶是由于他的罪行而受到上帝的惩罚。在被基督教思想禁锢的人们心中，现实的国家是完满的，即使是不完满的也是上帝对人类的惩罚。即便是暴君统治的国家，人们也并不反抗，因为宗教哲学家已给人们灌输了暴君会得到上帝的惩罚。因此，在中世纪，人们对宗教国家是绝对服从的，由于被宗教束缚，他们在面对暴君统治的国家时也无法找到反抗的理由，能做的唯有臣服。

四　近代资产阶级革命时期：国家保护个人

自 15 世纪下半叶始，西方世界开启了新的征程。在国家与教会的权力博弈中，国家占据上风并逐渐摆脱教会的控制，因而真正意义上的民族国家也随之出现并发展壮大。思想上，文艺复兴点燃个人意识的火种，冲破封建神学的重重迷雾，启蒙思想家号召人们用理性的力量寻找国家起源的非神性根源。经济和政治上，海上贸易和工商业的繁荣发展使资产阶级发展壮大并要求政治上的平等。这一切新的变化使国家与个人的关系也发生了根本性的变化。古希腊城邦时期、古罗马时期及黑暗的中世纪，个人依附于国家。虽然国家在一定程度上保护公民，但由于个体自我意识薄弱，他们服从国家并高度认可国家。他们认为只有在国家中

---

① Augustine, *The City of God against the Pagans*, edited and translated by R. wyson, Cambridge: Cambridge University Press, 1998, p. 632.

才能够生存，也只有在国家中才能过上完满的生活。然而，从近代资本主义萌芽时起，个人意识逐渐觉醒，他们对国家与个人关系有了新的认识并证明国家的权力来源于人民，所以近代资产阶级革命时期的国家与个人的关系是国家保护个人。

对国家与个人关系的认识发生变化的重要原因是文艺复兴带来的个人意识的觉醒。近代社会生产力的迅速发展和科学技术的日新月异及工商业的繁荣，人改造自然的能力提升，个人不单单依靠国家秩序得到确证。文艺复兴率先竖起冲破封建神性枷锁、高举人的主体性的鲜明旗帜，将个人置于社会历史舞台的中央。文艺复兴唤醒个人独立思考的意识，开始用人的眼光而不是神的眼光去看待世界，不断探讨人的价值与意义。文艺复兴"以满足人的自然欲望的名义反对禁欲主义，以意志自由的名义反对教会独断，以个性自由的名义反对封建奴役"[1]，来阐明自己的立场。文艺复兴是资产阶级确立其意识形态的重要思想武器，不仅为推动新兴资产阶级国家的诞生作出重要贡献，而且为国家与个人关系的变化奠定了坚实的基础。

启蒙思想家关于国家起源的探究以及人的自然权利的阐发为资产阶级革命时期国家保护个人提供合理的依据。如果说文艺复兴点燃了个人主义的火光，那么启蒙思想又更进一步赞扬人的理性，启蒙人的思想，使个人认识到自身的重要性。启蒙思想家首先探讨国家起源的问题。霍布斯和卢梭认为，国家是人们订立契约转让人的自然权利的产物，人们把自己的权利让位于国家，国家代表人民的意志，当然国家也有权保护人民。霍布斯认为，人是一个带有自然欲望的理性的人，因而人是利己主义者。在没有国家和社会的自然状态下，人与人之间是一种战争的状态，而要摆脱这种状态，人们要团结起来组成更强、更大的联盟，这就要求个人放弃他所拥有的对自身有益的部分权利，"以利于担负领导作用的唯一的主权意志，也就是将迄今为止单个人的主权转化为一个唯一的主权"[2]。所以要人们订立契约建立国家，而建立国家的目的是保护人民。

---

① 韩庆祥：《马克思的人学理论》，河南人民出版社 2011 年版，第 28 页。

② ［德］亨利希·库诺：《马克思的历史、社会和国家学说》，袁志英译，上海译文出版社 2006 年版，第 73 页。

正如霍布斯所说，我们看到爱好自由和喜欢统治他人的人们生活在让渡自己权利订立契约而形成的国家之中，虽然自己在其中受到束缚，但这样做的目的就是"保全自己并因此而得到更为满意的生活"①，从这个角度来说国家是保护个人的。霍布斯对现实国家内部贵族阶级享有的特权表示强烈的反对并强力主张人民在政治上一律平等。洛克认为，人是有道德的人，人在自然状态下并不是想做什么就做什么，而是受自然法则的支配，而自然法则就是理性。自然法一旦存在，就必须要遵守。任何人不能损害别人的生命健康和安全，如果违背自然法，每一个人都有权对违背自然法的人进行惩罚。人民的赞成是国王执政合法性的基础，但他认为，国家起源于上帝赋予人的理性的需要和社交的欲望。卢梭也认为国家权力属于人民。可以看到，这些思想家主张国家的权力来源于人民，为资产阶级革命提供合法性的依据，是资产阶级革命时期的意识形态的体现，因而可以看出这时期在理论上国家是保护个人的。

资产阶级革命时期的政治口号及革命行动也在一定程度上凸显出国家保护个人。工商业的繁荣使资产阶级迅速崛起。资产阶级拥有较雄厚的经济实力，但由于封建国家的等级制度，他们的政治地位并没有得到相应的提升。从资产阶级起源来看，资产阶级最初是一部分流入城市的农奴，后来转化为早期城市的市民，随后成为资产阶级。资产阶级是与封建土地贵族不同的新型阶级。资产阶级想寻求利益最大化，那么他们必然要在政治上获得相应的权利，而封建国家阻碍他们进一步发展的步伐，所以资产阶级要进行革命，推翻封建统治。资产阶级用自由、平等、博爱的政治口号，宣称为人民大众的普遍利益而战，同时利用国内的阶级矛盾，联合无产阶级、农民阶级及农奴开展资产阶级革命。英国资产阶级革命成功后建立君主立宪制国家，从而限制国王的权力。随后，法国在 18 世纪也进行革命，建立资产阶级主导的国家，使人从封建的人身依附的关系中摆脱出来，成为自由的人，同时拥有选举权和被选举权，平等地参与政治生活。因而，从这个角度来说，资产阶级革命时期是国家保护个人。

---

① ［英］霍布斯：《利维坦》，黎思复、黎廷弼译，商务印书馆 2017 年版，第 128 页。

五　现代资本主义社会：每个人都是国家的"主人"

资产阶级驱逐了在国家政治事务中占据主导地位的彼岸的天国之神，把人从宗教束缚的传统封建国家中解放出来，同时把世俗之神即金钱深深地植入了人们的内心。资产阶级为这一胜利高呼，但现实表明，人们在此岸世界并没有实现自由全面的发展。人在现实世界被异化并受物的统治。尤其在当代资本主义社会，人不仅受商品、货币、资本等抽象物的统治，还受某种"工具理性的统治"。资产阶级把之前反对封建特权的个人权利的一些原则和理念变成资产者自己谋取利益最大化的"合法"的理论基础。所以，现今资产阶级社会，看似人们都是国家的主人，都平等地享有自由与民主，但揭开表面的虚幻，就会看到，人们实质上受资本裹挟着的国家的压制。一些代表自由主义的思想家和政治家都提出了自己的思想主张，极力让每个人在现代资本主义社会中成为国家的"主人"。虽然"有人指责自由主义在政治上以代议制民主为基本框架，内里暗自支持精英政治，抑制了每个人公平参与政治的机会"[①]，但不可否认，自由主义者对民主与自由的高呼却是资本主义国家人民渴望实现真正自由和民主的重要声音。自由主义主要反对政府的过分干预，强调个人的自由，希望国家充当"守夜人"。他们判定一个政治主张是否具有价值的标准是能否最大限度地实现个人自由。因而，可以说，自由主义强调个人的自由。有学者在研究哈耶克的自由主义理论时指出，"在政治上，哈耶克认为，政府的作用应该限于确保社会中存在一种公平法则"[②]，而这种法则其实质性的意义就在于划定个人自由活动的范围，同时还要保障自身不受侵犯。在这里，哈耶克充分要求个人自由，因为自由的个人才能对其他人的要求及其在一个复杂的社会中的行动具有充分的敏感性并迅速作出反应。相反，一种计划或命令的体制并不能使人与人之间相互作用的利益最大化，因为它在这么做的时候产生的只会是不确定性、无效率与专制。

罗尔斯以他的正义论为自由摇旗呐喊，他追求公平的自由主义。他

---

① 聂露主编：《当代西方政治思想前沿》，中国政法大学出版社 2016 年版，第 2 页。

② 唐士其：《西方政治思想史》，北京大学出版社 2002 年版，第 435 页。

以社会契约论为根本方法，提出他的两大正义原则，"一是每个人对于其他人所拥有的最广泛的基本自由体系相容的类似自由体系都应有一种平等的权利。二是社会和经济的不平等应该这样安排，使它们：①被合理的期望适合于每一个人的利益；并且②依系于地位和职务向所有人开放"①。第一个是人们最基本权利和自由平等的原则。第二个是社会发展过程中依据第一个基本原则衍生出的原则，即差别原则和机会均等原则。简要来说，基本自由和权利平等原则必然要优先于机会均等原则和差别原则。也就是说我们每个从一出生就拥有最基本的平等、自由的权利，但是社会发展和人先天的智力、后天环境等各方面的因素，每个人不可能完完全全是平等的，所以社会要有差别原则和机会均等原则来调节，进而实现国家和社会的公平正义，让每个人都能在国家中公平地实现自由。斯宾塞是社会有机论的代表者。他指出，由于日益精细的分工，社会从简单走向复杂，从同质走向异质，这是社会进化的必然趋势。在社会有机体进化的过程中国家有其重要的意义，"国家是社会有机体不可分割的一部分，没有国家，社会就无法维持其存在"②。同时，斯宾塞也对国家存在的目的赋予自己的理解，他重新发扬启蒙思想者的自然权利学说和社会契约论。因此，在某种意义上说，斯宾塞是一位自由主义者，他强调国家的权力是人民赋予的，国家的一系列决策，都是人民意愿的表现。国家不能单纯地满足自身而忽视社会的公共事业和人民的公共福利。国家也不能为了整体的利益而牺牲人民的个人利益。国家为人民而存在，国家职责是为人民服务。所以，依据斯宾塞的观点，每个人都是国家的主人，人民是国家的中心。虽然这些思想家都在极力表明资本主义社会中每个人都能实现自由，能成为国家的主人，但实际上资本主义社会，个人不可能完全平等与自由，这个问题我们将在第五章详细说明。

第二节 国家与个人关系的表现形式

个人组成国家，国家促进个人的发展。因此，一方面，国家与个人

---

① 聂露主编：《当代西方政治思想前沿》，中国政法大学出版社2016年版，第2页。

② ［俄］伊万·伊戈列维奇·科米萨罗夫著，周来顺译：《斯宾塞与恩格斯：国家制度起源与本质的两种模式》，《国外理论动态》2020年第5期。

之间具有同一性关系；但是另一方面，国家的阶级属性又决定了国家对个人的压迫，也就是说国家与个人之间同时存在悖论性关系，或者说矛盾性关系。既然国家与个人有悖论性关系，那么该如何打破这种悖论性关系呢？对此，西方众多政治思想家都在思考这个问题，并给予了他们各自的回答。事实上，在这些思想家寻求解决国家与个人悖论性关系的方法时，已经展示出国家与个人之间还有一种关系，那就是个人对国家的超越性关系。在人类社会，一切都是为了促进人的发展，当国家阻碍个人的发展时，它就有被扬弃、被超越的必要。因此，国家与个人之间至少存在着三重关系：其一，同一性关系；其二，悖论性关系，或者说矛盾性关系；其三，超越性关系。本节，我们就对这三重关系作一简要的分析。

一　国家与个人的同一性关系

国家不可能离开人而独立存在，而人也是生活在国家之中的。国家培养个人的生存技能，也保障个人的自由和安全，并且用法律保证个人财产不受侵犯，同时让公民参与政治事务，由此促进个人发展。因此，国家与个人首要的关系是同一性关系。

首先，个人组成国家，国家促进个人生成，这表明国家与个人具有同一性关系。国家最初是从部落发展而来的，正如马克思恩格斯所言，人类社会由"部落制度向国家的过渡"①，这是社会生产力发展的结果。不论是部落还是国家，人们都在其中生活。虽然部落以氏族制度为基础，国家以一定的地域划分为基础，但都是由人组成的。那为什么人们会集中生活于其中呢？这得从人类社会早期的生产力和生产条件说起。人类生活早期，由于社会生产力低下，单个人抵御自然的能力低，人们面对自然的不确定因素较多。因此，为了生存人们选择群居生活。之后，随着生产力的发展，逐渐形成真正的人类社会并在此基础上建立国家，所以国家的存在和发展离不开个人。从人类社会演进的历史来看，国家是人们集中生活的地方，正是个人组成了国家。正是个人通过社会实践存在于国家之中，没有现实的实践的具体的个人，就没有国家存在的依据。所以从这一方面来说，个人组成国家。另外，国家也促进个人

---

① 《马克思恩格斯文集》（第 1 卷），人民出版社 2009 年版，第 556 页。

生成。国家是现实存在的，那么生活于国家之中的个人不是抽象的个人，而是具有现实实践的个人。人是一种社会性动物，个人只有在社会中才能生存与发展，问题的关键就在于，国家在一定程度上保证了人的这种社会关系。这主要表现在：第一，国家设立正规的教育机构和技能培育机构，在思想、文化、技艺等各个方面培养个人的生存技能，促进个人的成长，为个人提供自由发展和自我提升的空间，使个人在社会生活中不断完善自我，不断突破自我，柏拉图描绘的理想国就表达了这一点。柏拉图的《理想国》中期望建立的国家从一定意义上说是古希腊城邦国家的缩影。在他描绘的理想国中，教育是公共的，刚出生的婴儿要送到城邦的学校进行各种技艺的学习，如体育、音乐、绘画、数学、辩论等。苏格拉底在与格劳孔的对话中指出，"音乐和体育协同教育会让理智和智慧协调发展，它们用优雅的言辞和良好的教训培养和强化理智，同时又用和谐与韵律使其温和而文明"①，以便孩子成人之后成为拥有智慧和正义的人才，做一名城邦的卫士，为城邦的发展贡献自己的力量。因而，从这方面看，国家促进个人生成。第二，人是一种社会性的存在，社会发展的最终目的是促进人的发展。国家运用自身的力量调控社会物质生产、分配，同时依据生产合理制定社会分工体系，使个人能够更好地参与到社会生产中。此外，国家还给个人提供与其能力相适应的职位，让个人在国家与社会中扮演适合自己的角色，明确自己的权利和义务，从而使个人、国家和社会实现良性互动，在社会生产实践活动中实现个人发展。

其次，就城邦国家而言，国家让绝大多数公民平等地参与政治生活，同时给公民提供相应的物质生活资料，个人信赖城邦，因而从这一角度来看，国家与个人是同一的。古希腊城邦制是西方民主制的开端。一方面，城邦中绝大多数作为公民的个人都能平等地参与到城邦的政治事务中。公民大会是城邦的决策机构，公民大会对所有公民都一视同仁，即不将公民财产作为公民能否参与城邦政治生活的标准。所以，城邦中的政治事务是由公民决定的，拥有公民身份和公民资格是他们至高无上的光荣，而且对个人而言，"城邦本身是他们最有价值的财富，因而是值得

① ［古希腊］柏拉图：《理想国》，黄颖译，中国华侨出版社 2012 年版，第 119—120 页。

他们为之献身的最高利益"①。在他们看来，城邦是正义和善的理念的化身。城邦中人们过的是一种共同的生活，城邦是个人生活的全部。另一方面，由于当时社会生产力较低，城邦主要以农业为主，资源匮乏，因而，个人的生活资料也要"频繁地依靠国家"②。由于城邦国家为个人提供生活资料，因此个人依赖城邦、依附于城邦。城邦的利益实现了，个人的利益也就实现了，个人的利益与城邦的整体利益是一致的。由此，城邦中的公民认为，城邦是最好的国家。如柏拉图认为，人们为了满足生存的需要才团结在一起建立城邦。亚里士多德也认为，人只有作为城邦的公民才能实现其本质。此外，德谟克利特也对城邦的起源作了分析，认为人们出于保护自我人身安全而建立城邦。因而可以说，国家与个人之间存在同一性关系。

再次，国家保障个人的安全，给个人提供较安定的生存和发展的环境，从这个角度说，国家与个人具有同一性的关系。随着社会生产力的发展，加上自然环境条件及地理位置等因素，在同一地区生活的人们越来越具有民族性，国家也慢慢地演变为民族国家。"民族国家集资源汲取、社会整合、人民认同等显著优势于一身"③，所以民族国家有能力保障国内人民的安全，从而实现国家的繁荣和民族的延续。人存在的最基本前提是生命安全。保障人民的生命安全是国家存在和发展的头等大事。因而，国家发挥其外交职能和社会管理职能保障人的安全。人的安全威胁一般来自国内和国外。就国外来说，人的安全威胁来自国家间的战争。早期国家为获取物质生产资料和财富，国家之间时常发生战争。所以，国家要不断壮大自身实力，用强大的军事力量保卫本国人民。就国内来说，人民的安全威胁是由社会发展的弊端引起的。社会资本的扩张和人的逐利行为的增加已威胁到人的安全，人们受到的不仅是生命安全、人身安全，还有个人信息安全、财产安全等的威胁。为此，国家制定一系

---

① ［美］乔治·萨拜因：《政治学说史（城邦与世界社会）》，邓正来译，上海人民出版社2015年版，第51页。

② ［美］乔治·萨拜因：《政治学说史（城邦与世界社会）》，邓正来译，上海人民出版社2015年版，第53页。

③ 于春洋、马瑞琪：《分期与进展：当代中国民族国家建构线索梳要》，《统一战线学研究》2021年第4期。

列法律保障人的安全，同时维持社会的稳定和经济的平稳发展。所以从这个方面来看，国家与个人具有同一性关系。

最后，国家用法律保障个人自由，保护个人财产，使个人自由和财产不受他人侵犯。从这个角度说，国家与个人也具有同一性关系。启蒙思想家的思想主张和近代资产阶级革命行动展现了国家与个人之间具有同一性关系。启蒙思想家用理性照亮被神性遮蔽的国家和人的内心，从而展开以人为中心的思考。他们把理性作为评判事物的标准，提出新的关于人类发展的概念，即自由、平等和博爱。启蒙思想家洛克和卢梭的社会契约论、自然权利学说证明国家权力属于人民。个人最基本的自由平等权利是人与生俱来的，任何人不得侵犯。国家的权力是人民将自己权利让渡的结果。私有财产权是每个人劳动所得的，具有排他性，任何人都不能非法占有。一般意义上而言，财产权指的是在不违反道德和正义的基础上，"允许一个人自由使用并占有一个物品、并禁止其他任何人这样使用和占有这个物品的那样一种人与物的关系"①。依据启蒙思想家的思想主张，资产阶级以自由、平等、博爱的理念为旗帜先后在英国、法国、美国等国展开轰轰烈烈的推翻封建国家和封建地主阶级的资产阶级革命，建立了资产阶级国家，为资产阶级发展扫清障碍，加速了世界历史的进程。资产阶级国家在发展过程中通过一系列法律保障个人的自由、保护个人的私有财产，使国家与个人达到表面上的统一。在社会主义国家，尤其在中国特色社会主义国家，也通过一系列法律和社会行动保障个人的权利，保护个人的财产，使国家与个人达到了统一。

二 国家与个人的悖论性关系

国家由个人组成，个人的发展离不开国家，国家对个人的发展有重要的作用，但在社会发展过程中国家与个人也存在一定的矛盾和张力，这就是国家与个人的悖论性关系。我们在本章第一节总结了不同时期国家与个人关系的历史演变，在这里，我们依据不同时期的国家形态来阐述国家与个人悖论性关系的表现。

古希腊时期的政治思想是西方政治思想的开端。古希腊政治思想中

---

① 余涌：《论财产权及其关联的道德义务》，《中州学刊》2020 年第 8 期。

和谐的思想成为后来政治思想家研究的重点之一。不过，为什么古希腊时期的政治思想的主旋律是和谐呢？通过历史梳理，可以发现，他们提倡和谐恰恰是因为古希腊城邦的现实生活中存在不和谐的一面，也"就是因为这个理想未能全部实现"①。早在苏格拉底时代，就已经有了一些深受城邦制度压制的人对城邦制度深表怀疑，认为这不是他们应该实现的生活目标。如此说来，城邦与个人之间有悖论性关系。一方面，个人依赖于城邦，在商业并不发达、农业生产条件较差的古希腊时期，没有城邦，个人的生活也难以为继。不仅个人的物质生活大部分要依赖于城邦，而且他们的精神生活也要依赖于城邦。在他们看来城邦是正义的体现，个人甚至可以为城邦的利益而牺牲自我。城邦的利益实现了，个人的利益也就实现了，个人的命运与城邦的命运是联系在一起的。另一方面，城邦与个人也有矛盾存在。这主要表现在，第一，城邦用最高的理念"善""正义"来美化城邦，单纯地规定人们应尽的义务，用城邦整体的价值来淹没个体独立性。城邦中的大多数哲学家认为，正义和法律在城邦中发挥不同的作用。正义是人们在城邦中共同生活的价值标准，法律就是规定每个人在城邦中扮演的角色。这样一来，个人的个体性被淹没，个人没有自主意识，从而使个人紧紧地依附于城邦。可以说"古代的个人只有依附共同体才能生存，古代的观念普遍重视共同体价值。严格说，希腊城邦中没有个人"②。在这种共同价值的引导下，每个人只能为城邦的利益服务。尤其是在斯巴达城邦，"为了控制大批受其压迫的当地居民，斯巴达人还不得不把自己的国家组织得像一个军营，让一切都得服从军事需要……个人生活几乎全被取消"③。个人几乎没有娱乐活动。第二，本质上说，城邦的民主制是不完全的民主制，并不是城邦中的每一个人都能表达自己的心声，这也是城邦与个人存在矛盾的原因之一。在城邦中，人被分为三种，分别是奴隶、外邦人和公民。奴隶和外邦人没有资格参加公民大会，同样地，妇女和儿童也被排除在外。奴隶、外

---

　　①　[美] 乔治·萨拜因：《政治学说史（城邦与世界社会）》，邓正来译，上海人民出版社2015年版，第58页。

　　②　张盾：《马克思政治哲学中的个人原则与社会原则》，《中国社会科学》2013年第8期。

　　③　[美] 斯塔夫里阿诺斯：《全球通史（上）》，吴象婴等译，北京大学出版社2005年版，第103页。

邦人的利益在一定程度上没有得到保障。第三，在城邦中公民没有自由，更没有独立的个人意识，而这恰恰是公民在城邦发展后期所渴望的。城邦中公民虽能参与政治生活，但他们也没有自由。如果公民逃避政治生活，就要受到城邦法律的惩罚。虽然城邦内部通过法律保护公民的权利，但同时也迫使他们必须承担各项义务。所以在表面上看，城邦的成员过着一种和谐的共同的生活，其中大多数的公民被允许参与公共生活，但即使如此，它仍是一种理想，而不是一种事实。第四，由于个人利益和私人利益对城邦的侵蚀，公民的政治权利受到城邦内部出现的激烈的党派之争的影响。一方面，公民中的一部分人不顾全体人民的利益只依据自己的利益效忠一个党派而成为政治利己主义者，因而破坏了城邦的基本精神；另一方面，由于党派之争，城邦的道德水平严重下滑，危及城邦本身。这种党争也从侧面反映出，"在古希腊时代人们并没有能够真正实现自由与纪律、个人利益与城邦利益的统一"①。虽然梭伦在公元前594 年进行改革并颁布一系列法律，如经济上废除一切公私债务；政治上扩大公民的权利，允许没有财产的平民参加公民大会等，但公民大会拥有的权力很有限，旧贵族还是拥有大部分权力，所以这实质上只是局限性的改革，未触及城邦内部矛盾的根本，因而城邦与个人的矛盾还是存在的。第五，由于城邦经济的发展，尤其是商业发展，使个人在经济上和政治上的不平等加剧，从而激化城邦内部的阶级矛盾。随着商业的发展，城邦内部商人阶层逐渐壮大，他们为谋求自身利益最大化不惜一切代价进入城邦政治权力的中心，操控公民大会，城邦的民主制由此遭到破坏，并进一步造成公民在政治上的不平等。可以说，对于已经取代旧贵族占据了雅典政治舞台的商人阶层来说，政治权利在相当的程度上不过是他们获得更大的经济利益的手段之一。与此同时，由于商业的发展，商人和农民的利益分化及个人之间贫富差距加大，城邦内部个人面临经济上的不平等，这进一步激化了阶级矛盾，甚至发生城邦内部战争。面对城邦内部矛盾，自公元 5 世纪后，人们逐渐将目光转移到"国家如何

---

① 唐士其：《西方政治思想史》，北京大学出版社 2002 年版，第 48 页。

组织，在国家事务中公民相互间的关系如何"① 等问题上。苏格拉底运用美德和正义两个话题进行辩论，对现实的城邦制度进行积极的批判。城邦将苏格拉底处死的这一行为表明，雅典虽标榜民主和自由，但没有容忍一位哲人表达自己思想的自由，那么这样的民主和自由还是值得商榷的。随着城邦的衰落，智者学派和犬儒学派出现，人们不再积极参与政治而是慢慢地疏离政治，将关注点转移到自身上来，以自我为中心，追求个人利益，个人的个体性逐渐发展起来。

如果说古希腊时期用美德和正义来束缚人们的心灵，那么中世纪就是用上帝统治人的心灵。中世纪国家与个人也存在悖论性关系。一方面，在面对外来国家的威胁及侵略战争时，中世纪国家最大限度保障本国人民的安全，因而个人离不开国家；但另一方面，中世纪是神权的时代。世俗权威与上帝权威共同决定个人的命运，所以中世纪国家与个人存在矛盾。第一，中世纪国家用上帝理念麻痹人们的精神以此来缓和现实矛盾，同时用严密的等级秩序统治个人。在中世纪国家中，国王和教皇是权力的中心，他们用原罪说和禁欲主义消解个人欲望和个人追求，并为其宗法统治的等级秩序提供合法性基础。中世纪社会中能够实现自我、满足自我的只是统治阶级的那些个人。大多数人完全处于不自由的状态，被宗教和神学乃至宗法等级秩序禁锢，而被统治的个人的幸福与自由不是在现世的真实的生活中获得的，而是通过上帝寄托到彼岸世界即天国中实现的。既然人现实地存在于社会之中，那么这种虚幻的幸福不过是麻痹人民服从封建制度的鸦片而已。个人命运由上天决定的这种天命观、伦理道德规范所裹挟着统治阶级统治的这些价值观念、道德规范和思想行为，目的是维护自身统治的需要。个人的生命是上帝赐予的天职，更确切地说是一种义务。从中世纪知识分子方面来看，中世纪的哲学和宗教都有反理性的倾向。知识分子由之前的理性完全转向神秘主义，并从现实的政治俗事中脱离出来。哲学似乎是专属于上流社会的宗教。下层社会的宗教却是允诺来世的灵魂得到救赎，而麻痹人们不久天国将会到来以满足受蹂躏的民众的情感需要。当然，在中世纪，科学技术虽说有

---

① ［德］亨利希·库诺：《马克思的历史、社会和国家学说》，袁志英译，上海译文出版社2006 年版，第 13 页。

了很大的进步，但主流官方意识形态仍然主张上帝具有支配一切的能力。科学虽然有了较大的发展，还没有突破神学的牢笼。第二，中世纪社会中没有平等之说，社会有严格的等级之分，依据等级规定自己的权利和义务。中世纪已有相当的经济活动，也有市民社会的划分，市民社会之中有各个阶层，各个阶层能参与到政治生活中，"在这样一种社会形态下，所有社会阶层都变得政治化了，但'私人领域'、'个人领域'与'政治领域'之间依然没有分离"①。所以，中世纪社会没有平等可言，用经济衡量个人是否能够参与政治活动，这是阶级矛盾及阶级斗争的重要原因。

近代资产阶级建立的国家是当时许多人向往的自由的国度，因为人的权利和义务都由法律明确规定。在 17 世纪那个发扬理性的时代，启蒙思想家洛克和霍布斯继承了斯多葛学派倡导建立某种更高的法律即自然法的主张，但他俩不仅改变了斯多葛学派用应然的尺度而非事实的尺度评价政治原则的一种超经验事实的做法，而且直接变换了自然法的内涵，把自然法变成保护个人生命和财产的法。由此，随着自然法内涵的改变，人们也逐渐改变了以往对政治评价的看法，即从应然法降到实然法。这一转变对资产阶级社会的发展有重要的意义。一方面，从法律的角度看，国家保护个人，个人的生存发展离不开国家的强有力保障；但另一方面，资产阶级国家内部也存在国家与个人的矛盾。由此看来，资产阶级国家与个人也存在悖论性关系。首先，在政治生活领域出现异化，即被选举出的代表并不代表选民的利益。资产阶级国家中的政治思想家一般认为，个人权利是政治的起点和最终的目的，但在现实政治实践中个人权利否定自身。在普遍政治选举中，市民社会的一部分成员被选举出来代表市民社会的利益，虽然是由被投票者选举出来的代表，但他们并不代表投票者的利益。由于选举者和投票者的利益的这种异化，在国家政治权力中，选举者因而代表了某种特殊的利益。推选的代表应该为实现社会的普遍利益而努力，但是"他们实际上逐渐变成他们的特殊利益的无耻代

---

① ［英］安东尼·吉登斯：《资本主义与现代社会理论》，郭忠华、潘华凌译，上海译文出版社 2018 年版，第 10 页。

言人"①。可以说，政治制度表面上代表普遍的人的利益，表现出其是全体人民的共同主张，但实际上这些普遍性和共同性却掩盖了其所真正代表的利益，即市民社会的私人利益。其次，资本主义国家的人们在社会生活方面也出现异化。资本主义生产的私有制形式使得个人受到物的控制，这主要表现在生产领域内。在资本主义生产领域内，由于资本主义工业实行大机器生产，因而占社会绝大多数的个人即工人，不仅成为机器的一部分被束缚于机器之上，而且个人与自己的劳动、劳动产品、类本质及他人的关系呈现全面异化的状态，当然资产阶级也没有逃脱物的控制。就如马克思所说："资本家只有作为人格化的资本，他才有历史的价值。"② 因此，从这两个方面来看，资本主义社会是全面异化的社会，而异化的根源就是资本主义国家的私有制经济形态。所以在资本主义国家中，国家与个人同样存在悖论性关系。综上所述，各个时期的国家中实际上都不同程度地存在着国家与个人的矛盾。

三 个人对国家的超越性关系

城邦国家、中世纪国家和资产阶级国家都存在国家与个人的矛盾关系。国家对个人的发展具有一定的阻碍作用，所以人们思考是否有可能随着社会的发展，国家最终消失。这种观点的代表包括早期犬儒学派及后期的无政府主义和共产主义。我们在前面梳理、分析国家与个人的关系时看到，国家与个人的关系随着社会的发展由个人依附于国家逐渐变成个人独立于国家。问题是，这种情况出现的原因是什么呢？答案是个人意识的觉醒。首先，我们从哲学家的哲学理念到政治学家的政治主张看出这种转变。之前城邦中的个人积极参与政治生活，他们相信城邦是正义的，但后来随着城邦的发展，城邦内部出现利益纠葛和分化。因此，即使像柏拉图这样的思想家提出关于道德和正义来促进国家的和谐，但现实表明，所有的道德学说都不能挽救即将解体的国家生活，因为在政治生活中，各个民众都没有得到相应承诺的社会保障，他们感觉

---

① ［以］阿维瑞纳：《马克思的社会与政治思想》，张东辉译，知识产权出版社 2016 年版，第 20 页。

② 《马克思恩格斯文集》（第 5 卷），人民出版社 2009 年版，第 683 页。

自己受到了欺骗，所以他们就对当时政治生活很失望，并想极力"逃避公众生活"①。人们不再热衷于城邦的政治事务，整个价值体系发生变化，这使人们第一次提出"有关个人特性和私人幸福的理想"②。人们将目光转向自身，追求自身的幸福和快乐。在这种转变过程中起重要作用的是宗教和哲学，哲学对于一个受过教育的人来说，是他唯一的宗教，但哲学对于不具备丰富学识的下层民众而言，是一种离他们很远而又神秘莫测的东西。因而现实宗教就成为下层民众的精神支柱。在古希腊城邦衰落的同时宗教的作用逐渐凸显，宗教机构和体制慢慢占据社会生活，其作用越来越大，出现了基督教和基督教会。城邦的失败使人们对共同体的生活产生怀疑，而恰在此时宗教却给了人们永生的希望。因为宗教使他们在情感上有了慰藉，没有宗教他们似乎无法承受磨难，在这个过程中人们慢慢地有了一种内心的自觉和隐性的意识。虽然人们发觉自身是个体，但仍然是受宗教统治的。但反过来说，正是宗教帮助人们发觉自我意识。这时期哲学主要分化为两大学派，即伊壁鸠鲁学派和犬儒学派。这两大学派都极力主张人们逃离公共生活并对雅典的民主带有某种怀疑，其原因在于"在伯利克里死后，民主就和它曾经辉煌过的同伴——雅典文化分道扬镳了，民主发展成为一种疯狂的军国主义"③，可以说差点摧毁了雅典文化的整个世界。犬儒学派建议人们脱离公共生活，因为如此一来，一是人们可以得到真正的幸福。他认为人们在公共的政治生活中不快乐，而为了得到快乐就要有善的生活，而善的生活在于享乐，幸福是可以避免痛苦和烦恼。二是可以根除一切社会差别。人们要过极简生活，抛弃一切习俗和原则，倡导人人平等。他们虽然承认城邦中有平等秩序的存在，但认为那不过是虚无主义的平等而已。但这又使他们放弃从现实中寻求平等，转而进入哲学，在哲学中寻求精神寄托。犬儒学派的"安提西尼和第欧根尼都写过政治学的论著，而且他

---

① ［德］亨利希·库诺：《马克思的历史、社会和国家学说》，袁志英译，上海译文出版社2006年版，第13页。

② ［美］乔治·萨拜因：《政治学说史（城邦与世界社会）》，邓正来译，上海人民出版社2015年版，第222页。

③ ［英］阿诺德·汤因比：《历史研究》，郭小凌等译，上海世纪出版集团2010年版，第181页。

们两人也似乎都概述过一种理想化的共产主义（也许是一种无政府主义）"①。在他们构想的社会中，政府、家庭等都是不存在的。可以说，他们是一种世界主义者，是一种世界公民。

个人对国家的超越性关系还表现在无政府主义和共产主义的学说之中。无政府主义典型的代表是蒲鲁东和巴枯宁。蒲鲁东是一名政治冷淡主义者，他"反感任何形式的政治，无论是贵族制的、民主制的还是共产主义的"②。马克思对蒲鲁东的无政府主义进行了深刻批判。在马克思看来，蒲鲁东只看到政治对人的压迫，但没有看到在一定的历史条件下政治有其积极的一面。巴枯宁也是无政府主义者，巴枯宁把国家视为社会发展中的祸害，因而"他反对一切国家，认为只有废除、消灭国家，才能进行所谓的社会清算，最终实现社会平等"③。他坚持要废除一切国家，包括人民的国家，而且废除和消灭国家的方式只能靠煽动和密谋，并且声称要在一天之内消灭国家。此外，以马克思为代表的共产主义者以辩证唯物主义和历史唯物主义为方法，对国家进行了唯物主义的把握，认为国家不是从来就有的，它是在社会发展过程中逐渐产生的。因此，在马克思主义看来，国家不是一下子就能消失的，它就跟产生一样，也是随着社会的发展逐渐消失的。首先要进行无产阶级革命，推翻资产阶级国家机器，建立无产阶级专政国家，把各种社会生产资料收归国家所有，逐渐消灭私有制。如此，随着私有制的消灭，国家也随之消亡。需要注意的是，共产主义和无政府主义虽都主张国家消亡，但共产主义是科学的，是社会发展的必然结果，而无政府主义反对任何权威和无产阶级革命，表明他们的理论是错误的，无法指导社会实践的。

根据本章的分析，可以看到，国家与个人之间存在三种关系，其中国家与个人的悖论性关系是学界研究的重点。从古希腊时期直到近代，许多政治思想家都看到了国家与个人之间存在的矛盾关系，也致力于寻

---

① ［美］乔治·萨拜因：《政治学说史（城邦与世界社会）》，邓正来译，上海人民出版社2015年版，第231页。

② 林钊：《马克思对蒲鲁东无政府主义思想的批判》，《山东社会科学》2018年第3期。

③ 李晓光：《马克思恩格斯对巴枯宁无政府主义的分析批判及其当代启示》，《当代世界与社会主义》2020年第3期。

求方案以解决国家与个人的矛盾。他们的解决方案既有可取之处，也有局限性。马克思恩格斯从这些思想家的解决方式中汲取了一定的资源，并在此基础上形成了关于国家与个人矛盾关系的解决方案，为人类实现自由而全面的发展提供了独特的路径。

第 三 章

国家与个人关系问题的相关
解决方案及局限

  西方政治思想家都注意到国家与个人之间是存在矛盾的，并且也着力寻找相应的方案解决国家与个人之间的矛盾。从一定意义上说，西方政治思想史的发展过程，是一个不断解决国家与个人矛盾的历史过程。古希腊城邦时期的思想家，期望通过理想的城邦设计解决国家与个人的矛盾。理想城邦的设计贯穿着正义，"按照西方哲学对于政治的原初理解，政治的最高目标是道德性即'应当存在的正义'"①。不过，仅仅依靠道德原则从内心教化人们是不能从本质上解决国家与个人之间的矛盾的。启蒙思想家则试图以限制政府权力来解决国家与个人的矛盾。他们力图证明政府的权力来源于人民，并倡导人民主权。不过，他们所认可的国家还是资本主义的国家。资本的逐利性表明，资本主义国家的权力不属于全体人民，而是属于少数资产阶级，而这也决定了启蒙思想家的解决方案同样是存在局限的。康德和黑格尔试图用抽象的哲学来建构理性国家，以解决国家与个人的矛盾，但他们只是在理论层面上证明现存国家的合理性，同时只是在现实国家基础上进行一定的改良，因而并未触动国家与个人矛盾关系的根本。空想社会主义者也希望设计新的社会组织来解决国家与个人的矛盾，但他们的社会主义缺乏科学理论支撑而注定是一种空想，因而也就无法解决国家与个人之间的矛盾。总的来看，这些思想家并没有触及历史发展的本质维度和现代社会的根本逻辑乃至

---

  ① 张盾：《马克思政治哲学中的个人原则与社会原则》，《中国社会科学》2013 年第 8 期。

国家的本质，也没有从生产力的维度把握国家与个人矛盾的实质，因而他们所提供的解决方案都是不彻底的。

第一节 以理想的城邦设计解决国家与个人的冲突

研究政治思想史即研究国家与个人的关系自然绕不开柏拉图和亚里士多德，可以说柏拉图和亚里士多德开西方政治思想的先河。他们生活于城邦之中，看到城邦的衰落，试图设计理想的城邦来挽救现实的城邦。事实上，他们看到了城邦内部的阶级斗争和党派斗争，但他们只是从客观唯心主义出发，从人性和道德方面强调城邦与个人的一致性，想要由此实现城邦与个人的高度统一。柏拉图和亚里士多德是最早看到国家与个人之间存在矛盾的思想家，同时他们也是最早的企图探索相应的方案以解决国家与个人之间的矛盾的思想家。下面，我们就来看看他们为解决国家与个人的矛盾提供了怎样的方案，又具有怎样的局限性。

一 哲学王治国建构"正义"的城邦

伯罗奔尼撒战争后，雅典城邦内部不仅出现严重的派系斗争，而且出现由于私有财产使人们在经济利益上的不一致而引发的阶级斗争，雅典民主制名存实亡。面对城邦与个人的矛盾升级和城邦的逐渐衰落，柏拉图开始构想一种理想的城邦，希望创造一种新的民主政治来化解城邦与个人的矛盾，以期实现城邦的繁荣。

第一，柏拉图认为要实现城邦繁荣，解决城邦与个人的冲突，就需要哲学王来管理国家。在柏拉图看来，现实的城邦内部出现矛盾的主要原因是执政者的无能和城邦内部由私有财产而导致的派系斗争和阶级斗争，因而首要的任务是推选一个新的执政者来管理城邦。柏拉图在其《理想国》中构建了一个完美的城邦，城邦的理念就是最高的善，是正义的体现。在古希腊哲学中，理念一般是指"具有同样的外观和特征，或是具有同样性质的某一类事物"[1]。柏拉图承袭了苏格拉底"美德即知识"的理念。美德即知识说明有一种客观存在的善，也就是说"无论是

---

① 西方政治思想史编写组：《西方政治思想史》，人民出版社2011年版，第25页。

对个人还是国家来说，客观上都可能存在着一种善的生活或一种美好的
生活（a good life）"①。无论是个人还是国家都有这种善，但是要认识这
个善以及如何让人们在生活中将善发挥到最大程度，这是"一个知识问
题"②，这种善需要推理和符合逻辑的研究才能得出。在柏拉图看来，哲
学家知道什么是善以及什么是善的生活。因为善的生活需要用智性来思
考，而大多数人并没有足够的学识来思考，所以人们在善的国家中过上
一种善的生活，就要让有知识的哲学家来管理国家。换言之，要让人们
过上善的生活，解决国家与个人的矛盾就需要哲学家来治理国家。哲学
家可以成为国王，不仅仅是因为他用自身习得的善的知识来管理国家，
还有一个重要的原因是社会分工使然。柏拉图认为，社会是由人们的相
互需要而形成的，相互需要意味着人们要在相互的服务中才能实现生活，
所以这种相互服务形成分工。但分工是依据天赋和后天的训练而决定的，
因而哲学家治理国家只是在做自己分内的事。正如萨拜因所说："哲学家
所享有的统治权，只有在它能够被证明是国家本性所要求必须具备的时
候才能够被证明为正当。"③ 也可以这样说，政府最高权力的统治不是来
自被统治者的同意，而是要服从另一个人的意志即哲学王，这不仅是因
为哲学王代表了知识和美德，还是由国家本性所需。哲学家用美德来统
治人们，而人们都是自觉接受的。所以，个人也会支持哲学王治理国家，
在这种国家之中，国家与个人的矛盾关系得到缓解。

第二，柏拉图依据个人的天赋才能而不是个人的经济能力和社会地
位来解释分工，由此他巧妙地平衡了人们由分工所造成的现实不平等的
心理，从而化解人们对城邦的不满和个人之间的冲突。在柏拉图看来，
分工主要是由个人天赋决定的，所以每个人从出生就决定了他所从事的
工作。换言之，每个人都有适合自己的工作，只有专注于自己的工作才
能获得技艺。个人的重要性取决于他所从事的工作的价值。那么个人所

---

① ［美］乔治·萨拜因：《政治学说史（城邦与世界社会）》，邓正来译，上海人民出版社
2015年版，第89页。

② ［美］乔治·萨拜因：《政治学说史（城邦与世界社会）》，邓正来译，上海人民出版社
2015年版，第102页。

③ ［美］乔治·萨拜因：《政治学说史（城邦与世界社会）》，邓正来译，上海人民出版社
2015年版，第103页。

拥有的首先是他在国家中得以享有行动之特权的某种地位，也就是说人的自由是由国家保障的。但这种自由不是真正让他实现自己意志的自由，而是用来方便他履行自己职责的自由。分工使人们的需要在相互服务中得到满足，由此人们要过一种共同的生活。柏拉图依据人的天赋和后天训练把人分为三个等级，最高等级是哲学家即统治者，他用智慧和美德治理国家；随后是护卫者即保卫者，他们勇敢地保卫城邦；最后是生产者，他们承担起城邦的经济生产。在城邦中，最高等级不是世袭的，出生的每个孩子都有机会依据其天赋才能而得到相应的训练，以此来担任国家的高级职位。三个等级各司其职就能实现正义的国家，城邦才能和谐。这里的正义就是公平地对待每一个人，正义把人们联结在一起，是人们和谐相处的重要纽带。因而可以说，柏拉图要建造的是一个整体的幸福国家。正因为分工和等级的划分依据才能，所以人们接受这种分工，从而忽略了城邦内部的阶级性，因而这种方案仅仅是从理论上解决了国家与个人的矛盾。

第三，柏拉图还通过消灭统治者即哲学王和护卫者的私有财产和家庭及实行统一的教育来从理论上解决现实城邦中国家与个人的矛盾。掌权者拥有私有财产是现实城邦内部派系斗争的主要根源之一，如民主制和寡头制的斗争。民主制代表贫民的利益，旨在实现公共的福利，而寡头制则代表富人的利益，为富人创造更多的财富提供机遇。所以，私有财产使政局不稳定。统治者的家庭也一样，有了家庭就有了自己的子女，这样统治者就有私心，为自己的子女谋取职位而破坏了城邦的正义。因此，统治者不能有家庭。对此，柏拉图的解决方法是，期望统治者内部实行公妻制，即男女通过抽签办法结合实现优生，统治者的妻子和女儿一律公有。同时对统治者还要实行统一的教育制度，因为"政治不稳定肇因于统治精英内部分裂，他相信统一的教育制度是预防这种分裂的方法之一"①。柏拉图的这种做法表面上看是针对统治者个人的，但就实质而言是为实现国家内部的团结。因为国家与个人要实现和谐统一，那么国家的统治者就不能有私心，而私心的来源是私有财产，而消灭私有财

---

① ［英］约翰·麦克里兰：《西方政治思想史》（上），彭淮东译，中信出版社 2014 年版，第 36 页。

产，就打消了统治者的私心，如此国家与个人的矛盾才有可能得到解决，但这种一刀切的方法不利于城邦的发展，更不利于彻底解决国家与个人的矛盾。

此外，柏拉图设想通过国家主导义务教育来实现教育的普遍和平等，同时通过教育还可以培养人的善的心性，由此来解决国家与个人的矛盾。柏拉图特别重视城邦的教育问题，有人据此认为他建构的王国是一个教育的王国。所有的教育最重要的目的是为城邦服务，一方面，国家要全面掌控教育，几乎所有的人都要接受教育，这是实现城邦内部稳定与和谐的第一步。现实的城邦内部教育是不平等，一则教育被私有化和商业化。教育有偶然性，富人的孩子接受良好的教育，而穷人的孩子则很少有机会接受良好的教育或者根本没有机会接受教育。从长远看，这势必会使贫富差距加大。二则现实城邦的教育把女性排除在教育之外。柏拉图认为，女性拥有与男性同样的天赋，女性也有担任公职的机会，因而不论男女都应受到教育。这一切将有利于城邦的稳定与和谐。另一方面，国家普及教育不仅仅使人们习得知识实现平等，更重要的是培养人的心性，使人知道什么是正义和善的生活，而这恰恰是解决国家与个人矛盾的关键点。现实城邦中之所以有反城邦的人存在，一来是个人的力量完全被放纵了，二来随着城邦的衰落人们的道德也堕落了，而教育能够让人们重建信仰，知道什么是正义，也能让人节制欲望，做一个理性主导的善的人。也就是说，教育可以陶冶人的情操，通过教育和训练使人的灵魂得到转化，人性朝着正确的方向行进。因此，柏拉图想要通过教育转化人的心性来解决国家与个人的矛盾。在《理想国》中，柏拉图试图建立新的绝对完美的城邦，以此彻底解决国家与个人之间的矛盾关系。不过，这种完美的城邦在现实生活中是不可能实现的，因而带有一种乌托邦的性质。但是，不可否认的是，柏拉图的这一努力还是为后来的政治思想家思考解决国家与个人的矛盾提供了一定的借鉴意义。

二 城邦的目的是让人按其本性生活

亚里士多德是柏拉图的弟子，他循着他老师的足迹，也在极力挽救陷入危机中的城邦。他在其著作《政治学》中把城邦作为政治学的研究对象，系统地讨论和研究城邦。亚里士多德注重实际经验，他不赞成柏拉图唯理念而忽略现实的实际经验。在他看来，这种理论虽然在逻辑上很严密，但是却脱离了实际，而脱离实际，就有可能是谬误。所以，他主张在现实实践中得出理论，为此他深入实地调查研究了不同的城邦，才形成自己关于城邦的理论。因此，后来的学者们认为，亚里士多德的"观察视角更加贴近现实，解决问题的方案也更加注重实效"①。

首先，亚里士多德把城邦看作自然发展的产物，认为正是由于人们的需要才产生了城邦。这就是说，城邦与个人之间之所以会存在矛盾，是因为人们还没有真正理解城邦的起源。因此，个人应该调整自我，努力适应城邦生活，从内心化解与城邦的矛盾。人类存在和发展的前提是满足最基本的生存需要，之后由生存需要逐渐发展出其他的需要，在这个过程中就需要分工与协作。亚里士多德认为，国家是通过合并（联合）而形成的。人类最初的组织形式是家庭，由于社会生活的需要而逐渐发展成村落，"当多个村落为了满足生活需要，以及为了生活得美好结合成一个完全的共同体"②，而这个共同体就是城邦，也就是说，城邦是为满足人们的多种需要而出现的。从另一个角度看，城邦乃是人类抽象人性发展的产物。所以，亚里士多德从城邦的起源上为破解城邦与个人之间存在的矛盾奠定了基础。

其次，亚里士多德认为城邦的目的是让人能按其本性生活，过上优良的生活，由此体现了他对解决国家与个人之间的矛盾关系的追求。国家的目的是让人按其本性生活。这主要取决于以下因素：第一，国家是自足的，因而国家才能提供为实现最高道德的一切条件，比如教育、政治活动等，在这样的条件下个人只有在国家中才能实现自我。第二，人类生活的目的就是要让自己快乐。而身体健康、物质充足和拥有良好的道德即善是实现快乐的前提。善在人们生活中占据重要的地位，既然如此重要，那么如何实现良好的善呢？答案是参与政治生活。人只有在城邦中参与政治生活，才能实现这种善，因为"人在城邦与政治生活中，建立起统治关系，重点不在于满足自然必然性的肉体的善，而在于成就

---

① 西方政治思想史编写组：《西方政治思想史》，人民出版社 2011 年版，第 37 页。
② ［古希腊］亚里士多德：《政治学》，颜一、秦典华译，中国人民大学出版社 2003 年版，第 3—4 页。

灵魂的德性"①。这也让人们认为所有的政治制度都是人性起作用的结果，同时只有参与政治生活，个体才能成为真实的人，也就是说个人的善只有在城邦的整体中才能完成。人实现了灵魂的善，才能区别于动物，也真正实现了人的本性，因而"人天生是一种政治动物"②。第三，国家的目的是至善。国家是为全民谋至善生活的工具，这就将个人的追求和个人价值目标的实现与国家最终目的统一起来，使城邦在公民心中有一种神圣性。总而言之，在亚里士多德看来，个人幸福的实现依赖于城邦。

最后，亚里士多德崇尚宪政政治，把城邦界定为一种宪法，最理想的城邦是法治的，因为它代表了正义和平等。亚里士多德对好的政体和公民都有一套自己的主张。在研究什么是好的政体时，亚里士多德对城邦的政体类型做了详细的划分。他通过比较政体的优劣而得出结论，即不论哪种类型的政体都要重视政治权利分配的平等和政治程序的合法与公正。对于如何做到公平与公正，他认为首要的是遵循法制的原则，法律是不受欲望影响的理性。一个国家如果把法律置于重要的位置，那么这个国家是善的。换言之，在"任何一个善的国家中，最高统治者必须是法律，而不是任何个人"③。亚里士多德认为，政体变革的根本原因是等级的失衡。如一般寡头派崇尚财富，而平民崇尚偏狭的正义观，所以国家应当尽可能实现最大程度的正义，因为正义代表了平等。在几种政体中贵族政体有突出的优点，它能够为城邦制定好的法律，人们也认可这种法律，从而接受了普遍的服从，因为"真正的政治统治必须包括诸如服从法律以及臣民的自由和同意等因素"④，所以，贵族制的国家才可能被视为理想的国家。在探讨公民方面，他认为，公民组合成城邦，他们平等地享有政治权利，但也要忠实地履行义务，这样才会有一个和谐和繁荣的城邦。另外，亚里士多德不赞成柏拉图废除私有财产的做法，

---

① 郭奕鹏：《灵魂的德性与人的解放——从亚里士多德的灵魂学说看马克思的政治批判》，《马克思主义与现实》2018 年第 3 期。

② ［古希腊］亚里士多德：《政治学》，颜一、秦典华译，中国人民大学出版社 2003 年版，第 4 页。

③ ［美］乔治·萨拜因：《政治学说史（城邦与世界社会）》，邓正来译，上海人民出版社 2015 年版，第 169 页。

④ ［美］乔治·萨拜因：《政治学说史（城邦与世界社会）》，邓正来译，上海人民出版社 2015 年版，第 175 页。

他认为财产可以私有。一方面，他认为废除私有财产并不能让人们结束相互斗争的状态；另一方面，他认为财产公有并不能减少犯罪。因此，他主张划分财产范围，即产业私有而财物公用。如此一来，人们通过赠送实现公用，还会出现乐善好施的道德行为，使国家和谐。此外，亚里士多德还把和谐的城邦的因素详细到人口数量、品质，领土规模和大小，地理条件、自然因素等方面。

总的来看，亚里士多德从国家的起源、目的及理想的城邦设计方面为我们呈现了一个没有矛盾、个人生活乐在其中的和谐城邦。显然，亚里士多德也是看到了现实城邦生活的失败，才全力研究城邦，挽救城邦于危机之中，通过设计理想的城邦图景试图解决城邦与个人之间的矛盾。不过，对于他的理论主张及解决方式，我们尚需辩证分析。

三 局限性：奴隶制的理想城邦

柏拉图和亚里士多德都用自己的政治学说建构理想的城邦来挽救现实的城邦，但他们建构的城邦从本质上来说还是奴隶制的城邦制度。他们似乎没有看到，"奴隶与奴隶主这两个对抗性矛盾的阶级构成了希腊各城邦的基本矛盾，而奴隶主内部的各阶层之间的党争也构成了当时城邦的阶级矛盾和斗争的重要部分"[1] 的深层原因。所以，他们所建构的城邦带有一定的局限性。也就是说，他们并没有从根本上解决城邦与个人的矛盾。

第一，柏拉图和亚里士多德都是唯心主义者，这从根本上决定了他们所构建的理想的城邦制度无法挽救现实的城邦，因而无法现实地解决城邦与个人之间的矛盾。一方面，他们崇尚唯心主义人性论，在未动摇城邦根本性质的前提下，仅仅从人性和道德的层面对城邦进行改造，而人们却把这种改良当作一种道德制度而接受。柏拉图把理想的城邦与现实的城邦相对立，只想极力证明一个国家在原则上是什么样子，而不关心在现实中它是否能够实现。亚里士多德则站在唯心主义的视角把人的社会性与人的本性相混同，把人定义为天生的政治动

---

① 吴仲平：《亚里士多德国家学说述要》，《厦门大学学报》（哲学社会科学版）1985 年第1 期。

物，让人甘愿服从于城邦的统治。另一方面，他们只注重城邦内部的改革，而忽视了城邦与外部世界的关系，而这恰恰是城邦衰落的一个重要原因。从唯物主义的视角来看，城邦的繁荣与发展并不是城邦内部规定过某种道德的生活就可以了，还要关注城邦内部的经济及阶级关系，更重要的是时刻关注城邦外部环境的变化。换句话说，城邦的命运不仅取决于管理城邦内部事务所具有的理性智慧，还应看到城邦与希腊世界中其他地方的政治关系和经济关系。因而要有宏大的视野，把城邦融入一个更大的环境之中。如果忽视外部环境的变化，只过一种小国寡民的生活，这样的城邦只能被外部世界的潮流淹没。而且，在唯心主义人性论的哲学基础上，亚里士多德把国家的本质理解为许多居民个性的总和，把国家置于理性情感的主导下，就连人的情感和思维都是由人的本性决定的，这就完全忽视了社会生产力的决定性意义。因而，他俩所建构的城邦带有某种唯心主义的色彩或伦理的意味，而这为后来的学者所吸收并逐渐发展成为唯心主义伦理国家观。综上所述，在这样的哲学基础上试图解决城邦与个人之间的矛盾关系的方案是不可能成功的。

第二，柏拉图和亚里士多德提出的贤人政治或者称为贵族政体，不但没有解决城邦与个人的矛盾，而且是对民主制度的否定和倒退。一方面，在柏拉图设计的理想城邦中哲学家集各种智慧于一身，而城邦中的其他人没有具备这种智慧，相应地也没有治理国家的能力，所以人们只能听任哲学家的，哲学家成为真正的统治者；另一方面，在正义的城邦观之下，人们认为城邦是至善的，个人的利益应该与城邦的利益是统一的，甚至有时候个人为了城邦的利益可以牺牲自我。在这种理念下，他们没有个人意志，而且城邦也不可能容忍任何稍微与城邦的利益有所不同的个人意志存在，甚至对于城邦的统治者而言，他们也不能有个人意志，甚至不能有私有财产和家庭。为此，黑格尔说："按照主观自由的概念，家庭也同财产一样，对于个人是不可少的，甚至是神圣的。"① 为此

---

① ［德］黑格尔：《哲学史讲演录》（第 2 卷），贺麟等译，上海人民出版社 2013 年版，第 250 页。

他还说，柏拉图构建的理想国"其主要之点在于压制个性"①。因此，从这个方面来说，柏拉图和亚里士多德的理想城邦是对民主制的否定，这种城邦压制人的个性，更加无法解决现实的城邦与个人的矛盾。

第三，柏拉图和亚里士多德把人的天赋即心理能力作为划分分工和社会等级的依据，因而没有看到城邦的阶级本质，这也决定了他俩无法有效地解决城邦与个人之间的矛盾。柏拉图用神话进一步论证分工的合理性，按照他的说法，城邦中的每个人都是一土所生，但上天在铸造的过程中，使用了金、银、铜、铁不同的金属，依次是哲学王即统治者，还有护卫者，最后是生产者。这也可以说是个人的天赋所致，个人依据其天赋来从事适合自己的职业。但柏拉图的这种划分是唯心主义的，他没有看到城邦的阶级性，而现实城邦的等级划分却是由私有财产的多寡决定的。对此，马克思曾坦言："在柏拉图的理想国中，分工被说成是国家的构成原则，就这一点说，他的理想国只是埃及种姓制度在雅典的理想化。"②此外，国家也不重视一般人的教育，只重视有天赋才能的青年，认为只有这些人才能接受教育和培训。他们所谓的高等教育，本质上说就是为了培养政治家。所以教育和训练把一般人排除在外，尤其是工匠，一来工匠没有闲暇的时间学习，二来他们也不具备理性，也没有必要掌握管理国家事务的必要知识，所以，没有机会和资格参与政治生活。也就是说，在他们看来，一个具有最好制度的国家，不会使手工业者成为国家公民。

第四，柏拉图和亚里士多德设计的城邦是奴隶制的城邦，实质是为奴隶制度辩护。一方面，他们都支持奴隶制度。柏拉图设想的哲学王，虽说是从全体公民中选出的有智慧的哲学家，但实际上是奴隶主阶级中有知识的贵族，所以本质上还是为自己的阶级利益服务。亚里士多德也为奴隶主阶级辩护，奴隶制度能实现一个家庭的事务管理，在家庭中男人的权力是极大的，男人统治女人和奴隶，而国家是从家庭演变而来的，所以在国家中存在奴隶也是自然而然的事情，而且国家中也需要有统治

---

① ［德］黑格尔：《哲学史讲演录》（第2卷），贺麟等译，上海人民出版社2013年版，第251页。

② 《马克思恩格斯文集》（第5卷），人民出版社2009年版，第424页。

者和被统治者。当然，他也承认奴隶是雅典城邦生产的主力，但他认为奴隶不属于任何阶级。他还把"奴隶制看成是精神素质和体制不同的结果"①。所以，亚里士多德以他的方式证明奴隶制度存在的合法性，掩盖了阶级对立的事实。另一方面，亚里士多德虽说国家是至善的，其目的是实现全体人民的利益，让人们按其本性生活即过上至善的生活。但事实上，奴隶主贵族和富人却利用国家这种至善的生活来实现自身的统治，而这种善的生活是奴隶甚至穷人无法参与的。

总的来说，柏拉图和亚里士多德都在极力挽救城邦的危机，着力解决城邦与个人的矛盾，但由于他们的时代局限性和自身的哲学基础，使他们无法解决现实问题。不过，他们的某些政治理论和主张却被后来的政治家吸收和借鉴，丰富了后世政治思想的理论宝库。

第二节　以限制国家权力缓和国家与个人的张力

启蒙思想家的国家理论一般认为，国家是建立在一种自由契约的基础上，这一契约保证所有缔约者在政治上平等，因而在这个意义上，人们是平等的，国家保障人的自由，促进人的发展。所以在面对现实的国家与个人矛盾时，启蒙思想家就在这个理论框架内试图解决国家与个人的张力，而诉诸社会契约，强调三权分立和倡导人民主权是他们的具体解决方式。虽然他们的解决方案在一定程度上缓解了国家与个人之间的张力，但由于所处的时代和阶级立场使他们的方案仍然具有一定的局限性。

一　诉诸社会契约

霍布斯通过描述人在自然状态之下的生存状况，诉诸社会契约来建立国家，由此在某种程度上缓解国家与个人的张力。首先，霍布斯论证了国家存在的必要性。在霍布斯看来，在自然状态下，由于人类的天性，人们会因为竞争、猜疑和荣誉而陷入争斗状态，因而他得出结论说，"在

①　［德］亨利希·库诺：《马克思的历史、社会和国家学说》，袁志英译，上海译文出版社2006年版，第16页。

没有一个共同权力使大家慑服的时候，人们便处在所谓的战争状态之下"①。所以，在没有一个共同权力让人们服从的情况下，人们将由于自身的本性而陷于相互斗争之中，从而走向毁灭。与此同时，霍布斯也承认了人所具有的一个自然权利，即自由，也就是"每一个人按照自己所愿意的方式运用自己的力量保全……自己的生命——的自由"②。在此，霍布斯认为人们在选择保全自己生命的方式上是自由的。但每个人都用自己的方式保障自己的自由而不顾他人的感受，那么人们就会陷入战争状态。但为了人们之间的和谐相处，人们实际上就在互相转让自己的权利，而这其实就是在订立契约，霍布斯指出，"权利的互相转让就是人们所谓的契约"③。尽管人们能够根据自己的理性订立契约，但是如果没有一种使人恐惧的共同权力，那么这种契约是没有效力的，因而人与人之间的斗争状态就没有得到根本的解决。所以，霍布斯认为，建立国家来制止相互侵害是唯一的道路。其次，霍布斯勾勒了国家与个人之间的悖论性关系。霍布斯指出："我们看见天生爱好自由和统治他人的人类生活在国家之中，使自己受到束缚，他们的终极动机、目的或企图是预想要通过这样的方式保全自己并因此而得到更为满意的生活；也就是说，要使自己脱离战争的悲惨状况。"④ 由此得知，国家自其诞生时起，就和个人处于一种悖论性关系之中。一方面，人们天生爱好自由，拥有自然的自由权利；另一方面，人们为了保全自己的生命，摆脱战争的悲惨状况，而不得不相互订立契约建立国家，使自己受到国家的束缚。此外，霍布斯将国家比作利维坦（Leviathan），也在某种程度上展示出国家对个人的压迫、束缚。显然，霍布斯认为人们通过契约建立国家保护自己，但这件事却不可能趋于完美。人们虽然通过国家获得保全，但同时也让自己处于国家的无限权力之下，受制于国家。霍布斯虽然早已看到了国家与个人之间存在的悖论性关系，但他在客观上通过社会契约为我们提供了缓和国家与个人之间张力的方案。无论如何，国家是人与人之间通过订

① ［英］霍布斯：《利维坦》，黎思复、黎廷弼译，商务印书馆2017年版，第94页。
② ［英］霍布斯：《利维坦》，黎思复、黎廷弼译，商务印书馆2017年版，第97页。
③ ［英］霍布斯：《利维坦》，黎思复、黎廷弼译，商务印书馆2017年版，第101页。
④ ［英］霍布斯：《利维坦》，黎思复、黎廷弼译，商务印书馆2017年版，第128页。

立社会契约而建立起来的，其目的是保护个人自由、个人生命，既然是契约，就有毁约的可能。换句话说，保护生命才是个人的第一要务，而人们缔结契约建立国家的前提条件就是期望国家保障个人生命，因而倘若国家强迫个人牺牲自己的生命，那么理论上来说，个人是有权利毁约的。霍布斯指出，如果有一些人犯了死罪，他们都知道将为自己犯的罪付出代价，但他们又不会认命，他们甚至可能会联合起来，相互帮助，以此来保护自己的生命。所以，可以看到，霍布斯实际上是把个人保护自己的生命视为第一原则，即便处于国家之中，人们也有权这样做。总的来说，霍布斯因为论述了国家是由人与人之间相互订立契约而建立起来的，这就通过社会契约为缓和国家与个人之间的关系提供了方案，因为一旦国家受暴君或少数人的操控成为镇压人民的机器的时候，它实际上就违反了契约，此时，人们是有权联合起来推翻它的。其实，通过社会契约只能在一定程度上缓和国家与个人之间的张力关系，不能彻底解决国家与个人的悖论性关系，而这正是他解决方案的局限之所在。

洛克也通过社会契约来阐释国家的起源及国家权力的归属，以此缓解国家与个人的张力。洛克也像霍布斯一样认为人原初生活在一种自然状态之中，但与霍布斯不同的是，他所设定的自然状态是一种自由和谐的状态。也就是说，这种自然状态乃是一种和平、善意，互助和不受危害的状态。在自然状态中，人们虽是自由的并且自身具备理性和道德，但人们受自然法即上帝律法的约束。当然人们也有其自然权利，主要有生命权、自由权及财产权。每个人享有与他人一样的权利，但人们在行使自己权利的同时也要尊重他人的权利。正是这种相互性，表明自然权利的社会性质。在自然状态中权利与义务是互生的，如果有权利而没有义务那就是特权。所以有学者指出："洛克所谓自然状态是自由状态而非特权状态。"① 但是自然状态中也有不和谐的一面。一方面，虽然自然状态中规定了人们的权利和义务，但自然状态中的人堕落了，有可能侵犯其他人的自然权利，每个人都有权对侵犯他们权利的人进行惩罚，但是总有不和谐；另一方面，虽然在自然状态中人们可以制定契约，尤其是

---

① ［英］约翰·麦克里兰：《西方政治思想史》，彭淮东译，中信出版社 2014 年版，第242 页。

买卖的契约，但自然状态中人们又是不平等的，尤其是人的自然能力不平等，而这会造成财富的不平等。所以综合两个方面，人类需要订立契约建立国家来保障自己的自然权利。订立契约是一种公意，当然政府也是公意的结果，因而政府的权力来源于人民，如果政府违反自己的自然权利，人们有权进行反抗。如果政府损害人的自然权利，人们有权收回政府的权力。当然人们订立契约建立国家是为了保护私有财产，因为洛克在谈到国家的目的时说，"人们联合成为国家和置身于政府之下的重大的和主要的目的，是保护他们的财产"①。可以说私有财产是人们最自然的权利。起初上帝把土地分给人们耕种，土地是公共财产，但人们通过劳动产生的物就变成人的私有财产，任何人对自身有占有的权利，那么他对他的劳动也有占的权利。私有财产是人自身不可分割的一部分，所以洛克想要建立的政府是能保护人的自然权利，尤其是保护私有财产的政府。洛克以社会契约论阐释国家的起源和国家权力的来源，证明国家已不再是神权和封建君主统治下只有权力的特权国家。由此，洛克也在理论上解决了国家与个人的张力，不过，他的解决方案也是存在局限性的。

二 强调权力分立与制衡

洛克和孟德斯鸠都强调利用权力分立建构有限政府来解决国家与个人的张力。人民把自己的权利让渡给政府，政府拥有权力，这样有可能会损害人民的利益。那如何才能在政府强权之下保障个人自身的权利呢？这就需要人们制定法律限制国家权力。洛克认为，立法部门的权力最大，因为政府用以保护财产的立法权和行政权只不过是每个人把他的天赋权利或自然权利让渡给社会或让渡给公众的那种权利，所以在洛克那里立法权是至高无上的。洛克不仅主张法官独立，而且明确区分政府的行政与立法权。由此以来，洛克把政府的权力分离，从而想建构有限政府，以缓解国家与个人的张力。但是洛克所说的三权分立中没有司法权，而是外交权。

孟德斯鸠依据洛克的分权，提出了自己的三权分立学说即立法权、

---

① ［英］洛克：《政府论（下篇）》，叶启芳、瞿菊农译，商务印书馆1996年版，第77页。

行政权和司法权，并对它们作了详尽的阐述。实行权力制衡，一方面是为实现人的政治自由，另一方面是防止政府权力滥用。所以在三权分立理论下建立的政府是有限政府。因为政府不会独揽权力，所以孟德斯鸠所倡导的三权分立能够在一定程度上解决国家与个人的张力。在这里权力分立与制衡同等重要，二者缺一不可。权力分立能够实现的是人的政治自由，孟德斯鸠认为，"自由是做法律所许可的一切事情的权利"①，但如果人们想获得自由，就要遵守法律。但人们要实现政治自由和真正的平等，这个国家就必须实行分权制衡，因为"自古以来的经验表明，所有拥有权力的人，都倾向于滥用权力"②。如果权力滥用的现象能通过改变个人品德来实现，那么就不需要用权力来制衡，但事实是，权力滥用必须用外在的力量即权力来制衡和杜绝，所以权力制衡是非常重要的。司法权、立法权和行政权三者之间要实现制衡，如果不制衡，就会出现以下情况：其一，立法权和行政权集于一人或一个机关，就有可能出现专制；其二如果权力集中在暴虐的国君身上，人民受到的只有压迫，而没有自由可言。所以，立法权应该由人民集体享有，人民选举代表来制定法律。行政权执行国家意志，掌握在国王手中。行政机关接受立法机关的审查和监督，行政机关有权制止立法机关的越权行为。司法权交给法院，法院成员由人民选举产生。如此一来，可以认为，孟德斯鸠提倡的三权分立的国家，在一定程度上限制了政府的权力，缓解了国家与个人的张力关系。

三 倡导人民主权

卢梭指出："人是生而自由的，但却无所不在枷锁之中。"③ 这句话说明，在现实生活中，人们在一定程度上是不自由的，受压迫的。所以，卢梭想用人民主权来缓解国家与个人的张力。卢梭跟霍布斯一样，也认为人们之前生活在一种自然状态之中。但与霍布斯不同的是，他所描述的自然状态中没有斗争，因为在他看来，在自然状态中，人们之间交往

① ［法］孟德斯鸠:《论法的精神（上）》，许明龙译，商务印书馆 2009 年版，第 184 页。
② ［法］孟德斯鸠:《论法的精神（上）》，许明龙译，商务印书馆 2009 年版，第 185 页。
③ ［法］卢梭:《社会契约论》，施新州编译，北京出版社 2012 年版，第 5 页。

不密切，语言也没有进一步发展起来。但这并不意味着自然状态中的人都是一样的，其实人们的脑力和体力已有明显的不同，但这时的人们还是平等的，没有统治与被统治之说。可以说，人类在自然状态中是平等的，也没有可以争执的事。但有了人类社会后，人们之间就有斗争和争执，那么可以看到，人类真正的不平等是在社会形成之后出现的。卢梭崇尚道德情感，反对理性。在他看来，社会的不平等出现的原因主要是社会中有了财产和法律。因为财产是富人保有的财产，法律是为富人制定的，所以集整个国家、社会之力用来保障的只是少数人的不当利益。卢梭认为要彻底摆脱现有社会陷入的糟糕局面，最重要的在于自由，而如何实现自由呢？他有自己的一套方案。

卢梭想建立一个用公意来建构的共同体，也就是寻找一种新的人类生活的组合形式来代替现有的国家。他在其《社会契约论》中言明，政治结合的目的就是"为了政治体成员的自我保存和繁荣"[①]。因而要建立某种共同体的生活，在那种生活中让人们重返在自然状态中所享受的那种自由。在我们的现实生活中，因为人的自私自利使社会生活陷入糟糕的境地，而在这个新的社会，人们也可以追求个人利益，但应该找一种办法不致使人们相互排斥，让人们在追求自我利益的同时而不损害他人利益。那么怎样的政府能造就有道德、有智慧的人民呢？也就是最好的政府何以可能？卢梭认为有两个重要法宝：一个是自由；另一个是祛除人的自私自利的本性。就如他所说的："要找出一种联合的形式，使它能以全部共同的力量来保卫和维护每个联合者的人身安全和私有财产。同时，在这一联合体中……仍然保留着像以前一样的自由。"[②] 他设想让每个人把自己的一切自然权利全部转让给集体，同时把私有财产作为国家的一项权力。其实他所说的共同体的生活就是在社会契约指导下创建的政府，即有道德的共同体。人民掌握国家权力，国家是在全体人民统一的意志中建立起来的，它遵循全体成员的普遍意志，也就是遵循公意。我们知道，一般意义上来说，个人意志只代表独立的个体的私人的意愿或者某种欲望，所以它有可能不顾全体人民的意愿，但公意本着体现全

① ［法］卢梭：《社会契约论》，施新州编译，北京出版社2012年版，第110页。
② ［法］卢梭：《社会契约论》，施新州编译，北京出版社2012年版，第20页。

民的意愿，是能实现全体人民的幸福的。公意以一种公共的，大我的形象显示为统一的有道德的人格的时候，这就是"人民"。主权由公意构成，公意是一种集体的意志，公意承载着主权。主权完整而不可分割且是不可转让的。公意、主权、人民结合在一起形成卢梭的人民主权学说。卢梭认为人们自己制定法律，自己成立政府，自己管理政府是最理想的国家。但这种理想的国家自身还要具备一定的条件，如社会道德氛围良好，国家规模小，公民之间相互认识。人与人之间不但没有明显的贫富分化，而且每个人都是平等的。此外，人们的生活习惯也好，没有骄奢淫逸之风，没有贪腐腐败的事情等。所以，从这个方面来看，卢梭对国家的相关论述有亚里士多德和柏拉图所设计的理想城邦的影子。

四　局限性：资产阶级性质的有限政府

马克思主义者批评社会契约论时提及，自由主义者提出的自由主义的法律观念中总有资产阶级的影子，他们认为法律应该是固定不变的，并且我们已经了解它，而且可以了解它，因为这是商业判断的条件。法律如果边界模糊且多变，就会影响商业发展，这说明资产阶级国家中的法律大部分是为资产阶级制定的，这就已表明启蒙思想家的局限性。

现在我们就分析启蒙思想家在解决国家与个人矛盾的局限性。我们首先来看洛克解决国家与个人悖论性关系的方法的局限性，主要有如下三点。第一，洛克社会契约论可以说是竞争的资本主义模型。人是自由的，人们可以依据自己的能力多取多得，因而社会有了富人和穷人之分。但是倡导个人主义的社会理论家忽略了一个重要的事——人们取得某种东西和维护某种东西之间有着本质区别，"人之取得，多以个人为主，或由运气、努力，或由继承，但维护取得之物时往往以群体行之，这群体无论加以什么名称，本质都是阶级"[①]，所以他们未脱离阶级而去寻求平等，这样一来人也并没有实现真正的自由。第二，他的理论具有利己主义的意味。他所谓的人的自然权利就是上帝律法，他的自然权利理论带有神权色彩，所以他主张不废除国王。此外，他对普通民众有偏见，认

---

① ［英］约翰·麦克里兰：《西方政治思想史》，彭淮东译，中信出版社 2014 年版，第252—253 页。

为他们没有能力处理政治事务，因而将重要的政治事务即部分立法权和司法权交给贵族。同时还要限制普通民众的政治权利，这都表明其代表了上层资产阶级的利益。第三，他虚构了一种自然状态，在自然状态中人有自然权利，尤其是私有财产权。个人私有财产权是非常重要的。就以土地归属带来的不同结果为例，如果土地公有的话，就会缺乏管理，要么就被荒废，要么就会因为所属而产生纠纷。如果土地变成个人的私有财产，土地就会得到个人积极的耕种，那么就不会出现土地荒废的现象。所以总的来看，他一直站在资产阶级立场上，把新的资本主义经济制度的关系永恒化，而这就决定了他的解决方案是不彻底的。

孟德斯鸠也通过三权分立限制政府权力来解决国家与个人的悖论性关系，但是他"求助于君主政体、专制制度和暴政三者之间的区别。但是这都是一个概念的不同名称，至多是在同一原则下习惯有所不同罢了"①。因而，他的三权分立只是资产阶级统治集团中的权力分配与制衡，是资产阶级国家机器内部的分工，本质上是为资产阶级统治服务的。霍布斯想建立解决国家与个人矛盾关系的契约国家，其实质上是专制的国家，因为人们根据契约把自己的权利转让给君主，而君主并不代表全体人民的意志。卢梭主张人民主权学说，似乎确实有利于解决国家与个人的矛盾，但仔细研究又发现，他的人民主权学说更具有浪漫的意味。一方面，他主张政治革命，但又不想革命，甚至害怕革命带来的伤害；另一方面，他看到社会贫富分化带来的社会动荡，又大力反对私有制，提出限制私有财产，但又提不出废除私有财产的有效措施。所以，卢梭只是在理想的层面提出人民主权学说，而没有为人民如何治理国家提供现实的指导，因而这决定了他的解决方案也是无力的。有学者指出："在马克思看来，真正能够确保个体之权利与自由的社会构成……不是要让'本来意义上的人'上升为政治社会的公民；而是要让抽象出去的公民身份、政治精神回归现实的个人自身，使人在市民社会内部成为类存在物。"② 因而，与马克思的解决思路相对比，卢梭的解决方案是无法真正

① 《马克思恩格斯全集》（第47卷），人民出版社2004年版，第59页。

② 陈晓斌、刘同舫：《马克思对近代社会契约论的价值规范性批判》，《福建师范大学学报》（哲学社会科学版）2019年第3期。

解决国家与个人的矛盾的。

综上所述，启蒙思想家即自由主义者，虽然他们在尝试解决国家与个人的悖论性关系，但由于阶级立场所限，他们所提供的解决方案，终究无法真正解决国家与个人的张力关系。

第三节　以建构理性国家来解决国家与个人的矛盾

康德和黑格尔是唯心主义者，他们试图建构理性国家来解决国家与个人的矛盾。不过，由于他们是唯心主义者，同时他们采取的方法是用抽象的哲学理论证明现存国家的合理性，因而他们建构的理性国家乃是一种脱离现实实际的国家。此外，他们的解决方案并不具有革命性，而是力图在现存国家的基础上对现存国家的机构进行一定的调整，也就是说仅仅是改良性质的举措。总的来说，他们并没有把握住国家与个人矛盾的实质，因而他们所提供的解决方案就具有局限性。

一　以自由意志为基础的理性国家

康德是 18 世纪德国著名的哲学家，他吸收卢梭的人民主权学说和孟德斯鸠的三权分立学说，希望在德国建立一个理想的共和国，以此来解决国家与个人的矛盾。他把法国大革命时期的启蒙思想精神转化为抽象的哲学，用纯粹抽象的道德哲学和先验理性来论证人的自由的实现和理性国家的产生。因而康德以他自己抽象哲学的方式试图解决国家与个人之间的矛盾关系。

首先，康德的道德法则衍生出他著名的论断，即"人是目的而不是手段"，这将人置于较高的地位，并决定了在面对国家与个人的矛盾时，他倾向于以实现人的自由为目的来解决相关问题。正如康德所说，"任何时候都不应把自己和他人仅仅当作工具，而应该永远看作自身就是目的"[①]。在他那里，道德法则是人为自己的行为设立的准则，它以自由意志为前提。道德法则是绝对命令，人们要绝对服从。在道德领域，人人皆有意志自由，任何时候都要把人自身作为目的而不是手段。作为理性

---

① ［德］康德:《道德形而上学原理》，苗力田译，上海人民出版社 1986 年版，第 53 页。

主体的人都应该按照自己的意志行事，道德自主的人是真正自由的人。所以他将实现人的自由放在人自身上，注重自己的内心生活，即自己要具备道德并在道德的指导下生活。

其次，康德通过论证国家的起源来证明国家的合法性，以此来解决国家与个人的矛盾。人们为什么要立法建立国家呢？康德也有自己的一套理论，他跟启蒙思想家一样也设想有一种自然状态。在其中人们有自由的权利，人们似乎过着和谐的生活，但人的自私和贪欲使人们之间相互战争，因而实质上说人们在自然状态下并没有得到真正的自由。因而要结束这种自然的竞争状态，实现人的真正的自由，就需要人们放弃自己一定的自由来订立契约并在法律道德前提下自愿联合起来。一方面，人们订立契约是理性选择的结果，立法源于先验理性，也是符合道德准则的。人们订立契约，把自己的部分权利让渡给国家，由此建立国家，所以国家是先验理性的体现。另一方面，人们订立契约是公共意志的体现，国家按照公共意志订立法律，人们就获得了法律之下的自由。康德也说："国家是许多人依据法律组织起来的联合体。"① 因而，从这个角度来说，国家存在的意义在于维护法律秩序和国家制度的运行。国家最重要的目的是维护法律的运行，并且公民个人幸福的实现与国家制度和法律原则是否和谐密切相关，而国家又是先验理性和公共意志的结合，所以在康德看来，在这样的国家中，个人是能够得到幸福和自由的。

最后，康德通过建立理性的共和国形式来解决国家与个人的矛盾。在他看来，国家的形式包含在国家的理性之中。一是他依据卢梭的人民主权学说，主张这个建立的理性的共和国的国家权力来源于人民，人民掌控国家权力，这样人民不再受国家的压迫；二是他依据孟德斯鸠的三权分立学说来建构共和国的权力运行模式，既希望权力能够得到制衡，又希望三种权力之间相互协作，使共和国的权力避免过于集中；三是他主张依据法律来统治国家，实现公平与正义。综上所述，康德通过人拥有的自由意志来立法，依据公共意志订立社会契约来建立先验理性的国家，并构想先验理性国家的最好形式以及一系列主张，力图从理论上解

---

① ［德］康德：《法的形而上学原理：权利的科学》，沈叔平译，商务印书馆 1991 年版，第 139 页。

决国家与个人的矛盾。不过,正是理论上的先验理性和唯心主义本质使得康德的解决方案具有局限性。

二 作为精神实体的理性国家

黑格尔在其著作《法哲学原理》中阐述了他的国家观,也正是在这里,他通过提出作为精神的国家,解决了国家与个人之间存在的悖论性关系。我们且首先考察一下黑格尔对国家所作的理解。对此,可以从两个维度来加以把握:第一个维度是黑格尔关于国家的考察方法不同于霍布斯。霍布斯对国家的考察是从经验事实出发的,逐步推论国家的性质和特点,所以霍布斯是机械的唯物主义。而黑格尔是从绝对精神、理念出发来考察国家的。黑格尔曾指出:"国家是立于世上的精神……只有作为在意识中存在的、知道自身是作为实存着的对象时,它才是国家。"[1]在此可以看到,黑格尔把国家视为世界上的精神,认为国家能够意识到自身并有意在世界中实现自己的精神。由此可知,黑格尔的出发点是绝对精神、理念,他预设了世界万物的背后有一个最为本质的东西,即绝对精神、理念。第二个维度是,黑格尔关于国家的认识也不同于霍布斯。我们知道,霍布斯认为国家是人与人之间相互订立契约的结果。但黑格尔并不认同这一点,在他看来:"如果把国家同市民社会混淆起来,而把它的使命规定为保障和保护所有权和个人自由,那么,单个人的利益本身就成为他们结合起来的最终目的。由此产生的结果却是,成为国家的成员变成某种任意的事情。"[2] 对于这一论述,我们可知:第一,黑格尔认为不能把国家和市民社会混淆起来。第二,黑格尔认为保障和保护所有权和个人自由其实是市民社会的特点,而并非国家的特点。第三,因为霍布斯认为人们是为了保护自己生命而缔结契约建立国家,那么国家的重要职能就是保障个人生命,而这却是黑格尔所批判的。因此,黑格尔在这里是批判了霍布斯,认为他把国家和市民社会混同起来了,以致把国家的使命错误地理解为保障和保护所有权和个人自由。其实,在黑格尔看来,霍布斯那种人与人订立契约所建立的是市民社会,而并非国

---

① [德] 黑格尔:《法哲学原理》,邓安庆译,人民出版社2016年版,第388页。
② [德] 黑格尔:《法哲学原理》,邓安庆译,人民出版社2016年版,第383页。

家。现在，我们还需要回答两个问题：一是，既然黑格尔把国家视为精神、理念，那么现实的国家该如何解释呢？二是，既然黑格尔的国家与市民社会不同，那么黑格尔的国家与市民社会究竟是什么关系呢？首先看第一个问题。黑格尔是将国家首先理解为普遍精神、伦理实体，是一种抽象的理念，而那些具体的、特殊的、现实的国家则仅仅作为普遍精神的国家的外化。黑格尔曾指出："作为现实的国家本质上就是个体国家，进而言之，还是个特殊国家。个体性同特殊性必须区别开来：个体性是国家理念本身的一个环节。"① 此处可以看到，黑格尔把现实的国家视为个体国家，而个体国家是国家理念的一个环节。这种认识非常符合黑格尔思辨哲学的性质，即黑格尔的"肯定—否定—否定之否定"之辩证法。在黑格尔这里，现实的国家实际上乃是作为精神的国家实现自身发展的必然中介。对于黑格尔而言，这些现实的、个体性的国家是可以存在或这样或那样的问题的。但是，黑格尔想要强调的是，在说明国家的理念的时候，不能仅仅看到只有特殊的国家，还要看到这些个体性国家背后那种精神。再看第二个问题，在关于国家与市民社会的关系的认识上，黑格尔认为是国家决定市民社会。"现实的理念，即精神，把自身分成其概念的两个理想性领域，即家庭和市民社会"②，这里的"现实的理念"就是指国家，也就是说作为理念的国家把自己分成了家庭和市民社会。这一点在黑格尔稍后的论述中立刻得到了确认，他说，"国家作为精神把自己分化在它的概念及其方式的特殊规定性中存在"③，这难道不是在说作为精神的国家把自己分化为家庭和市民社会吗？所以，在黑格尔这里，市民社会是由作为精神的国家分化而来的。

随着黑格尔将国家理解为普遍精神、理念，他就在以一种他自己未曾察觉的方式解决了国家与个人之间的悖论性关系。何以如此呢？事实上，黑格尔已经指出："但是国家对个体具有一种完全不同的关系。由于国家是客观精神，所以个体本身只有当他是国家的一个环节时，才具有客观性、真实性和伦理性。个体结合为国家本身就是真实的内容和目的，

---

① [德] 黑格尔：《法哲学原理》，邓安庆译，人民出版社 2016 年版，第 389 页。
② [德] 黑格尔：《法哲学原理》，邓安庆译，人民出版社 2016 年版，第 393 页。
③ [德] 黑格尔：《法哲学原理》，邓安庆译，人民出版社 2016 年版，第 393 页。

而个体的使命就在于去过一种普遍的生活。"① 在此可以看到：第一，"国家对个人具有一种完全不同的关系"暗示了两种相反的国家与个人的关系，一种是黑格尔不认同的国家与个人的关系，即个人成为国家的成员是一种偶然的、任意的事情，这种情况暗示出个人可以不必成为国家的成员也可以生活、生存得很好，同时暗示出个人倘若成为国家的成员有可能受到压迫和束缚；另一种是黑格尔赞同的国家与个人的关系，即个人成为国家的成员是一种必然。第二，黑格尔在这里解释了个人成为国家的成员为何是一种必然，这是因为将国家理解为客观精神、理念之后，个人作为一个有着自我意识的个体性，要想达到其完满的自我成长、自我实现，他就必然要借助于客观精神、理念，也就是说要过一种普遍的生活，即要成为国家的成员。第三，黑格尔通过强调"个体结合为国家本身就是真实的内容和目的"，辩证地处理了国家与个人之间的悖论性关系。虽然，个体与现实的国家之间可能存在悖论性关系，但是个体与作为精神的国家之间却是一种必然的联系关系，个体必须通过成为国家的成员，过一种普遍的生活，才能实现自身。因此，现实的国家与个人之间的悖论性关系仅仅是暂时的，最为关键的是，个人必须通过作为精神的国家才能实现自身。这样，黑格尔所理解的作为精神的、理念的国家，它与个人之间就不再是一种悖论性关系，而是一种必然的、共生的关系。由此，黑格尔便思辨性地解决了国家与个人之间的悖论性关系。

三 局限性：唯心主义的理性国家

康德与黑格尔关于国家与个人矛盾的解决方案，从方法论上来说是唯心主义的，从解决方式上来说是非革命的，对此我们可以从如下两方面加以把握。

第一，康德和黑格尔不是站在唯物主义的角度，而是站在唯心主义的角度上来理解国家。康德认为以公共意志订立社会契约建立的国家乃是先验理性的体现，所以说是一个理性合理的国家。康德自己也指出，"人民根据一项法规，把自己组成一个国家，这项法规叫做原始契约。这么称呼它之所以合适，仅仅是因为它能提出一种观念，通过此观念可以

---

① ［德］黑格尔：《法哲学原理》，邓安庆译，人民出版社 2016 年版，第 383 页。

使组织这个国家的程序合法化"①。从这里我们可以把握以下两点：其一，现实中的国家是先验理性要求的结果、绝对命令的产物，而不是人们为自身的生存和需要的产物；其二，康德所说的社会契约只是对现有国家组成程序合法化的说明，它只是一种理性的观念。所以，从理论上说，通过这种社会契约建立的国家是不可能解决自身与个人的矛盾的。无独有偶，黑格尔在考察国家时也采用"唯心主义的头足倒置的形式"②，他把国家比作绝对精神的产物，也就是精神的国家发展的一个中介环节。就这点马克思指出，这"不是用逻辑来论证国家，而是用国家来论证逻辑"③，这就证明了黑格尔的唯心主义本质。同时，黑格尔指出国家决定市民社会，而不是市民社会决定国家，这就忽视了国家产生的唯物主义基础，把国家比作地上的神，夸大国家的权威和神圣性。总的来说，康德和黑格尔用唯心主义方法探究国家，提出国家与个人矛盾关系的解决方案，但由于他们抹杀了国家产生的现实基础，因而他们的解决方案是具有局限性的。

第二，康德和黑格尔解决国家与个人矛盾时持否定革命的态度。康德和黑格尔深知德国现存的国家有许多不合理性，但他们不主张采取积极的革命政策即推翻旧政权，建立新政权，而是否定革命，仅仅诉诸"改良主义"的方案，妄想通过人民内心的道德自律和建立理性国家来解决国家与个人之间的矛盾。就康德的解决方案来看，他虽然承认国家的权力来源于人民，但国家已被证明是先验理性的体现、人民公共意志的结合，所以人民对国家统治只有服从的义务，没有反抗的权利，而这无疑在现实层面上阻碍人们自由的实现。他通过人们心中的道德，用自由的社会风气来熏陶人们的内心世界，进而影响国家权力，以这种方式促进人类进步，最后到达人们向往的自由的国家。但现实表明，这是无法实现的，因为它是纯粹理性的道德观念的集合体。不但如此，他希望通过道德的不断完善和发展来建立每个人都有相同自由的政治制度。黑格

---

① ［德］康德：《法的形而上学原理：权利的科学》，沈叔平译，商务印书馆1991年版，第143页。

② 《马克思恩格斯文集》（第9卷），人民出版社2009年版，第539页。

③ 《马克思恩格斯全集》（第3卷），人民出版社2002年版，第22页。

尔通过思辨的论证解决国家与个人的矛盾。黑格尔虽然提出否定之否定的辩证法，但同时其中的革命性被阉割，这就决定了他在解决国家与个人矛盾问题上是思辨的，而不是付诸现实实践的。总之，康德和黑格尔在着力解决国家与个人的矛盾关系上，并没有诉诸革命，而这正是他们解决方案的一大局限性所在。

第四节　空想社会主义对消除国家 与个人之间张力的追求

圣西门、傅立叶和欧文是空想社会主义者，他们在批判资本主义制度的同时，指出资本主义国家乃是少数人对多数人实行压迫的机构，同时他们也认识到国家与个人之间是存在矛盾的。因此，他们为解决资本主义国家中国家与个人的矛盾，也提出各自的解决方案，即希望用新的社会组织方式来解决这个问题。然而，这种新的社会组织方式不但没有触及资本主义制度的根本，还对资本主义国家抱有幻想，而他们企图用和平的方式来解决国家与个人的矛盾的这种方案注定是无法成功的。需要说明的是，尽管他们的解决方案存在局限性，但他们的有些主张却被马克思恩格斯加以吸收和改造，从而为马克思恩格斯解决国家与个人矛盾提供了一些理论资源。

一　依托"实业制度"和"协作制度"

圣西门和傅立叶都经历了法国大革命，他们都看到了启蒙思想家倡导建立的文明制度在现实中遭遇了失败，对此傅立叶指出，"文明制度在各方面已经成为理智的迷途，在各方面都已经陷入恶性循环"①，他们都对这种所谓的文明制度抱有怀疑的态度。因此，他们对资本主义制度都进行了无情的批判，同时希望建立新的社会制度来改变法国的社会状况。圣西门尖锐地指出，法国大革命没有改变社会性质，而是产生了新的压迫。法国的主要矛盾是劳动者和游手好闲者之间的矛盾，也就是资产阶

---

① ［法］傅立叶：《傅立叶选集》（第 1 卷），赵俊欣等译，商务印书馆 1982 年版，第 127 页。

级和广大劳动人民的矛盾，而资产阶级的无所不作乃是因为背后有资产阶级政府的支持，所以这种矛盾归根结底是国家与个人的矛盾。傅立叶早年参加商业活动的经历，使他能够有机会深入社会经济活动之中，真切感受到资本主义罪恶的一面。傅立叶认为，在文明制度下，富裕却催生出贫穷。他把商人称作"吸血鬼阶级"，因为每一个商人都希望能出现适合销售他商品的有利条件，如面包店老板希望面包一直涨价，而工厂主希望工人工资一直低廉，产生这种逻辑的深层次原因是"资本主义制度下个人利益与集体利益的矛盾与对立"①。由此看来，傅立叶和圣西门认识到国家与个人之间存在矛盾，因而也极力构想新的理想社会来代替资本主义社会，以解决国家与个人之间的矛盾。

圣西门所构想的理想社会是实业社会。在实业社会中不再是由游手好闲者阶级掌握国家政权，而是由实业家和科学家掌握。因为实业家和科学家真正推动了社会的发展，为国家做出了重大贡献，所以他们有能力掌握政权并引领国家走向繁荣与和谐。圣西门指出："政府应由两个阶级分掌：一个阶级以管理社会的精神福利为目的；另一个阶级则调整社会的物质福利。"② 这就是说，实业制度有两种权力：一种是精神权力，这种权力集中在科学院，由学者和科学家组成，主要工作是编纂教材，制定法律等；另一种是世俗权力，这种权力集中在由实业家组成的行政委员会，他们掌握国家的政治、经济以及政策的制定等。实业制度有以下优点：其一，每个人都有机会平等地参与社会劳动之中，并且每个人能够尽可能发挥自己的长处。此外，优秀但家庭出身低微的人，也能得到重用，他们"可以升到社会的前列"③。其二，实业制度不分等级，每个人都有劳动的义务，这意味着消灭了特权，而消灭特权意味着消灭了压迫。其三，实行计划经济，规避经济自由放任的无政府状态，降低经济无序带来的风险。管理生产活动、组织社会生产是国家日常的工作之一。所以，在实业制度下每个人都能发展并且拥有最大程度的自由，从而最大限度地实现了个人幸福和公共福利。所以，圣西门所设想的实业

---

① 唐士其：《西方政治思想史》，北京大学出版社2002年版，第346页。
② ［法］圣西门：《圣西门选集》（第2卷），董果良译，商务印书馆1982年版，第15页。
③ ［法］圣西门：《圣西门选集》（第2卷），董果良译，商务印书馆1982年版，第15页。

制度在一定意义上能够解决国家与个人的矛盾。

傅立叶也满怀信心地构想出一种新的协作制度,"在这种制度下,个人只有在全体群众的利益中才能找到自己的利益"①。这种新的协作制度也在一定程度上能够缓解国家与个人的矛盾。这主要基于以下优点:一是协作制度能实现每个人的最大幸福。傅立叶认为,人一般有三种欲望,即物质欲望、情感欲望和高级欲望,满足人的欲望是每个人幸福的基础。但如果这三种欲望得到满足,人们就会享受其中,安心工作与生活,但事实并不是这样,因为接下来他们就会有个人与社会高度一致的这一更高级的欲望。然而人们又回到现实看到,其实现实的社会制度不能满足人的欲望。但这并不代表社会没有一种新的制度可以去满足这些。傅立叶满怀信心地认为,他构想的协作制度能够解决这些问题,因为协作制度建立在对人性的正确理解之上,它不仅可以规避人性丑恶的一面,而且能够满足人的所有欲望,所以能达到国家与个人的一致与和谐。二是协作制度要求社会通过劳动、资本和才能三个方面进行分配,这样能使人人变成劳动者,变成有产者,由此才能解决国家与个人的矛盾。协作制度其实就是由集体联合和生产的消费协作社,被傅立叶称为"法朗基"。"法朗基"可以说是一个完整的社会系统,其中生产、消费等都是有序循环,人们可以在其中正常生活,参加社会活动,并且能满足不同人的不同的需求。每个人都可以选择从事自己喜欢的劳动,所以劳动成为一种享受而不是一种负担,同时可以创造更多的物质财富,促进社会繁荣、和谐。因而傅立叶认为他的协作制度能够解决国家与个人的矛盾。

二 建立共产主义的劳动公社联合体

欧文是一个工厂主,他与圣西门、傅立叶一样都捕捉到资本主义制度下劳动人民现实生活的残酷,因而对资本主义制度深恶痛绝。欧文将批判的矛头直接指向私有制,因为在他看来,"私有财产过去和现在都是人们所犯的无数罪行和所遭受的无数灾祸的根源"②。私有制不但是社会

---

① [法]傅立叶:《傅立叶选集》(第1卷),赵俊欣等译,商务印书馆1982年版,第143页。

② [英]欧文:《欧文选集》(第2卷),柯象峰等译,商务印书馆1984年版,第11页。

贫困的根源，而且是社会罪恶的根源，就因为有私有制的存在，社会不平等的现象才会加剧。建立在私有制基础上的资本主义国家也是只为少数人即剥削阶级服务而对广大人民进行压迫的机器。因此，在欧文看来，现今资本主义国家与个人存在着深刻的矛盾。为此，欧文指出，"必须建立合理的政府，以逐渐代替现有的政府"①，也就是建立新的社会组织。因为在他看来，要解决国家与个人的矛盾和冲突就要有真心并实实在在为人民的有仁慈心的领导来建立真正合乎理性的政府来取代现在虚假的资产阶级政府，所以他设想的理想社会是共产主义的劳动公社联合体这个新的社会组织，其性质、日常运作和管理都与一般社会有所不同，因而有望解决资本主义国家与个人的矛盾。"在欧文看来，到目前为止仅仅使个别人发财而使群众受奴役的新的强大生产力，提供了改造社会的基础，它作为大家的共同财产只应当为大家的共同福利服务"②，这就说明了这种新社会的特征。其一，在生产资料所属方面，要不同于资本主义生产资料私有性质，一般而言，公社生产资料是公有的，不再有资本家和工人之分，而这便消灭了压迫的基础，社会将不再有压迫。其二，财产实行公有。这意味着，特权将不再存在，不再有阶级之分，不再有富人和穷人之分，那么将实现社会平等。其三，在生产劳动方面，公社内主要以农业生产为主，人们共同劳动、共同生产，每个人按其能力来划分应该承担的劳动类型，个人在劳动过程中是快乐的。其四，产品分配方面，产品实行按需分配，不再有个人利益与集体利益的对立与冲突，社会将处于和谐的状态。其五，社会生活方面，允许人们宗教信仰和自由。其六，在管理方面，实行民主制度，公社的最高权力属于全体公社社员大会，人们在公社中平等地对待彼此。总之，欧文所设想的这种理想社会，其目的是实现全体人民的幸福。虽然此三人设想的政府是完美的，但是在现实中却不可能实现，下面我们将分析其局限性。

三 局限性：阶级合作与改良的乌托邦

圣西门、傅立叶、欧文显然都看到了资本主义国家与个人之间存在

---

① ［英］欧文：《欧文选集》（第2卷），柯象峰等译，商务印书馆1984年版，第110页。
② 《马克思恩格斯文集》（第9卷），人民出版社2009年版，第279页。

矛盾，并且也构想了理想的社会来解决国家与个人之间的矛盾关系，不过，由于他们受自身和时代局限性的影响，并没有从根本上解决国家与个人的矛盾。

首先，他们以抽象理性为出发点来建立理想的社会，但他们的主张其实是启蒙思想家所构想的理想社会的进一步发展。他们没有抓住资本主义的本质，所以在解决问题时没有动摇资本主义制度的根本。傅立叶在建立新的理想社会组织形式时并没有极力废除私有财产，而是让资本投资"法朗基"，并且在社会分配过程中掺入资本，按劳动、资本和才能进行分配。同时，他把商业和工业对立起来，把资产阶级的一切罪恶归因于商业资本，商人和工厂主是不同的，似乎资本主义制度是商人的专属，工厂主与工人似乎有共同的利益，可以一起并肩战斗，而这就模糊了工人和资本家的矛盾。所以，傅立叶的"法朗基"不是完全的社会主义制度，因而不能从根本上解决国家与个人的矛盾。圣西门也一样，在推行他的协作制度时并没有要求废除私有财产，他没有废除资产阶级生产资料私有制形式，也不想把私有企业改组为国有企业，而是用国家的力量继续让私有企业存在，并把资本家看成劳动者，允许企业主拥有经济特权。由此看来，圣西门也有保守立场和资产阶级倾向。

其次，他们在解决国家与个人矛盾的方法上，主张阶级联合，反对暴力革命和阶级斗争。傅立叶认为，变革现存制度不能用暴力革命，他把新的社会组织形式先行试验，试验成功后发挥示范作用在全国推行，还寄希望于资本主义社会上层人物来推行和实现他的这一计划。欧文也一样，他把希望寄托于现有资产阶级政府，希望各阶级合作并通过和平的方式改良现有的政府。在他看来，只要提出的计划是合乎理性的，资产阶级都会接受，用宣传感化资产阶级权贵，然后得到他们的支持并推动改革。此外，他还设想让劳动阶级自己举办合作社和公社，逐步取代旧的制度。但后来实践证明，依靠资产阶级进行改革是行不通的，因而要无产阶级付诸实际行动，进行消灭现存状况的真正的社会运动。

最后，他们在解决国家与个人矛盾时未争取真正的阶级力量。一方面，圣西门、傅立叶和欧文都只看到了资产阶级对广大劳动人民的压迫，但他们看不到无产阶级和人民群众自身具备的力量，而是只对无产阶级表示同情，因此他们的改革脱离了无产阶级和广大劳动人民；另一方面，他们把自己当成天才和拯救人类的"上帝",企图在现存的政治制度内用和平的方式进行改革,对资产阶级和资本主义国家抱有幻想,这也是他们在解决国家与个人矛盾关系问题上的局限性所在。

总的来说,西方政治思想家都在极力解决国家与个人的矛盾,但他们都未抓住问题的实质,因而都存在着或这或那的缺陷。马克思恩格斯当然也看到了国家与个人的矛盾,也就解决国家与个人的矛盾关系探索了相应的方案,他们依据资本主义时代的现实状况,提出依靠无产阶级这一历史主体的力量,推翻资本主义国家,建立社会主义国家,最后随着社会主义国家奠定好极大的物质财富基础而过渡到共产主义社会,由此彻底解决国家与个人之间的矛盾关系。

第 四 章

马克思恩格斯国家与个人关系
思想的基础

　　马克思恩格斯也看到国家与个人之间的矛盾，也在着力解决这个矛盾，因而他们也有对国家与个人关系的认知。本章我们先来探讨马克思恩格斯国家与个人关系思想形成的基础，为更好地理解这一思想奠定基础。马克思恩格斯国家与个人关系思想的形成与他们的哲学的世界观和方法论的转变有密切的关系。马克思恩格斯国家与个人关系思想是在批判和吸收以往哲学的基础上建立起来的，同时离不开当时的社会现实的启发和他们参与现实实践的斗争经验。也就是说，他们是在批判、吸收和直接实践斗争的启发中发现并确立国家与个人关系思想理论的。因而，我们可以认为马克思恩格斯国家与个人关系思想拥有三大基础，即理论基础、现实基础和实践基础。其中，最直接的理论基础是马克思恩格斯对德国旧哲学的批判，尤其是马克思对黑格尔理性国家观的批判。这是因为德国唯心哲学是当时德国的国家哲学，所以对德国唯心哲学的批判也就是对普鲁士国家的批判。马克思恩格斯不只停留在理论层面的批判，而且他们将目光转向资本主义社会，对资本主义社会现实进行批判，指出资本逻辑主导的国家对个人的压制，还用异化理论标示资本主义国家中的非人状态。马克思恩格斯不是书斋里的学者，而是参与社会实践捍卫自由的斗士。马克思恩格斯国家与个人关系思想的产生是马克思恩格斯对当时所处资本主义时代社会现实反思的结果。所以，它是在一个关于人的解放和自由全面发展的大逻辑中生成与展开的。因此，马克思恩格斯国家与个人关系思想是一个整体性、系统性的工程。本章，我们将梳理和分析马克思恩格斯国家与个人关系思想的基础，为全面把握马克思恩格斯国家与个人关系思想奠定基础。

第一节　理论基础：对德国旧哲学的批判

　　费希特、黑格尔和费尔巴哈都是德国重要的哲学家，马克思最初是从哲学领域来研究国家问题的。所以，马克思对费希特、黑格尔和费尔巴哈的国家观都有研究，并站在他们的基础上，批判性地建构了自己的国家观。费希特的国家观从本质上跟启蒙思想家的社会契约论的国家观是一样的。他也认为人们签订契约建立国家，因而国家与个人是统一的，同时他用自我非我同一性哲学说明国家最后也会消亡。马克思在这里抓住了自我非我同一性哲学中的辩证思想，对费希特关于国家消亡思想进行唯物史观的解释，为他把握国家与个人关系的本质奠定了坚实的基础。此外，马克思还批判黑格尔的理性国家观，指出国家是非理性的，提出市民社会决定国家，由此奠定国家的唯物主义根基。正由于此，马克思对国家与个人关系问题的思考不再是进行单纯的哲学思考，而是融入物质现实。另外，费尔巴哈对个人的定义也影响了马克思对国家与个人关系的认识。费尔巴哈的自然人是脱离社会实践的单个的原子，马克思批判费尔巴哈半截子唯物主义之中的个人，并直接指出人的本质是社会关系的总和。因此，从这个维度来说，费尔巴哈的哲学也为马克思探讨国家与个人关系提供了一定的启发。

一　超越费希特基于自由和理性的国家观

　　费希特和黑格尔是德国古典唯心主义哲学的代表。所以，无论在哲学发展史上，还是在政治发展史上费希特都是绕不开的一个重要人物。显然，马克思恩格斯国家与个人关系思想的理论基础离不开对费希特基于自由和理性国家观的批判、继承与超越。从某种程度上可以说，费希特的国家学说中某些合理的部分是被马克思恩格斯吸收了。

　　首先，从费希特关于国家起源的论述中把握他所理解的国家与个人的关系。费希特在其《自然法权基础》中用社会契约论和法权来论证国家的起源，指出国家与个人是一种契约关系，国家与个人具有一致性。

他认为，每个人都想得到自由，但个人自由的实现有一定的限定条件，也就是说自己的自由必须以其他自由存在物自由的可能性加以限制。这里有两层意思，一是个人自由的实现要不损害他人的自由；二是要实现自己的自由就要承认他人的自由。由此可知，每个人的自由只能在人们相互作用的一种关系中实现。承认他人的自由，那么首先要承认他人的私有财产。反过来，他人要实现自由，那么他也要首先承认你的私有财产，人们就是在无数这样的相互关系中实现个人自由。可以说，"它们之间的这种相互制约和相互作用就是它们之间的法权关系，由于有这种关系，它们就组成了一个法治共同体"①。这里的它们指的是理性存在着的人，人与人的相互关系存在着法权概念，但是要保障这种法权关系就需要签订契约，尤其是保障个人私有财产的契约，而保障需要强力，所以国家就产生了。也可以说，国家是每个人为了实现自由和维持共同生存而将自己一部分自由让渡，从而签订公民契约而建立的权力机构。所以说，国家的权力也是来自人民，国家与个人之间并不产生冲突。人的一切权利只有在国家的保障下才能实现。

其次，费希特认为国家是实现道德的最终目的或人类理性的手段。费希特认为，自由是人绝对形式中唯一真实的东西。国家之所以得以建立，是因为人们还没有达到对自由的洞见，还没有达到上帝所期望的那种有道德规律的生活，所以需要国家这一强制性机构，让人们提前过上一种自由的生活。总的来说，国家的目的就是保障人的自由。国家让人们深刻地认识自由，同时让人们提前过上自由的生活。让人们过上自由的生活有两个最基本的方法，一是强制；二是教育。强制不是损害个人自由，而是要实现个人的自由。强制和教育都需要一个主体的人来执行。费希特认为，君主就是最佳的人选。费希特受柏拉图《理想国》的影响，将正义纳入自由之中。他认为，自由是不妨碍任何人的或整体的自由的道德规律，那么自由其实也是一种正义。君主不但拥有正义，还拥有绝对确定的能使所有人的自由都能够在统一限度内实现的共同有效的自由。因而，君主能让人们达到对自由的洞见，从而依据上帝所指出的道德规

① ［德］费希特：《自然法权基础》，谢地坤、程志民译，商务印书馆 2004 年版，序言第Ⅵ页。

律进行自由的活动。在这里费希特认为，君主的权力既是上帝给予的，也是人民认定的。所以他将君主的强制看作正义的并赋予其合法性。正如他所言："强迫人们确立正义的观念，每个拥有知识与权力的人都可以将人们置于正义的重轭之下。"① 这从本质上说明了国家对个体的外在行为产生约束。此外，外在的正义可以依靠强力来实现，而"内在的正义则通过教育而形成自由的洞见之方式来实现"②。由此可见，教育也是至关重要的，通过教育让人们拥有更多的理智，从而实现自由。总的来说，费希特认为只有经过国家阶段，人们才能达到自由。所以，在费希特所理解的国家里，国家与个人是不存在冲突的。

最后，费希特希望建立理性的王国。面对德国民族危机，费希特又重新思考这样一个问题，即怎样的国家形式能使国家获得真正的独立？为此他以上帝为最高原则来构建他的理性王国，并指出德国人民的任务就是建立理性的王国。这也是费希特晚期的知识学、哲学所要达到的终极真理。从形式上看，国家是主管人的行为的机构，但从本质上看，是让人们都过上一种理想的族类生活的机构。所以理性王国也是上帝的王国，国家的生活就是上帝的生活在其中的显现，"生活中唯一真实的东西是自由，而自由也不过是上帝的显现"③。从总体上看，费希特所倡导建立的国家只是一种精神实体。

费希特以绝对自我为基点来阐述他的国家观，因而他的国家观有唯心主义和空想的性质，如此一来，他对国家与个人关系的认知也是唯心的。虽然晚期他将这一基点转变为上帝，但丝毫没有转变他对国家的认识。费希特的哲学可以说是法国革命在德国的表现。马克思在参加青年黑格尔派发起的"博士俱乐部"时就深受费希特哲学的影响。如阿尔都塞所说，马克思那时的思想"占主导地位的是离康德和费希特较近而离黑格尔的较远的、理性加自由的人道主义"④。而且马克思在他的博士论

① ［德］费希特：《国家学说：或关于原初国家与理性王国的关系》，潘德荣译，中国法制出版社 2010 年版，第 66 页。

② ［德］费希特：《国家学说：或关于原初国家与理性王国的关系》，潘德荣译，中国法制出版社 2010 年版，第 66 页。

③ 张东辉：《论费希特的国家观》，《阅江学刊》2011 年第 3 期。

④ ［法］路易·阿尔都塞：《保卫马克思》，顾良译，商务印书馆 2010 年版，第 218 页。

文中，以"原子偏斜学说"证明人是自由的理性存在者，这与费希特的理性存在着的人具有意志自由是一致的。这个时候，马克思对自由的认识更进一步。我们不能在完全真空的状态中认识自由，而是要结合周围环境并在其中认识自由。受费希特的影响，马克思把国家看作自由的理性的体现，并认为国家是人的自由和权利的真正体现。"国家用一些精神的神经贯穿整个自然……占主导地位的不是物质，而是形式……不是不自由的对象，而是自由的人。"① 直到后来在《莱茵报》时期遇到对物质利益发表意见的难事时，马克思才对费希特理性国家观产生怀疑。为此马克思说，"我从理想主义，——顺便提一提，我曾拿它同康德和费希特的理想主义比较，并从中吸取营养，——转而向现实本身去寻求思想"② 显然，这标志着马克思对国家的认识从唯心转向了唯物。此后，马克思便开始纠正费希特对现实国家的唯心认识，批判其国家学说的根基即唯心主义意义上的自我。人类历史发展的全部过程就是自我意识发展的过程，也就是说人类历史的发展是人类主体精神的活动。"费希特把这个内包全体人类心灵、外包整个宇宙万物的巨大的纯粹精神的统一体，称之为'绝对自我'。"③ 绝对自我可以自我发展、自我产生和自我完善。它经历自我与自身统一、自我与非我的对立、自我与非我的对立统一三个阶段。三个阶段也是肯定—否定—限定的辩证运动过程。自我设定自身是不需要上帝这一中介设定自身，而是可以直接意识本身，直接与自身相统一。自我设定非我中既包含同一又包含对立，正是如此才促进自我的发展。就如费希特所言："人的最终和最高目标是人的完全自相一致，而且为了使人能自相一致，还在于人以外的一切事物同他对于事物的必然实践概念相一致。"④ 在这个基点上，费希特认为，绝对自由是绝对自我的本性，呼吁人们为了实现理想的道德生活就要牺牲自我，为社会尽责任，从而实现道德自律，因为这不仅是人达到自由的途径，也是人的

---

① 《马克思恩格斯全集》（第1卷），人民出版社1995年版，第345页。

② 《马克思恩格斯全集》（第40卷），人民出版社1982年版，第15页。

③ 温纯如：《论费希特自我学说中绝对自我"三位一体"的思想》，《安徽大学学报》（哲学社会科学版）1995年第5期。

④ ［德］费希特：《论学者的使命——人的使命》，梁志学、沈真译，商务印书馆2009年版，第11页。

一种使命。对此,马克思和恩格斯认为,费希特的绝对自我是"形而上学地改了装的、同人分离的自然"①。

马克思不仅批判费希特自我非我哲学,还从费希特的国家观中进一步阐明自己对国家的认识。其一,费希特所倡导的国家是建立在理性或共同意志基础上的共和体,是个人自由意志的联合体,它本质上是资产阶级的共同体,而这为马克思认识资产阶级这一虚幻共同体的本质和今后建立自由人的联合体有一定的启示。其二,费希特认为国家和阶级存在是因为人的理性尚未成熟,随着人的理性的成熟,国家和阶级也会消亡,但他所认为的国家的消亡只是封建制度的国家的消亡,并且他认为人的解放程度取决于人类理性发展的程度。在此基础上,马克思提出自己的国家消亡思想,认为无产阶级进行无产阶级革命,建立社会主义国家,乃是扬弃国家的根本道路。其三,费希特将劳动认定为绝对自我的发展。自我有绝对的能动性要外化自己,把自己表现为感性世界的原创者,自我外化为物体,创建感性世界。所以费希特的劳动是抽象的自我劳动而不是感性活动。劳动的发展只是从精神上发展了人的主观能动性,这反映在现实上就表现为人们在实践上可以不采取任何行动。相反,马克思则认为人的自由只有通过现实的无产阶级革命才能实现。

二 祛魅黑格尔的理性国家神话

黑格尔是资产阶级理性主义者和人道主义者,他将绝对精神视为世界的本质,并将追求自由确定为最终的目的。黑格尔以绝对精神为基点来阐述他的国家观。在黑格尔看来:"国家是伦理理念的现实,这个伦理的精神,作为启示出来的、自身明白的、实体的意志。"② 他把国家视为伦理观念的现实、抽象精神的实现形式和最高的伦理实体,虽然形式上家庭和市民社会先于国家,但本质上国家决定市民社会。在黑格尔看来,个人与理性国家是能够达到统一的。国家是"个体的独立性和普遍的实体性在其中完成巨大统一的伦理和精神"③。因此,在理性国家中个体性、

---

① 《马克思恩格斯文集》(第 1 卷),人民出版社 2009 年版,第 342 页。
② [德] 黑格尔:《法哲学原理》,邓安庆译,人民出版社 2016 年版,第 382 页。
③ [德] 黑格尔:《法哲学原理》,邓安庆译,人民出版社 2016 年版,第 80 页。

特殊性、普遍性都达到了完美的统一，个人利益和国家利益也是一致的，个人只有在理性国家中才能实现自由。此外，黑格尔还认为，国家是市民社会自我否定的结果，市民社会是私人为自身利益角逐的战场。因为市民社会有私人利益和特殊利益，而现实中普遍利益和特殊利益之间不可调和，所以才出现国家这种代表普遍利益和公共利益的伦理实体。有学者直接指出："对黑格尔而言，市民社会（biirgerliche Gesellschaft）包含了所有经济和家庭关系，它外在于国家的政治和法律机构，本质上属于无限制的利己主义（egoism）领域，在这一领域，每一个人都深陷于彼此争斗之中。"① 也就是说，在市民社会中每个人都是为了自身，除此之外，所有的一切都是空洞虚无的。所以，市民社会中人们之间是不和谐的，他们处于敌对的状态。

当然，黑格尔也积极解决国家与市民社会之间的分裂，他提出用官僚阶层来调和矛盾。在黑格尔看来，官僚阶层是市民社会的一个阶级，它以获得"普遍利益"为动机，官僚阶层是特殊东西与普遍东西之间，亦即市民社会与国家之间达成调节的范式。也就是说，官僚阶层能代表普遍利益，它拥有政治代表权，而政治代表权是市民社会个人主义与国家普遍主义之间的媒介。黑格尔还认为，只要在现代市民社会中把社会的公共伦理目标与个人特殊利益之间的统一规定为义务与权利的关系，同时把社会公共伦理原则作为自身扬弃的一个环节，这样不仅能实现个人和社会的统一，还能最终实现人类社会的自由和平等。但实质上，这是一种君主立宪制。无怪乎有学者指出："19 世纪的君主立宪制以及黑格尔对它的颂扬，就是试图通过政治代议制——这种代议制在普遍的政治结构内寻求私人利益的合法化——来弥合这两个领域之间的裂隙。"② 不过，马克思直接批判性地指出这是一种官僚政治，"就其本质而言是'作为形式主义的国家'"③。所以马克思对黑格尔的理性国家进行了批判。

第一，马克思首先批判了黑格尔国家理论的哲学根基即绝对精神。

---

① ［英］安东尼·吉登斯：《资本与现代社会理论》，郭忠华、潘华凌译，上海译文出版社 2018 年版，第 8 页。

② ［以］阿维瑞纳：《马克思的社会与政治思想》，张东辉译，知识产权出版社 2016 年版，第 20 页。

③ 《马克思恩格斯全集》（第 3 卷），人民出版社 2002 年版，第 60 页。

绝对精神被黑格尔认定为世间万事万物的本原，一切都是绝对精神自我运动的外在的表现形式。国家就是在他的绝对精神的理念中推演出来的。但事实是，真实世界并不是从理念的研究中得出的，而是在物质世界的现实活动中衍生出的。就此马克思直接指出，"观念反而成了主体；各种差别及各种差别的现实性被设定为观念的发展，观念的产物，其实恰好相反，观念应当从现实的差别中产生"[①]。黑格尔把主体与客体颠倒了，马克思批判其哲学根基的目的之一是认识真正的主体即生活在现实世界中、感性的、行动的真实主体，从而打破国家的"神圣性"。

第二，马克思批判了黑格尔的个人观，认为黑格尔探讨的个人是纯粹的个人，即只是有血有肉的物理特性的人，而没有看到个人的社会意义和社会背景。黑格尔把个人参与政治国家的事务看作人的一种生存方式，这从侧面说明国家形成以后个人才出现。这意味着，在黑格尔那里，国家与个体之间是可以分开来加以讨论的。在此基础上，黑格尔试图寻找一种媒介来弥合国家与个人之间的分裂。但现实生活表明，在政治生活中这种紧张关系来源于个人与他的社会本质的分裂。黑格尔把国家作为普遍性的利益的代表，把国家与市民社会直接分立，但事实上人内在于国家。马克思就此指出："国家的各种职能和活动同个人发生联系（国家只有通过各个人才能发生作用），但不同作为肉体的个人，而是同作为政治的个人发生联系。"[②] 这一论述从侧面说明，参与国家事务之中的人不是纯粹的个人，而是具有社会特质、带有某种社会背景的人。在这里马克思所说的社会特质的人，虽然不是在严格的唯物主义意义上来说的，但是已经接近了唯物主义，为现实的实践活动的个人理论的提出提供了理论基础。

第三，马克思就黑格尔以官僚阶层来调和国家与市民社会的矛盾进行了批判。黑格尔所说的官僚阶层其实就是从市民社会中选举出来的代表全体成员利益的议员。马克思认为在现实的国家中，根本不存在普遍参与权，政治代表权无非是社会中绝少数人追求自身特定利益的表现。这种判断主要基于以下两点：一是马克思一针见血地指出，虽然"议员

① 《马克思恩格斯全集》（第 3 卷），人民出版社 2002 年版，第 15 页。
② 《马克思恩格斯全集》（第 3 卷），人民出版社 2002 年版，第 29 页。

被任命为普遍事务的代表，但实际上他们是特殊事务的代表"①，这些议员即官僚阶级借着为全体人民共同的福利之名进一步为自己攫取利益。如果我们能够清晰地看到，国家打着共同利益的旗帜而实际上为特殊利益进行的社会活动的这一本质，那么"黑格尔政治哲学的整个巍峨大厦就将轰然倒塌"②。二是市民社会和国家的分裂是特定历史时期社会发展的产物，不能逆历史而动。市民社会与国家的分裂是历史发展到一定时期出现的。但黑格尔忽视了这种历史现象，还想着通过恢复阶层来努力创造像中世纪的那种统一，显然这在现实中是不可能的。因为在现代社会，并不像中世纪那样人们的经济地位决定政治身份，而是全民平等，即经济地位和政治身份没有直接的关系。此外，阶层在黑格尔那里被判定为阶层的意识，它既是国家的普遍的意识，也是特殊社会阶层的意识，这样二者是统一的。黑格尔借此来调和国家与市民社会的矛盾，但马克思认为这种调和是无法实现的。其实在中世纪，政治团体的私人性质决定了它们的公共的政治地位，那么现在，黑格尔想要用一个公共的政治领域决定一个人的私人身份。从本质上来说，黑格尔赞扬的现代社会，也就是理性国家的前提不是建立在真实的、物质性关系基础之上的，而是主观的纯粹幻想的形式上的。政治国家绝对不可能从它的市民社会背景中分离出来，阶层因素是市民社会的政治假象。

　　总的来说，黑格尔把现实的国家置于至高无上的地位，把国家理解为家庭和市民社会的外在必然性和内在目的，是伦理精神的最高追求。但事实是，"国家是从作为家庭的成员和市民社会的成员而存在的这种群体中产生的"③。一方面，黑格尔忽视了现实的个人利益的获得及个人利益之间的对立和冲突。他的国家观与其说是解决国家与个体之间的对立，不如说是将这种对立淹没于绝对精神自我发展的辩证逻辑之中。另一方面，黑格尔认为国家的利益与市民社会中的个体利益相脱离，国家代表普遍的利益，这是他所追求的国家理想，但实质上他是在为君主制辩

---

　　① 《马克思恩格斯全集》（第 3 卷），人民出版社 2002 年版，第 153 页。

　　② ［以］阿维瑞纳：《马克思的社会与政治思想》，张东辉译，知识产权出版社 2016 年版，第 19 页。

　　③ 《马克思恩格斯全集》（第 3 卷），人民出版社 2002 年版，第 12 页。

护。君主制在他看来是最理性的、伦理的国家。所以，通过对黑格尔国家观及国家与个人关系的批判研究，马克思转向了唯物主义，从物质方面去研究。正如马克思所说的："我的研究得出这样一个结果：法的关系正像国家的形式一样……而对市民社会的解剖应该到政治经济学中去寻求。"①

三　批判费尔巴哈的"自然人"及虚幻国家

费尔巴哈是德国唯物主义哲学的开端，不过他在自然方面是唯物主义，而在社会历史观上则是唯心主义。马克思对费尔巴哈的超越主要表现在以下三个方面：一是对费尔巴哈人的本质的批判与超越；二是对费尔巴哈所提出的宗教异化进行更深层次的社会历史原因的探究；三是对他关于封建君主制和资产阶级民主制两种国家形式所采取的态度的批判分析。马克思对前两个方面的分析与批判是对费尔巴哈的第三个方面批判与超越的重要基础。

费尔巴哈关于人的本质的定义是其全部理论的原点，因而马克思首先对费尔巴哈的人的类本质进行批判。费尔巴哈以感性原则为对象性，将人看作具有感性原则的、直观自然的自然人。他认为，以前的唯心主义者所设想的主体不是真正的主体，而是某种精神。真正的主体是现实客观存在的，能直观自然的主体。这种主体存在于自然界之中，是自然界乃至客观世界的一部分。正如他所说的，"原本适应于任何自然界的人类，是由自然界中产生出来的"②，所以人与自然界是统一的。同时，费尔巴哈植入"类"概念对主体的人进行探究。在他看来，"类"一方面是现实存在的"我"相对立的"你"，另一方面，"类"是人的本质。激情、意志与爱是人的类本质的重要体现。当然人也有"类"意识，人将自己本质中的"类"作为意识的对象。费尔巴哈认为，只有将自己的类、自己的本质性当作对象的那种生物，才具有最严格意义上的意识。人与动物的根本区别在于"类意识"。人通过"类"意识到自己，产生自我意

① 《马克思恩格斯文集》（第2卷），人民出版社2009年版，第591页。
② ［德］路德维希·费尔巴哈：《费尔巴哈哲学著作选集（上）》，荣震华等译，商务印书馆1984年版，第597页。

识。我欲故我在，欲是满足人类本能活动的需要即类似动物之间的生理活动。除此之外，人没有任何实践活动。所以，费尔巴哈所说的类意识具有抽象普遍性，而且他所说的人也是脱离社会关系的人。马克思从费尔巴哈的人本学中接受了关于"类"的概念，但对其类本质进行了批判。马克思认为："一个种的整体特性、种的类特性就在于生命活动的性质，而自由的有意识的活动恰恰就是人的类特性。"① 也就是说，人与动物的区别不只在于人有意识，还在于人能进行有意识的生产活动。此外，在马克思看来，费尔巴哈虽指出人是客观的自然世界的一部分，但没有看到人所具有的社会属性，乃至人对自然的一种真正的实践关系。虽然费尔巴哈的视野从一种带有精神性的思辨的王国转入充满物质的活生生的世界之中，但他只有一种直观的思维，而没有真正的感性实践。费尔巴哈所认知的外部世界，是在自我意识中存在的世界，即一种实体性的存在，所以无法看到产品交换的社会中人们的社会关系和社会的真正属性。所以，马克思从社会历史的角度出发，认为"人的本质不是单个人所固有的抽象物，在其现实性上，它是一切社会关系的总和"②，强调要将人置于现实的社会关系之中进行考察。

其次，马克思超越了费尔巴哈关于宗教异化是人的本质异化的认识，将宗教异化的根源锁定到现实国家之中。宗教产生于人的情感依赖，就像原始宗教产生于对大自然神秘的、不可知的某种力量的崇拜和敬畏，希望能借助于这种神秘力量帮助他们解决自身无法解决的问题，从而给予心灵上的宽慰。所以，费尔巴哈认为，宗教起源于人们的心理依赖。他用抽象的人道主义对宗教进行批判，在其著作《论死与不死》和《论基督教的本质》中，他直接对基督教哲学和神学发起猛烈的攻击。他指出，人的生命是短暂的，人终究是会死的，但他又认为人类是不死的，因为类是普遍的，其中无所不包的理性才是不死的。通过论述死与不死，驳斥基督教人不死的呓语，警醒人们将精力集中到现实生活之中，把握现实的幸福。同时他又指出，宗教异化就是人的本质的异化。上帝就是人，人就是上帝，神学的真正意义是人本学。费尔巴哈对宗教的批判在

---

① 《马克思恩格斯文集》（第1卷），人民出版社2009年版，第162页。

② 《马克思恩格斯文集》（第1卷），人民出版社2009年版，第505页。

当时产生了巨大的影响。虽然费尔巴哈批判了宗教，但他把宗教产生基于人类的心理学基础，这只为我们建立了宗教批判的前提，无法动摇宗教的根基。一方面，他没有触及宗教产生的社会根源，所以他不但无法认识宗教的历史变迁，他还把人类发展史变成宗教变迁史；另一方面，他把克服宗教异化、消灭宗教的任务依托于改变人们的思想观念。把人的问题和社会的一切问题都归为一种虚无缥缈的爱，把人对上帝的爱转移到人对人的爱，建立一种爱的宗教，这就把人从宗教中解救出来之后又使其重新陷入一种新的宗教之中。为此，马克思和恩格斯都不同程度地批判了费尔巴哈的宗教异化观。马克思从社会现实出发，指出人的本质及宗教产生的根源，"人不是抽象的蛰居于世界之外的存在物。人就是人的世界，就是国家，社会。这个国家、这个社会产生了宗教，一种颠倒的世界意识，因为它们就是颠倒的世界"①。费尔巴哈所说的世界是一种抽象的实体，所以他无法看到社会的现实和社会之中的阶级对立和矛盾。因此，"面对资本主义生产带来的社会贫困问题，只能寄希望于资本家的施舍与赠与"②。也就是用一种人与人之间的爱来化解社会问题。正如恩格斯所批判的那样："在费尔巴哈那里，爱随时随地都是一个创造奇迹的神，可以帮助克服实际生活中的一切困难——而且这是在一个分裂为利益直接对立的阶级的社会里。"③ 所以，通过对费尔巴哈宗教异化的批判，马克思和恩格斯将更多的注意力放到现实社会层面，通过深入社会现实来把握客观真理。

最后，马克思在费尔巴哈关于国家与个人关系认识的基础上，逐步从历史唯物主义的角度来审视国家。总体上说，费尔巴哈把国家看作"各种现实的集中表现，国家是人的天意……［真正的］国家是无限的、没有止境的、真实的、完全的、神化的人"④。也就是说，他把国家看作绝对化的人，国家就是人们的上帝。费尔巴哈在批判宗教时所说的："在思维领域中把神学转变为人本学——这等于在实践和生活领域中把君主

---

①　《马克思恩格斯文集》（第 1 卷），人民出版社 2009 年版，第 3 页。

②　梁冰洋：《马克思对费尔巴哈与施蒂纳利己主义的批判》，《哲学动态》2020 年第 12 期。

③　《马克思恩格斯文集》（第 4 卷），人民出版社 2009 年版，第 294 页。

④　［德］路德维希·费尔巴哈：《费尔巴哈哲学著作选集（上）》，荣震华等译，商务印书馆 1984 年版，第 98 页。

政体转变为共和国。"① 这一方面说明，他认为宗教批判针对的是封建君主制；另一方面也说明，他赞成资产阶级的共和国。结合费尔巴哈对国家的认识和两种政体的态度，可以将费尔巴哈对国家与个人关系的认识作以下概括。第一，费尔巴哈首先批判主权起源于上帝的看法，主张国家根据人们的意志而存在。在他看来，没有一种政治，没有一个国家只以本身为目的。国家溶解在人们当中，它只根据人们的意志而存在。此处，他指出国家不能以本身为目的，而要以人为目的。但封建主义国家把人溶解于国家之中，造成国家与个人的对立。而资本主义国家以人为目的，国家溶解于人之中，因而在费尔巴哈那里，资产阶级国家与个人是统一的。第二，国家要与人的意志和自由的愿望相一致，即与主观精神相一致，唯有这样人才能得到自由。费尔巴哈所理解的自由是能给予人施展他的力量和能力的不限制的活动范围。如果国家表现为一种客观真实的东西，而与人的主观精神背道而驰的话，"人就退化到与机器相等，缺乏人性，并作为抽象的数量成为国家的牺牲"②。这里也同样表明了费尔巴哈强调国家要与人一致，如果国家与人不一致，那么国家就会表现为某种客观的精神，而人最后会沦为国家的奴隶并被国家所吞噬。第三，费尔巴哈把无限制的君主制的国家称作是没有道德的国家，赞成资产阶级民主制。正如他所说，"无限制的君主国乃是无道德的国家"③。费尔巴哈虽然批判宗教，但面对现实国家时，却把国家神化，虽然他对封建君主制进行批判，但却没有认识到国家的阶级性和虚幻性。马克思指出，虽然资产阶级国家标榜平等，人人可以平等地参与国家事务之中，但国家"是一种异化了的政治活动，表现为普遍性的'权利'，与宗教理想化世界同等虚幻"④。现实社会不可能由爱联结起来，因为费尔巴哈没有看到国家的阶级性，他还把国家理解为神化的人，认为国家是一种高

---

① ［德］路德维希·费尔巴哈：《费尔巴哈哲学著作选集（上）》，荣震华等译，商务印书馆 1984 年版，第 598 页。

② ［德］路德维希·费尔巴哈：《费尔巴哈哲学著作选集（上）》，荣震华等译，商务印书馆 1984 年版，第 596 页。

③ ［德］路德维希·费尔巴哈：《费尔巴哈哲学著作选集（上）》，荣震华等译，商务印书馆 1984 年版，第 596 页。

④ ［英］安东尼·吉登斯：《资本与现代社会理论》，郭忠华、潘华凌译，上海译文出版社 2018 年版，第 9 页。

于个人的存在。不过，在马克思看来，正是个人的社会活动创造了国家，也就是说，国家是个人活动的产物。

第二节　现实基础：对资本主义社会的批判

每个人包括伟大的人不是生于某种虚幻的王国之中，而是生活在现实的社会之中，并在社会生活中展开对社会的思考。马克思恩格斯生于19世纪那个资本主义大发展的时代，既感受到资本主义高度发展带来的前所未有的商品堆积，也体味到资本主义社会在发展自身时由于贪婪而面临的灾难。由于整个资本主义国家在资本的控制之下，一切都要听任于资本，而资本的贪婪也终究造成社会的动荡。马克思恩格斯用他们的科学的理论来揭示资本主义的经济危机、工人运动、社会人性淡漠等现实背后所遵循的逻辑，认为这些现象乃是资产阶级掌权的国家与个人裂变的表现。在这种揭示中，马克思恩格斯看到国家与个人存在的矛盾。总之，资本主义的社会现实，让马克思恩格斯深刻地感受到了国家与个人之间存在着矛盾，让他们意识到要获得人的彻底的解放，就不得不解决国家与个人的矛盾。因此，对资本主义社会的批判乃是马克思恩格斯国家与个人关系思想的现实基础。

一　揭露资本主义国家的社会危机

17世纪40年代，英国开启资产阶级革命，之后率先建立资产阶级国家。法国紧随其后，通过大革命，法国资产阶级逐渐进入国家政治舞台的中央。当时的德国虽然还处于普鲁士的统治之下，但其国内的资本主义也有所发展，资产阶级的政治诉求也凸显出来。18世纪60年代，随着哈格里斯夫发明珍妮纺纱机，工业革命的时代开始了。工业革命最显著的标志是机器大工业代替手工工场业，由此世界进入一个新的发展阶段。正如弗朗西斯·福山所说的："工业革命大大提高了所在社会的人均生产的增长率，这一现象给后续年代带来巨大的社会影响。"[1]　马克思恩格斯

---

①　[美]弗朗西斯·福山：《政治秩序与政治衰败：从工业革命到民主全球化》，毛俊杰译，广西师范大学出版社2015年版，第24页。

在《共产党宣言》中也高度评价了以工业革命为契机发展起来的资产阶级，其创造的生产力比以往一切社会创造的还要多，但资产阶级的迅速发展也给社会带来了许多弊端。资产阶级创造了与自身相对立的无产阶级。无产阶级最初大部分是由农民发展而来的，英国的"圈地运动中的大量失地农民变成了廉价的劳动力和自由农民，开始进入城市务工"①，他们只身进入城市，一无所有，只有把自己的劳动力廉价出卖给资本家。他们长时间工作，而所得的工资只能勉强度日。不仅如此，更糟糕的是，他们工作和居住的条件极差。在英国，恩格斯深入工人之中，考察了英国工人的生活状况，他"把自己的空闲时间几乎全部用来和普通工人交往"②。经过一番深入调研，他写了《英国工人阶级状况》一书，在书中，他真实而详细地描述了当时英国工人的悲惨状况。英国的工人，一方面，要忍受极差的生活条件和居住条件带来的疾病的折磨。据恩格斯调查，"城市中条件最差的地区的工人住宅，和这个阶级的其他生活条件结合起来，成了百病丛生的根源"③。另一方面，资本家"把工人完全变成了简单的机器，剥夺了他们独立活动的最后一点残余"④。他们工作的时间很长，但得到的报酬却很少，工人阶级成为那个时代受苦最深的阶级。与此同时，社会上的其他阶级也不同程度地受到影响。如小资产阶级在机器大工业和大资本家的竞争之下相继破产，他们被迫加入无产阶级大军之中，这使劳动力的供求关系失衡，工人的工资一度低到极限，社会陷入水深火热之中。

此外，借着工业革命带来的生产力的飞速发展，资本家都在无限制地甚至疯狂地生产自己的商品，不生产仿佛要错过他们生命中最宝贵的东西一样。在这种无限制的生产中，酝酿已久的危机终于在它的临界点爆发了。1825 年，资本主义社会爆发了毁灭性的经济危机，资产阶级的社会化生产和私人占有之间的矛盾已达到不可调和的地步，社会急需一场疾风骤雨似的革命，像闪电一样划破乌云密布的天空。19 世纪初，英

---

①　周东辰、马世力：《自由农民与农业革命——英国东盎格利亚地区的圈地运动和农业革命》，《学术界》2016 年第 4 期。

②　《马克思恩格斯文集》（第 1 卷），人民出版社 2009 年版，第 382 页。

③　《马克思恩格斯文集》（第 1 卷），人民出版社 2009 年版，第 411 页。

④　《马克思恩格斯文集》（第 1 卷），人民出版社 2009 年版，第 390 页。

国、法国、德国都爆发了大规模的工人运动，工人们走向街头，奋起反抗，用呐喊甚至武力把心中积压多年的痛苦发泄出来。工人们由最初的游行和破坏机器来争取合理的工作时间和工资，逐渐发展为要在政治上寻求与资产阶级相平等的权利。无产阶级极力想戳破资产阶级所谓的那些自由的幻影。那种所谓的自由无非是"经济的自由：贸易自由、生产自由，尽可能以最低价格购买劳动力的自由，以及保护本统治阶级来对付工人结盟与造反的自由"①。工人们逐渐觉醒了，他们要与资产阶级正面冲突。马克思恩格斯揭露了资本主义社会危机，用先进的科学理论照亮人们在黑暗中前行的道路。一切的社会危机和社会苦难表明现有的生产关系和社会关系已经无力再去束缚住日益发展的生产力。社会急需进行一次上层建筑的变革，推翻资本主义国家这一虚幻共同体对人的压迫，而这个变革的主体就是无产阶级。当然，这一切变革的最终目的乃是实现人的解放。

二 揭示资本逻辑主导的国家对个人的压制

资本逻辑指的是以资本为中心展开的无休止的价值增值运动。这种运动可以说是吞噬社会一切力量来增值自身的运动，它主要存在于资本主义比较发达的国家之中。从资本发展的历史来看，在资本发展的初期，它依靠国家的力量完成原始积累。但它发展到垄断阶段时，生产资料和财产向少数人手中集中，"因此必然产生政治的集中，进而便促成资本对政治权力的影响，从而实现对政治的控制"②。由此看来，资本依靠国家力量发展自身，相应地，资本渗透国家，进而控制国家的政治活动。换句话说，国家被资本裹挟并完全受制于资本，国家的一切政治活动及其重大决策都受到资本的影响。所以在资本占据主导地位的国家之中，国家与个人的矛盾越发凸显。

首先，由资本控制的国家在用其虚假的意识形态迷惑人民大众。有

---

① ［法］米歇尔·博德：《资本主义史：1500—1980》，吴艾美等译，东方出版社 1986 年版，第 88 页。

② 吴波、秦志龙：《〈共产党宣言〉中的"资本逻辑"批判》，《长白学刊》2018 年第 6 期。

学者指出，"资本主义的意识形态实质体现了资本主义运行的现实逻辑"①。这主要表现在以下两点：第一，资产阶级以自由、平等为口号，声称每个人都平等地享有政治权利，但现实表明，这种平等的政治权利只是一种抽象的权利，现实生活中大多数人还是受到不公正的待遇。第二，资产阶级在表面上宣称自己的行动是为全体人民的利益，以此联合各个阶级进行革命，但实质上它是为了自身的利益。就如马克思在对1848 年欧洲革命所做总结时所说的那样，虽说资产阶级联合农民、工人和小资产阶级推翻封建君主统治，在那时资产阶级所说的其阶级利益和全人类的利益确有某种一致性，但他们却并不真正代表劳动人民的利益。当革命最终取得阶段性胜利并建立资产阶级共和国时，他们所谓的为全体人民的利益便荡然无存，实质上"构成资产阶级共和国内容的正是资产阶级的利益。正是它的阶级统治和阶级剥削的物质条件"②。所以，无论从哪个角度来说，资本主义性质的国家为资本服务、为资产阶级服务，资产阶级的利益与全体人民的利益是相对立而存在的。

其次，在资本逻辑主导下的国家，资本家成为国家的代理人，并对绝大多数人即无产者尤其是工人进行无情的压榨。这突出表现在以下两个方面：第一，资本家成为国家代理人，依据自身利益制定相应的法律。根据马克思的描述，在多瑙河两公国，有一个被称为劳动《组织规程》的徭役劳动法。这个章程规定，农奴除了交大量的实物贡赋之外，还要给土地所有者贡献一定的劳动时间。马克思对这一章程进行量化研究，他认为这一章程中土地所有者即封建国家榨取剩余价值并使剩余价值劳动合法化。所以，他在《资本论》中剑锋直指这一章程，他说："通过一项条文使对剩余劳动的贪欲合法化的多瑙河两公国《组织规程》是对这种贪欲的积极表现。"③ 这是资本逻辑主导的国家对个人压迫的表现。虽然制定章程的国家是封建制的，但实质上封建国家之中也有资本逻辑在起作用，只是程度不同而已。第二，工人在劳动过程中与其说是深受资本家的压迫，不如说是受资本的压迫。工人在劳动中，由于个人体力、

---

① 张斌、侯怡如：《资本逻辑批判与共产主义演进发展》，《当代经济研究》2020 年第 10 期。
② 《马克思恩格斯文集》（第 2 卷），人民出版社 2009 年版，第 107 页。
③ 《马克思恩格斯文集》（第 5 卷），人民出版社 2009 年版，第 276 页。

脑力劳动的不同，所得到的报酬便不同，但是"死的资本总是迈着同样的步子，并且对现实的个人活动漠不关心"①。工人完全受资本的支配和统治。同时，在这种条件下，社会利益与个人利益完全处于对立的状态。所以，在受资本逻辑主导的国家之中，生产活动和生产制度均受资本逻辑控制，因而国家与个人的矛盾已到了尖锐的地步。

最后，资本家也逃离不了资本的控制，受资本逻辑的统治，甚至整个国家都卷入资本设置的幻境中。就资本家方面来说，相对于工人，资本家似乎可以掌控资本，但相对于资本这个大的整体而言，毫无疑问，资本家也受资本逻辑的统治。资本家看似是自由的，可以自由地进行生产，也可以无限制地消费，但实际上资产者的自由恰恰是离人的自由最远的，同时他们也受到资本主义经济危机的影响。经济危机期间，小的企业纷纷破产，大的企业受到经济危机的重创，我们知道经济危机的一个重要原因就是资本的盲目性。所以，从这个角度来说，资本家和工人都受到资本逻辑的影响。资本家每时每刻都在思考着如何扩大资本，以不至于在竞争中被同行所挤垮。基于这个原因，英国学者伊格尔顿才指出，资本家就如同资本一样没有了具体的生命的形象，"一方面有生命却麻木不仁，另一方面没有生命的东西却活跃着"②，这就是资本逻辑主导现实的典型表现。

总的来说，由资本逻辑主导的国家完全听命于资本，或者说靠着资本维持现存的秩序。所以，在资本运作模式内的国家，人民完全被排斥在外。其实，如果没有人的生产和运作乃至人的消费，资本是不可能独立发挥力量的。但现实状况是，建立在资本逻辑基础之上的国家听命于资本，对个人进行压迫。就如马克思评价德国和德国人民的关系所说的那样："德国人那种置现实的人于不顾的关于现代国家的思想形象之所以可能产生，也只是因为现代国家本身置现实的人于不顾，或者只凭虚构的方式满足整个的人。"③ 这就是资本逻辑主导的国家与个人的关系的现

---

① 《马克思恩格斯文集》（第 1 卷），人民出版社 2009 年版，第 119 页。

② ［英］特里·伊格尔顿：《美学意识形态》，王杰等译，中央编译出版社 2013 年版，第182 页。

③ 《马克思恩格斯文集》（第 1 卷），人民出版社 2009 年版，第 11 页。

实写照。国家将人直接单子化、固定化或者抽象化，并没有看到人一直是活生生地存在于市民社会中现实的人。但马克思和恩格斯依据自己渊博的理论知识和透彻的现实洞察力已洞悉这一切，立志要揭露资本裹挟着的国家的虚幻性，用理论唤醒人们，并号召人们打破旧世界去创造一个真正属于人的世界。

三　用异化理论标示资本主义国家中的非人状态

意识和科学的理论是对现实的写照，"意识的任何反映，即使虚假的主观映像，归根到底也是对物质世界的反映"[①]。马克思的理论则反映了真实的世界。马克思依据自身所处的时代，深刻洞察社会现实，汲取人类历史长河中的知识精华，提出异化理论，这是他所处的那个时代社会现实的真实写照。在《1844年经济学哲学手稿》中，马克思提出的异化劳动理论，正是对资本主义国家中非人状态的真实表达。透过他的异化劳动理论，我们看到，工人阶级在资本主义国家内的生存状况是悲惨的，工人是"资产阶级的、资产阶级国家的奴隶"[②]。马克思为科学地阐明异化劳动理论，他首先尖锐地批判资产阶级政治经济学。在他看来，国民经济学承认私有财产、资本和土地的分离的事实，没有分析它们，而只是把它们当作理论的前提。马克思与这些资产阶级经济学家不同，他重点分析和批判这个前提，分析私有制和人的异化状态的某种联系，他指出，"资本、地租和劳动的分离对工人来说是致命的"[③]。他在这一研究中不但直接揭穿了资产阶级政治经济学中关于资本和劳动利益一致这一错误的认识，还让人们认识到，自由竞争并不会实现全民的幸福。异化劳动理论揭示出资本主义国家中人的异化现象，即人的非人状态。

马克思从异化劳动的四个方面来说明资本主义社会资本家压迫工人的现实。其一，工人生产的劳动产品同自身相对立，也就是工人与自己的劳动产品相异化。劳动是人的本质力量的体现，一般意义上而言，劳动者将自己的劳动作用于一物上，使物具有使用价值。那么，这个物品

---

① 陈先达、杨耕：《马克思主义哲学原理》，中国人民大学出版社2003年版，第60页。
② 《马克思恩格斯文集》（第2卷），人民出版社2009年版，第38页。
③ 《马克思恩格斯文集》（第1卷），人民出版社2009年版，第115页。

是工人劳动的结晶，这个物品应该是属于他的。但在资本主义制度内，"工人在劳动中耗费的力量越多，他亲手创造出来反对自身的、异己的对象世界的力量就越强大"①。工人可以说把自己的生命投入创造的对象之中，让产品有了生命，但现在这个有生命的东西却不属于工人自身。工人生产的产品却不属于自己，而属于资本家。资本家将工人生产的产品据为己有。这样一来，工人自己生产的物不受自己的控制，这一物反而控制工人。工人阶级为社会创造财富的同时，却也在创造着自身的贫困。工人与其劳动产品相对立，即工人与自己的产品相异化。其二，工人与自身的劳动相异化。工人将自己的劳动力出卖给资本家，这样一来，劳动对工人来说是不属于他的东西，是外在于他的。劳动结果的异化是由劳动过程的异化造成的。因为劳动被资本家所占有，劳动不再是自由自觉的劳动而是成为维持人的生存的一种手段。异化劳动把人们自主、自由的活动贬低为人们为维持人的肉体而不得不进行的生存手段，劳动不是自愿的，而是被迫的。不光如此，工人劳动条件的恶劣，使工人对劳动更加厌恶，但劳动仍然是每天不得不进行的活动。在这种情况下，人把劳动看成动物式的活动，人们逃离劳动就像逃离瘟疫一样。对劳动的逃避表明了工人与自己的劳动相异化。其三，工人与自己的类本质相异化。马克思指出，人是类存在物，人的生产实践活动与动物的本能活动有很大的区别。在资本主义条件下，人们自由活动的类本质被贬低为手段。人是类存在物，"无论是自然界还是人的精神的类能力，都变成了对人来说是异己的本质，变成了维持他的个人生存的手段"②。因而，人与自己的类本质相异化。其四，人与人之间的异化。当人同自身相对立的时候，他也同其他人相对立。人的劳动产品不属于自己，那么肯定属于其他人，属于资本家。生产中的物质关系实质上是人与人的关系。从根本上来说，"异化劳动的实质是资产阶级对工人的剥削"③。这就加深了工人与资本家的对立，更进一步就是人与人之间的异化。马克思用异化理

① 《马克思恩格斯文集》（第1卷），人民出版社2009年版，第157页。

② 《马克思恩格斯文集》（第1卷），人民出版社2009年版，第163页。

③ 谭培文、陈新夏、吕世荣：《马克思主义经典著作选编与导读》，人民出版社2005年版，第35页。

论表现了工人在资本主义社会生产内的非人状态，而这也是 19 世纪资本主义国家内工人的真实状况。国家已不再是唯心主义学者口中所说的理性的表现，而是充斥着资本的、受资本裹挟的国家，在这种国家内，国家代表的理性和正义已经与启蒙学者设想的远之又远。国家压迫人们，个人在国家中已不能完全自由发展。所以，在这种现实境况中，马克思恩格斯认真思考国家与个人的关系，同时希望建立一个新的无产阶级国家，期望最终走向人的全面解放。

第三节　实践基础：参与捍卫自由的斗争

认识离不开现实的实践，而实践又促进认识的发展。马克思恩格斯深刻地认识到这一点，并走出书斋和学院投入现实的反对普鲁士专制统治和争取自由民主的斗争之中。马克思进入莱茵报社成为年轻的编辑并给此报撰稿。其间，马克思首次接触物质利益问题和出版自由问题，这些经历使他的国家观发生深刻的改变。恩格斯也是如此，他深入现实之中，调查研究英国工人阶级状况，将自己的所见所闻和研究结果公开发表。也就是说，马克思恩格斯都是重视现实实践的思想家。正是如此，马克思恩格斯合力推动共产主义者同盟成立并发表《共产党宣言》，他俩都深刻地认识到要实现人的自由而全面的发展，就要变革社会政治现实，改变国家的上层建筑，乃至整个基础。马克思恩格斯在为争取人的自由的斗争中结成深厚的革命友谊，给人间留下了千古美谈。

一　《莱茵报》时期为"德国人民的物质利益"发声

马克思从柏林大学拿到博士学位后，原本想在波恩大学谋得讲师教职，但由于种种原因而没能实现在大学讲学的愿望。此后马克思进入最初由资产阶级自由派支持的《莱茵报》，成为《莱茵报》编辑并为该报撰稿。这是马克思从学校这所象牙塔进入社会的第一份工作，这份工作使马克思首次面临物质利益的问题。在当时，德国的小农、贫民和城市短工，为了取暖和维持生计去森林捡拾枯树枝，而这一行为受到林木所有者的不满。德国的历史上曾实行过马尔克公社制度，在这种制度下，森林是属于公社的，也就是说森林属于全体公民并且人们在其中拾取树枝作为燃料也是一种很自然的事情，这是人民的一种约定俗成的习惯。但当时德国的林木所有者将这种拾取枯树枝的行为视为"盗窃"，还要求普鲁士政府制定相应的法律，制裁并禁止捡拾枯树枝的行为。1841 年 6 月 15 日至 17 日，莱茵省议会就林木盗窃法案展开激烈的讨论，各个阶层的代表几乎都偏向林木所有者，希望惩罚捡拾枯树枝的人们，普鲁士政府为此制定了《林木盗窃法》。面对此情景马克思进行了深刻的思考并第一次站在人民群众直接利益的立场上，关注人民物质利益，深刻探讨物质利益与国家的法的关系。马克思指出："捡拾枯树和盗窃林木是本质上不同的两回事。对象不同，作用于这些对象的行为也就不同，因而意图也就一定有所不同……而你们却不顾这种本质上的差别，竟把两种行为都称为盗窃。"① 普鲁士政府将农民捡拾枯树枝列为盗窃行为，显然是保护了林木所有者的利益，但却损害了人民的利益，人民最基本的最低的物质生活都得不到保障。这表明人们在政治上和社会上都受封建贵族的压迫。捡枯树枝和砍伐林木完全是两种不同的行为后果，而这却被普鲁士省议会定为"盗窃"，在这里可以看出，这样的国家已沦为贵族的工具。政府为了个别人的特殊利益而牺牲大多数人民的利益，这是国家与个人矛盾的体现。马克思大声呼喊："我们为穷人要求习惯法，而且要求的不是地方性的习惯法，而是一切国家的穷人的习惯法。"② 贵族订立的法律同普通法律的形式是相对立的。法律机构乃至整个国家机构都为林木占有者的利益服务。马克思在此之前受黑格尔理性国家观的影响，认为国家应该是政治理性和法的理性的实现，也认为国家具有普遍性，但这种普遍性只有将国家的普遍性与个人的特殊性结合起来才会成为现实的普遍性。但现在他对黑格尔的国家观持怀疑态度。从"林木盗窃法"这一事件中可以看出，私有财产的私利性使其无法与国家的普遍性相结合，也无法使其变为普遍性的、公共性的。因而国家就违背自己的理性而变成私有财产的保护神，因而国家与个人之间存在矛盾。

1842 年 12 月，记者科布伦茨对摩塞尔地区农民贫苦生活进行揭露的文章在《莱茵报》发表以后，被政府官员即总督冯·沙培尔，指责是歪

---

① 《马克思恩格斯全集》（第 1 卷），人民出版社 1995 年版，第 244 页。
② 《马克思恩格斯全集》（第 1 卷），人民出版社 1995 年版，第 248 页。

曲事实的报道，并对记者下达严厉的警告。马克思对此持批判态度，他亲自辩护科伦布茨记者。为此，他亲自走访调查，确实看到摩塞尔地区农民生活十分艰苦，一来是高利贷者对农民的盘剥，二来是政府并没有对农民实行救济。马克思结合所见所闻写成《摩塞尔记者的辩护》一文，深刻披露普鲁士政府的反动政策。马克思一针见血地指出："摩泽尔河沿岸地区的贫困状况同时也就是管理工作的贫困状况。"① 政府的不作为使马克思看清政府的本质及国家与个人之间存在的现实矛盾。在谈到国家与人的关系时，马克思指出，人们在研究国家状况时没有考虑各种关系的客观性，反而掺杂进人的主观性，"但是存在着这样一些关系，这些关系既决定私人的行动，也决定个别行政当局的行动，而且就像呼吸的方式一样不以他们为转移"②。由此可见，人民的贫困从根本上说是由普鲁士的专制制度造成的，"专制制度下的官僚机器是骑在人民头上的，必然与人民群众的利益相冲突"③，因而不可能真正解决人民的贫困问题。现实的物质利益与国家理性的冲突使马克思看到政治与法并不是按理性设计的，而是由私人的物质利益决定的，在这里国家与个人的矛盾得到显现。马克思的这些实践行动使他更加深刻地认识到国家与个人之间存在的矛盾。

二　创办报纸和争取新闻出版自由

马克思恩格斯通过办报，宣传先进思想启迪人们，同时与专制主义作斗争，捍卫人民自由。所以在那时，马克思恩格斯及当时的共产主义者创办的报纸成为抨击普鲁士封建专制的阵地。他们先后办了《德法年鉴》和《新莱茵报》。1843 年马克思和卢格在德国创办《德法年鉴》，其主要目的是阐释真理，同时展开与普鲁士封建制度的斗争。马克思他们是现实的实践家，不是空论家，他们的目的是从现实世界出发去寻找指导实践的真理，并用真理去指导人们，让人们认识到他们所做的斗争的

---

①　《马克思恩格斯全集》（第 1 卷），人民出版社 1995 年版，第 376 页。
②　《马克思恩格斯全集》（第 1 卷），人民出版社 1995 年版，第 363 页。
③　袁雷、张云飞：《马克思传——人间的普罗米修斯》，中国人民大学出版社 2018 年版，第 33 页。

目的与意义。所以，马克思恩格斯办报就是为了阐释真理。要实现推翻封建制度这一目标首要的，是要相信真理、阐明真理，之后要把同政治的批判和明确的政治立场结合起来。在他们看来，共产主义就是真理。1844年马克思在《德法年鉴》上发表了《论犹太人问题》和《〈黑格尔法哲学批判〉导言》以及恩格斯的《国民经济学批判大纲》和《英国状况——评托马斯·卡莱尔的〈过去和现在〉》，可以说，这些文章是马克思恩格斯思想转变的关键，也真实地反映了当时世界的政治状况和社会状况，是对当时现实世界的真实描述。1848年，马克思和恩格斯主导筹办《新莱茵报》，主要刊登时事并高度赞扬巴黎无产阶级六月起义，这在无产阶级群众中得到强烈的反响。此外，他们还宣传共产主义思想，驳斥资产阶级对无产阶级的反叛行为，揭露其对普鲁士封建专制制度的附和，这些举措对统治当局非常不利，所以受到当局的压制，但他们仍然坚持办报。虽然《新莱茵报》最后被查封，但马克思恩格斯所宣传的社会主义革命思想，对欧洲革命乃至整个无产阶级革命起到很大作用，使无产阶级逐渐觉醒，认识到现存国家的压迫性，从而有了坚定革命的信心。

此外，马克思尖锐地批判书报检查令，争取新闻出版自由。马克思对普鲁士书报检查制度展开思想上和理论上的批判，为争取自由而战，同时揭露封建的等级机构——省议会受封建贵族的统治。马克思在《评普鲁士最近的书报检查令》中揭露了弗里德里希—威廉四世的伪善本质及普鲁士的国家制度和整个封建制度的弊端，将批判的锋芒指向整个普鲁士国家。他指出，书报检查令的目的不是保障国民在法律面前一律平等，而是实现普鲁士专制的手段。书报检查令是受反动政府操控的法令，是维护反动势力的利益。它把统治者的利益上升为法律，以限制人民的言论自由从而实现对人民的压迫，因此，从书报检查令看出这个国家和人民是根本对立的。马克思还直接批判了现存的普鲁士国家的书报检查制度，就是这样一种法律制度，哪里有新闻出版自由，它就破坏乃至取消这种自由，"它就通过书报检查使这种自由变成多余的东西——这样的法律不能认为是有利于新闻出版的"[1]。马克思要求实现人民的普遍自由，

---

[1] 《马克思恩格斯全集》（第1卷），人民出版社1995年版，第114页。

因为"普遍自由是人的本性"①，人们要争取自由。此外，马克思进一步指出自由的报刊的意义，"自由报刊是人民精神的洞察一切的慧眼"②。自由的报刊制度有利于人民的自我发展，是人们深刻地理解国家和社会的窗口，但现在人民却没有这种机会。马克思发表在《莱茵报》的《第六届莱茵省议会的辩论》这一组文章中的第一篇《关于新闻出版自由和公布省等级会议辩论情况的辩论》中谈到不同的等级对书报检查制度所持的不同观点，贵族阶层扼杀自由，市民阶层要求有限制的经济自由，农民等级支持自由。马克思指出："骑士等级的辩论人把个人特权、与人民和政府对立的个人自由妄称为普遍权利，这无疑是十分中肯地表现了本等级的特殊精神。"③ 本来书报检查制度代表了人民的自由，是人民自由呼吸的园地，现在也成为贵族的领地，受封建贵族的操控。所以，整治书报检查制度的真正而根本的办法，就是废除书报检查制度。因此，马克思看到国家、法律与物质利益的关系，就如学者所言，"一旦确认了物质利益必定支配着国家立法活动这一事实，就势必要导致马克思迄今所信奉的唯心主义国家观的彻底崩溃"④。马克思在与现实制度作斗争的过程中也深刻体会到，要从物质基础去理解现实制度，因为它们根源于物质的生活关系。正是有了这种认识使他转而进入政治经济学研究，拨开层层迷雾，从经济现实层面研究资本主义社会的运作模式和主要弊端。

三 组建共产主义者同盟并推动欧洲革命发展

马克思恩格斯先后参与创立了全球第一个无产阶级的国际组织——共产主义者同盟，马克思恩格斯为该组织制定章程，它的总体目标是："推翻资产阶级，建立无产阶级统治，消灭旧的以阶级对立为基础的资产阶级社会和建立没有阶级、没有私有制的新社会。"⑤ 在马克思恩格斯之前，共产主义者同盟是半秘密的组织。马克思说："恩格斯和我最初参加

---

① 顾海良主编：《马克思主义发展史》，中国人民大学出版社2009年版，第38页。

② 《马克思恩格斯全集》（第1卷），人民出版社1995年版，第179页。

③ 《马克思恩格斯全集》（第1卷），人民出版社1995年版，第158—159页。

④ 孙伯鍨、侯惠勤：《马克思主义哲学的历史和现状（上卷）》，南京大学出版社2004年版，第44页。

⑤ 《马克思恩格斯文集》（第4卷），人民出版社2009年版，第236页。

共产主义者秘密团体时的必要条件是：摒弃章程中一切助长迷信权威的东西。"① 由恩格斯先为其起草章程，后来经过马克思恩格斯多次修改最后形成并发表了震惊全世界的《共产党宣言》，自此共产主义者同盟成为公开的组织，该组织重要的任务是保护组织内部成员的利益和无产阶级的利益，同时宣传共产主义思想。可以说，共产主义者同盟的建立为无产阶级的革命运动开辟了新的天地，为无产阶级解放事业作出了重要的贡献。正是在这个组织的基础上，1864 年马克思引导工人建立第一国际，可以说它是第一国际的前身，为此后的无产阶级的国际联合开辟了新的道路。《共产党宣言》的发表是无产阶级第一次公开阐述自己的思想及未来要走的道路，这在很大程度上为无产阶级运动指明了方向。

马克思恩格斯不仅建立共产主义者同盟，而且投身到 1848 年欧洲革命之中，在革命实践中淬炼意志，同时总结革命经验教训。欧洲资产阶级革命是由资产阶级发起，目的是推翻封建专制统治的革命。资产阶级为联合无产阶级、农民以及小资产阶级等共同反对封建专制统治，他们把自己的利益说成是全体人民群众的利益，由此形成合力共同对封建专制制度发起攻击。但由于资产阶级的妥协性、软弱性，他们不顾其他阶级的利益，而与封建专制媾和，无产阶级、农民阶级和小资产阶级的利益因此而严重受损，他们的地位和处境并没有得到改变。马克思深刻总结 1848 年欧洲革命实践，他认为，推翻封建专制建立的资产阶级国家内，无产阶级以及广大人民还是受国家的压迫，国家与个人还是存在矛盾。所以要实现真正的人民的解放，就要不断革命，就要打碎资产阶级旧的国家机器，实现无产阶级专政。也就是在这里，马克思进一步深化了无产阶级专政理论，而这对国家与个人矛盾关系的解决具有至关重要的意义。马克思指出："这种社会主义就是宣布不断革命，就是无产阶级的阶级专政，这种专政是达到消灭一切阶级差别，达到消灭这些差别所由产生的一切生产关系，达到消灭和这些生产关系相适应的一切社会关系，达到改变由这些社会生产关系产生出来的一切观念的必然的过渡阶段。"② 就是说革命一定是以达到最终的目的为终点，没有达到最终目的的革命

① 《马克思恩格斯文集》（第 10 卷），人民出版社 2009 年版，第 423 页。
② 《马克思恩格斯文集》（第 2 卷），人民出版社 2009 年版，第 166 页。

是不彻底的革命，而最终的目的就是消灭阶级。再者，马克思又指出：
"我们的利益和我们的任务却是要不断革命……直到无产阶级夺得国家政
权……对我们来说，问题不在于改变私有制，而只在于消灭私有制，不
在于掩盖阶级对立，而在于消灭阶级，不在于改良现存社会，而在于建
立新社会。"①此外，马克思还深刻总结出如果要实现无产阶级乃至全人
类的解放就要打碎旧的国家机器，马克思在给路德维希·库格曼的信中
指出，"我认为法国革命的下一次尝试不应该再像以前那样把官僚军事机
器从一些人的手里转到另一些人的手里，而应该把它打碎，这正是大陆
上任何一次真正的人民革命的先决条件"②。也就是说，打碎国家机器是
真正的人民革命实现的必要条件。显然，这展示出马克思恩格斯有关国
家与个人矛盾关系的解决方案乃是希望打碎旧的国家机器代之以真正的
人民民主专政，直到最后国家消亡。

---

① 《马克思恩格斯文集》（第2卷），人民出版社2009年版，第192页。
② 《马克思恩格斯文集》（第10卷），人民出版社2009年版，第352页。

第 五 章

马克思恩格斯国家与个人关系
思想的核心内容

马克思恩格斯在如何实现人的解放中已为我们展现了国家与个人的关系。面对资本主义国家对人的压迫，马克思强调要打碎资产阶级旧的国家机器，代之以无产阶级专政的国家，最后通过国家消亡进入共产主义，从而实现人的自由而全面的发展。为了破除资产阶级对国家的迷信，引导广大人民群众认识国家的本质，马克思恩格斯从不同的维度探究了国家与个人的关系，为实现人的解放奠定了理论前提。马克思恩格斯事实上从人的全面解放维度、"国家—市民社会—个人"三重结构、共同体的历史演变以及国家的阶级属性这四个方面深刻分析了国家与个人的关系，而这构成了马克思恩格斯国家与个人关系思想的核心内容。

第一节　人的全面解放维度中的国家与个人关系

马克思在《论犹太人问题》中从人的全面解放这个维度探讨了国家与个人的关系，特别是讨论了政治国家虽然能够给人带来政治解放，但并不能给人带来彻底的解放，并且认为只有超越政治国家，人的解放才能得以完成。总之，在马克思看来，人们通过政治国家所获得的政治解放的确是人的真正解放的重要一步，但仅仅停留于人的政治解放维度上还不是人的全面解放，其原因在于：一方面完成政治解放的国家实际上只是资产阶级的国家，另一方面政治解放造成了人的二重化。因此，马克思从人的全面解放的维度对国家与个人的关系之探讨，展示了国家与个人是存在矛盾的。

一 国家作为人的解放之中介可以实现人的政治自由

马克思在批判鲍威尔提出的关于犹太人如何获得解放的问题时，从政治解放和人的解放的角度探讨了国家与个人的关系。鲍威尔认为，犹太人乃至整个人类的解放简单来说就是废除宗教，即让国家从宗教中解放出来，同时完成政治解放，就能实现犹太人的解放和人的解放。但是，马克思并不这么认为，在他看来，鲍威尔"批判的只是'基督教国家'，而不是'国家本身'"①。鲍威尔不仅没有探讨政治解放对人的解放的关系，而且把宗教解放、政治解放和人的解放混为一谈。马克思通过分析德国、法国和美国对待犹太人不同的看法，指出犹太人问题在不同的国家有不同的表现，由此阐明了政治解放已经完成了的国家之中，宗教依然是存在的，同时表明宗教的存在和国家政治解放的完成是不矛盾的。宗教的存在只是因为现实世界有局限性，它是现实世界不完满的表现。一旦我们把世界的局限性和不合理性消灭了，宗教自然也会消失。所以，最根本的问题在于，不能把世俗的问题神学化，而应把神学的问题世俗化。这么一来，其实政治解放对宗教的关系问题已经成了政治解放对人的解放的关系问题。因此，马克思坚持把一切神学的问题归结为世俗的问题和人的问题，进而深入讨论了国家从宗教中解放出来的意义，即政治解放的意义。马克思指出，政治解放虽然不是普遍的人的解放的最后形式，"但在迄今为止的世界制度内，它是人的解放的最后形式"②。那么其意义何在？政治解放使国家与个人的关系有了怎样的变化？这可以从以下两点来加以把握。

第一，政治解放使国家摆脱了宗教的束缚，国家不再受宗教精神的影响，人们可以信仰自由，这是人能够实现政治自由的重要一步。一方面，得到政治解放的国家是完成了的国家，实现其自身的国家。当国家从国教中解放出来，那么国家就是一个不信奉任何宗教的，只是作为自

---

① 《马克思恩格斯文集》（第 1 卷），人民出版社 2009 年版，第 25 页。
② 《马克思恩格斯文集》（第 1 卷），人民出版社 2009 年版，第 32 页。

身的国家，要说它还有信奉的东西，那就是"信奉作为国家的自身"①。从这里我们可以把握住以下两点：一是完成政治解放的国家和未完成政治解放的国家，人民所依据的信仰是不同的。在未完成政治解放的国家中，例如在基督教国家中，人民没有自己独立的思想和意志，因而他们不是真正意义上的人民。此外，国王是上帝赐予的，代表了神意，因而他同人民是不一样的。这样的国王是"同天国、同上帝直接联系着的存在物"②。所以，在这个基督教国家中占统治地位的还是宗教信仰。相反，在完成政治解放的国家中，国家元首是由公民通过民意选举出来的，因而在这样的国家中民主是其主要形式。二是由宗教束缚的国家需要宗教来补充自己，需要依靠宗教来维持自己的统治地位，而在政治解放完成了的国家之中便不再需要宗教从政治上充实自己。在基督教国家中，像"国家迫使福音书使用政治词语，即与圣灵的词语不同的词语"③ 这种情况，是要被加以禁止的，因为这是不信仰宗教的行为，同时是亵渎宗教的行为。相反，在完成了政治解放的国家中则不需要福音书，更不需要将福音书和政治词语分离或混同，因为这样的国家是现实的，也就是说是在生产和生活中创造的。生活于其中的人们能够透彻地看到，基督教国家"并不是作为宗教的基督教，而只是基督教的人的背景"④，也就是说摆脱宗教束缚的国家将会看到宗教背后是人作为其基础的。另一方面，完成政治解放的国家，使人在政治上从宗教中解放出来了。完成政治解放的国家，不但国家从宗教中解放出来，个人也在参与政治方面从宗教领域中解放出来。政治解放完成后，宗教从之前的公法领域转入私法领域，相应地，生活在国家中的人把宗教仅仅当作私人的事情来对待，那么他在政治上也就从宗教中解放出来了。在此，以犹太人和基督徒为例来看，也就是他们不再因为宗教信仰不同而在国家层面发生冲突，同时国家也不再因为公民与官方宗教的不同而歧视任何人。国家本身已经摆脱宗教之束缚，因而人们不再受官方宗教的制约，从而可以实现信仰自

① 《马克思恩格斯文集》（第1卷），人民出版社2009年版，第28页。
② 《马克思恩格斯文集》（第1卷），人民出版社2009年版，第36页。
③ 《马克思恩格斯文集》（第1卷），人民出版社2009年版，第35页。
④ 《马克思恩格斯文集》（第1卷），人民出版社2009年版，第33页。

由。总之，通过对完成政治解放的国家和未完成政治解放的国家两者的对比，可以发现，完成政治解放的国家能够使每个人，不论他是信仰宗教，还是不信仰宗教，抑或信仰其他宗教，都能参与到国家事务之中。这一点在马克思看来是人的解放的重要一步，因而可以说，人们通过国家所获得的政治解放对人的解放具有重要的意义。

第二，政治解放意味着市民社会的变革，它不仅使人从封建国家的依附关系中解放出来，而且使每个人都能平等地参与到国家事务之中，因而人们通过政治解放可以实现政治自由，就这个层面来说国家与个人是统一的。首先，政治解放要求推翻封建国家，使人不再依附于某个组织，同时使人不再生活于某种严格规定的等级之中。封建国家有严密的等级秩序，这种等级可以是由财产多寡规定，也可以是由宗教信仰所规定。政治革命力求打破同业公会和行会组织、解散封建扈从等，使每个人不再依附某种组织和团体，让每个人都成为市民社会内单个的独立的个体。如此一来，个人不但可以不受限制地从事由社会生活决定的他所能从事的活动，而且不再通过各种等级组织与国家取得联系。显然，这也是人实现政治解放获得政治自由的关键一步。其次，政治革命意味着市民社会的变革。政治革命取消市民社会的政治性质，并且市民社会中的成员都可以平等地参与国家事务，因而政治解放可以实现人的政治自由。旧的市民社会直接具有政治性质，如财产、家庭、等级和同业公会等，这些要素直接具有政治性质，是构成国家的要素。这些要素直接决定了个人与国家的关系。因此，在这种情况下，国家与个人并没有直接的联系，相反，国家与个人是分离的。不过，政治革命将摧毁一切等级、同业公会、行帮和特权。因为这些组织，在马克思看来，不但是人民同自己的共同体相分离的表现，而且也阻碍资本主义的发展。政治革命消灭了市民社会的政治性质，把市民社会庞杂的关系变为简单的明了的关系，并且把市民社会分为简单的组成部分。这意味，其一，市民社会中存在的人是单个的个体；其二，个体在市民社会中的物质的和精神的要素直接构成个体的社会生活。国家和社会的法律制度将这些个体表现出来，因而政治革命使每个人都能平等地参与政治事务，由此国家与个人取得了直接的联系。最后，政治革命剥夺了封建君主的权力，把政治国家的为统治者利益服务的特殊的事务变为为人民大众服务的普遍事务，可以说组成的是现实的国家。这样一来，政治职能成了它的普遍职能，每个人都能平等地参与到国家事务之中。

由此看来，人通过政治解放而获得政治自由。因此，政治解放乃是人之解放的一个必要中介。换言之，国家作为人的解放之中介可以实现人的政治自由。正如马克思所言，"人通过国家这个中介得到解放，他在政治上从某种限制中解放出来，就是在与自身的矛盾中超越这种限制，就是以抽象的、有限的、局部的方式超越这种限制"①。这就是说，人在政治上得到解放，虽然不是用直接的而是用间接的方式，但这种间接的方式即通过国家是必不可少。可以说，人通过国家这个中介解放自己，也就是他只是以间接的方法承认自己。所以，政治解放虽实现人的政治自由，但不能实现人的真正的解放。

二 个人通过国家获得的政治解放并非真正的解放

虽然个人通过国家这一中介获得了政治解放，拥有了政治自由，但政治解放并不是人的真正的解放。有学者指出："市民社会与政治国家之间的分离是政治解放的限度。"② 也可以说，政治解放是市民社会的革命。马克思也阐明政治解放并不是人的解放的最后形式。那么为什么个人通过国家获得的政治解放并非是人的真正的解放呢？对于这个问题，马克思在《论犹太人问题》中已经为我们阐明，也正是在这个过程中，他进一步阐发了国家与个人的关系。

首先，政治解放使国家与市民社会分离，市民社会中的人和国家中的人呈现二重性，也就是说人是分裂的，因而人通过国家这一中介所获得的解放并非是真正的解放。马克思在说明政治解放的限度时指出："在政治国家真正形成的地方，人不仅在思想中，在意识中，而且在现实中，在生活中，都过着双重生活——天国的生活和尘世的生活。"③ 在马克思的论述中，天国的生活指的是在政治国家中的生活，个人参与国家事务

---

① 《马克思恩格斯文集》（第1卷），人民出版社2009年版，第28—29页。

② 王艳秀：《〈论犹太人问题〉的政治解放批判及其与"人的解放"之对勘》，《浙江学刊》2021年第3期。

③ 《马克思恩格斯文集》（第1卷），人民出版社2009年版，第30页。

之中。在这里，人是把自己看作社会存在物，过的是一种类的生活，因为他能够实现自身，尽管是以一种虚幻的方式实现自身。尘世的生活则指的是市民社会中的生活，在其中，人把其他人看作自己达到目的的工具和手段，同时也把自己看作工具。概言之，处在市民社会之中的人，他们处于相互对立的状态，并且他们还受自己生产出来的物的支配。由此可见，人在国家之中的政治生活和人在市民社会之中的生活呈现出不同的状态。政治解放一方面把人归结为市民社会的成员，归结为利己的独立的个体；另一方面把人归结为公民，归结为法人。那么公民与市民社会中的人，有什么区别呢？马克思认为，市民社会的成员，一般定义为本来意义上的人，这是"与 citoyen［公民］不同的 homme［人］，因为他是具有感性的、单个的、直接存在的人"[①]，如商人、短工、贫民等；而政治人即国家的公民［citoyen］只是抽象的、人为的，寓意的法人，因而在完成政治解放的国家中人是分裂的。他们不仅分裂，而且还存在矛盾，用马克思的话来说就是"市民社会的成员和他的政治狮皮之间的同样的矛盾"[②]。

其次，政治解放虽然从国家层面废除了宗教，但在市民社会中，宗教依然存在，并且宗教乃是人的二重化的表现，而这恰恰说明完成政治解放的国家并没有实现人的真正解放，国家与个人的矛盾仍然存在。一方面，政治解放是国家从一般宗教中解放出来，不再受宗教的束缚，也不再有教皇和神权人员干涉国家。废除了作为国家精神的宗教，摆脱了宗教的政治解放，实际上并不意味着完全摆脱了各种矛盾的人的解放。虽然国家摆脱了宗教的限制，但宗教依然存在于市民社会之中。简单说来就是，国家摆脱了宗教并不意味着人摆脱了宗教，国家也可以成为自由国家，但人并不一定就是自由的人。在市民社会中，利己主义领域的精神乃是一种新的宗教，它成了人同共同体、同他人分离的表现，这种宗教成为纯粹的个人事务。对于人们为何会信仰这一宗教，马克思指出："政治国家的成员信奉宗教，是由于个人生活和类生活之间、市民社会生

---

① 《马克思恩格斯文集》（第1卷），人民出版社2009年版，第46页。
② 《马克思恩格斯文集》（第1卷），人民出版社2009年版，第31页。

活和政治生活之间的二元性。"① 宗教是市民社会的精神，人们信奉宗教就是因为现实世界充满苦难，而通过宗教到达的彼岸世界却是美好的，因而人们就把彼岸世界当作自己的真实生活，从精神上逃离现实世界。而且处在国家之中的个人表面上享有主权，可以实现自己的意志，但实质上他不是现实的人。其实"任何一种特殊宗教的信徒同自己的公民身份的矛盾，只是政治国家和市民社会之间的普遍世俗矛盾的一部分"②。由此看来，国家从宗教中解放出来并不等于现实的人从宗教中解放出来。

最后，政治解放虽然使得市民社会与国家相分离，但国家依然以市民社会为前提，而在市民社会中人与人之间是对立的，因而从这个维度来看，即便人们处在完成了政治解放的国家之中，他们与国家之间仍然是存在矛盾的。在现实的市民社会中，人把自己连同别人都看作是现实的个人。而在国家中，人被看作是类存在物，能够实现自己的真正本质，而实际上，人只是虚构的成员，他被剥夺了自己的现实的个人生活，因而没有实现人的普遍性。人在国家中以有限的方式、特殊的方式作为类存在物和他人共同行动，即参与政治生活。即使在国家政治生活中，人们也并没有享有真正的平等。对此，可以在政治国家中人们平等参与政治来加以分析。国家取消财产选举与被选举权的财产资格限制，表面上看是消除了私有财产的限制，但实质上仍然是以私有财产为前提的。再者，市民社会中的人权、安全等都是抽象的，这些是属于资产阶级的权利，所以就没有真正的平等。也有学者也指出了这一点，"断言在 19 世纪和 20 世纪人们享有的公民权利是没有缺陷的，或者说它们在实践上就像在原则上宣称的那样是人人平等的，显然就荒谬了"③。

总的来说，人还是没有得到真正的解放，政治解放包含一个内在的悖论：政治解放越彻底，人的异化程度越深。马克思指出："任何解放都是使人的世界即各种关系回归于人自身。"④ 不过，通过分析我们看到现代国家只能完成抽象的公民解放，并不能克服市民社会中人的异化状态，

---

① 《马克思恩格斯文集》（第 1 卷），人民出版社 2009 年版，第 36 页。

② 《马克思恩格斯文集》（第 1 卷），人民出版社 2009 年版，第 37 页。

③ ［英］T. H. 马歇尔、安东尼·吉登斯等：《公民身份与社会阶级》，郭忠华、刘训练编，江苏人民出版社 2008 年版，第 27 页。

④ 《马克思恩格斯文集》（第 1 卷），人民出版社 2009 年版，第 46 页。

要解决市民社会的矛盾和人的异化状态就要批判市民社会并进行彻底的社会革命。

第二节　"国家—市民社会—个人"三重结构中的国家与个人关系

国家与市民社会在封建社会中是统一的，或者说市民社会就是国家，但资产阶级政治革命使国家与市民社会分离，使得人们在政治国家之内可以平等地参与政治事务。不过，本质上来说政治国家是由市民社会决定的，这意味着市民社会中个人的自私自利，相互把他人当作实现目的的手段和工具等问题，在已然完成政治解放的国家之中就仍然是存在的。因此，从"国家—市民社会—个人"三重结构这个维度来看，国家与个人之间仍然是存在矛盾的。

一　市民社会决定国家

黑格尔在其著作《法哲学原理》中明确提出国家决定市民社会的观点，而马克思则认为市民社会决定国家。黑格尔把家庭、市民社会和国家认为是绝对精神的外化，家庭、市民社会和国家是绝对精神发展的三个阶段，并把国家看作绝对精神发展的最高阶段。据此，国家是伦理精神的最高体现，而市民社会是家庭和国家之间的中间阶段，它具有一种"普遍的抽象性"。黑格尔认为，"市民社会是家庭和国家之间的差异［环节］，虽然它的形成要晚于国家。因为作为差别［环节］，它必须以国家为前提，为了能够存在，它必须要有国家把它作为独立的东西来面对"①。此处，可以清晰地看到黑格尔的观点，"市民社会的形成要晚于国家"，"市民社会必须以国家为前提"等已经表明在黑格尔这里是国家决定市民社会。事实上，黑格尔拥有这一观点乃是他整个逻辑体系的必然结果。黑格尔极其重视自我意识或者说精神的自我运动，客观世界甚至都被他看作精神的自我外化及其实现自身运动和发展的中介。黑格尔曾言"哲

---

① ［德］黑格尔：《法哲学原理》，邓安庆译，人民出版社 2016 年版，第 329 页。

学探究的是理念"①，这里的理念其实就是精神。理念不同于概念，但是它却离不开概念，在黑格尔看来，"定在与概念、肉体与灵魂的统一便是理念"②。这就是说黑格尔的理念是概念与定内在的统一。在对理念进行规定之后，黑格尔就进入了他的抽象的三段论逻辑。首先是抽象的无限制的普遍性环节；其次是具体的有限的特殊化环节；最后是前面二者的统一，即具体的普遍性。不论是黑格尔的精神、自我意识，还是理念，它们都是按照这个逻辑进行螺旋式上升运动和发展的。这里，我们仅以黑格尔在《法哲学原理》中就意志而作的三段论来加以说明。在黑格尔看来，意志首先包含了纯粹无规定性的环节，在这一环节中，因本性、需要、欲望及冲动而直接现存的或者因为其而存在的，或者被给予和被规定的东西都消失了，这是绝对的抽象性环节。其次，意志要具体化，我不单意欲，而且意欲某物，第一个环节仅仅是抽象性的意欲，但并不具体到意欲什么具体的东西。而第二个环节，意志就具体化了，要意欲某个实实在在的东西。黑格尔认为第二个环节乃是"有限性或特殊化的绝对环节"③。这两个环节之间并不是通过偶然性联系在一起的，事实上，第一个环节包含第二个环节，而第二个环节只是把第一个环节中本来就已存在的东西设定起来而已。所以，从第一个环节向第二个环节的过渡具有必然性。最后，"意志是这两个环节的统一；是在自身中反思并通过这种反思返回到普遍性的特殊性——即单一性"④。所以，真正的意志，在黑格尔看来既不是第一环节那绝对的抽象性，也不是第二环节那特殊化的绝对环节，而是第一环节和第二环节的统一，也就是说真正的意志必须在其特殊化中守住其抽象性本身。因此，意志的运动和发展就是通过以上三个环节进行的，三者缺一不可。如果你执着于追求第一环节的绝对的抽象性，那就会出现法国大革命时期那样的恐怖；如果你执着于追求第二环节的特殊化，那就会成为金钱、商品等的奴隶；只有统一前两者，你才能获得真正的自由。

---

① ［德］黑格尔：《法哲学原理》，邓安庆译，人民出版社 2016 年版，第 18 页。
② ［德］黑格尔：《法哲学原理》，邓安庆译，人民出版社 2016 年版，第 19 页。
③ ［德］黑格尔：《法哲学原理》，邓安庆译，人民出版社 2016 年版，第 41 页。
④ ［德］黑格尔：《法哲学原理》，邓安庆译，人民出版社 2016 年版，第 43 页。

与上述逻辑相同，黑格尔把国家视为伦理实体，视为现实的理念，视为精神，而这一精神要实现自身的运动和发展，也无法绕开前述三个环节。黑格尔指出，"现实的理念，即精神，把自身分成其概念的两个理想性领域，即家庭和市民社会"①。注意，这里提到的"现实的理念""精神"指的就是国家，因为黑格尔紧接着就说，"国家作为精神把自己分化在它的概念及其方式的特殊规定性中存在"②。因此，家庭和市民社会是由国家自身分化出来的。黑格尔在此还专门借用了一个自然界的例子来加以说明。神经系统是真正的感觉系统，是抽象环节，但是它的运作必须借助前两个环节：第一个环节是抽象的感触；第二个环节则是刺激性感触，感觉的向外运动。紧接着黑格尔类比道，"家庭可比之于感受性（Sensibilität），市民社会可比之于刺激反应性。至于第三者，即国家，现在是自为的神经系统，它自身是有组织的；但它只有在两个环节，即家庭和市民社会，都在它内部获得发展时，才是有生命力的"③。一方面，我们要看到国家具有生命力的条件是家庭和市民社会在国家自身内部获得发展；另一方面，我们要看到家庭和市民社会实际上是由国家精神分化出来的，是受制于国家的。当然这里其实存在"两个国家"，在分化为家庭和市民社会之前那个国家，还不是自在自为的，只是抽象性的；而在分化之后，在家庭和市民社会统一中实现自身的国家，已经是自在自为的国家，是具体普遍性的国家。重要的是，在黑格尔这里，市民社会仅仅作为国家精神自我运动和发展的中介而存在，市民社会仅仅是国家精神自我分化出来的，因此，黑格尔认为国家决定市民社会。

而马克思认为市民社会决定国家，在马克思看来，黑格尔因为囿于自己的思辨性逻辑理路，醉心于观念的主体性、观念的主体运动，而把问题的实质搞反了，不是国家决定市民社会，而是市民社会决定国家。马克思做了如下论证。

首先，马克思批判了黑格尔自身的逻辑问题，从理论上驳倒了黑格尔国家决定市民社会的观点。马克思在其《黑格尔法哲学批判》中对黑

---

① ［德］黑格尔：《法哲学原理》，邓安庆译，人民出版社 2016 年版，第 393 页。
② ［德］黑格尔：《法哲学原理》，邓安庆译，人民出版社 2016 年版，第 393 页。
③ ［德］黑格尔：《法哲学原理》，邓安庆译，人民出版社 2016 年版，第 394 页。

格尔进行了批判，针对黑格尔在《法哲学原理》第 262 节所述的"现实的理念，即精神，把自身分成其概念的两个理想性领域，即家庭和市民社会"①，他批判性地指出，黑格尔在此将"观念变成了主体"，家庭和市民社会对国家的现实的关系被黑格尔理解为是一种观念的内在想象活动。但是家庭和市民社会才是国家的前提，它们才是真正活动着的，然而在黑格尔思辨性的领域中，"这一切却是颠倒的"②。马克思抓住了黑格尔唯心主义、神秘主义的实质，在黑格尔那里，"观念反而成了主体；各种差别及各种差别的现实性被设定为观念的发展、观念的产物"③。但实际上，现实的差别中才产生了观念，这才是唯物主义的观点。马克思曾言，"不是意识决定生活，而是生活决定意识"④。显然，我们可以认为不是观念、理念、精神决定人们的生活，而是人们的生活决定观念、理念、精神。黑格尔的错误之处、唯心主义之处就在于，他把观念、理念、精神主体化了，以至于认为重要的是这些抽象性概念的自我运动和发展，而活生生的人、客观生活世界却成了它们运动和发展的中介。一句话，黑格尔不是从现实的、感性的、客观的世界出发来发展他的理念、概念、精神，而是从抽象的、思辨的观念、理念、精神来把握现实，因而在他的思辨哲学里，一切都是颠倒的。这样，当黑格尔说国家决定市民社会的时候，我们就需要作一个颠倒，其实真正的、现实的关系乃是市民社会决定国家。

其次，通过考察实际的生活现实，马克思进一步论证国家是由市民社会决定的。本质上来说，国家和市民社会都是人与人关系的产物，不过国家是由生活在市民社会中的利己的人、现实的人所决定的。马克思认为，"现代国家的自然基础是市民社会以及市民社会中的人，即仅仅通过私人利益和无意识的自然必然性这一纽带同别人发生联系的独立的人，即为挣钱而干活的奴隶"⑤。这里的阐述十分清楚，国家的自然基础乃是社会及市民社会中利己的人。马克思指出，在政治国家中，人实际上过

---

① ［德］黑格尔：《法哲学原理》，邓安庆译，人民出版社 2016 年版，第 393 页。

② 《马克思恩格斯全集》（第 3 卷），人民出版社 2002 年版，第 10 页。

③ 《马克思恩格斯全集》（第 3 卷），人民出版社 2002 年版，第 15 页。

④ 《马克思恩格斯文集》（第 1 卷），人民出版社 2009 年版，第 525 页。

⑤ 《马克思恩格斯文集》（第 1 卷），人民出版社 2009 年版，第 312—313 页。

着双重生活：一是在国家这个共同体中的生活，人在这种生活中把自己看作社会存在物；二是在市民社会中的生活，人作为私人进行活动，"把他人看做工具，把自己也降为工具"①。马克思在此，紧接着说，"政治国家与市民社会也处于同样的对立之中，它用以克服后者的方式也同宗教克服尘世局限性的方式相同，即它同样不得不重新承认市民社会，恢复市民社会，服从市民社会的统治"②。这里的类比，已经将市民社会决定国家的本质论述透彻，说到底，政治国家还得接受市民社会的统治。政治国家对于市民社会的关系，正像宗教对于世俗世界的关系。马克思对宗教的批判已经揭示出，沉浸于宗教的虚幻幸福中的人们，无法对现实的世界进行革命实践以获得尘世的幸福。同样，沉浸在政治国家这一共同体中的人们，过着想象中的类生活，同样无法对市民社会产生任何改变。一句话，政治生活所能让人实现的类生活，仅仅是想象的、虚幻的，要想获得真正的类生活，必须对市民社会进行改变。还有一点应当注意，宗教实际上是来源于世俗生活，也就是说宗教是受世俗生活决定的，当人们在世俗生活中获得了真正的幸福的时候，人们是不需要幻想宗教世界的幸福的。宗教之所以出现，是因为人们在世俗生活中并没有获得真正的幸福，还存在着现实的矛盾与不幸。同样，政治国家也是来源于市民社会，是受市民社会决定的，当人们在市民社会中获得真正幸福的时候，人们也就不用幻想在国家中的幸福生活。因此，马克思坚持认为"只有政治上的迷信还会妄想，市民生活必须由国家来维系，其实恰恰相反，国家是由市民生活来维系的"③。

最后，马克思发现历史的真正舞台在市民社会这里，而不是在政治国家那里。关于市民社会，马克思曾指出："受到迄今为止一切历史阶段的生产力制约同时又反过来制约生产力的交往形式，就是市民社会。"④这一论述是马克思恩格斯在《德意志意识形态》中对市民社会所作的定义。随着马克思恩格斯对市民社会认识的加深，他俩看到"市民社会是

---

① 《马克思恩格斯文集》（第1卷），人民出版社2009年版，第30页。
② 《马克思恩格斯文集》（第1卷），人民出版社2009年版，第30—31页。
③ 《马克思恩格斯文集》（第1卷），人民出版社2009年版，第322页。
④ 《马克思恩格斯文集》（第1卷），人民出版社2009年版，第540页。

全部历史的真正发源地和舞台"①，并批判以往那种轻视现实关系而局限于所谓重大政治历史事件的历史观是荒谬的。这个时候，马克思已经为唯物史观奠定了坚实基础，认为这种历史观是"从市民社会作为国家的活动描述市民社会，同时从市民社会出发阐明意识的所有各种不同的理论产物和形式，如宗教、哲学、道德等等，而且追溯它们产生的过程"②。由此可见，市民社会才是探究人类历史发展及相关理论产物的关键。

二 市民社会中利己的、现实实践的个人

人最初在哲学中被建构为孤立的、抽象的人，甚至是一种概念，即自我意识。这是思辨的唯心主义和自然主义的唯物主义的产物。黑格尔的哲学从抽象的实体出发，把人的肉体和感性存在排除于哲学之外。由此，他将人直接等同于自我意识，把肉体的人看作自我意识的外化。对此，马克思也做过论述，他指出，"人的本质，人，在黑格尔看来 = 自我意识"③。黑格尔把现实的活生生的人看作谓语，却把人的精神看作主体。这种主谓颠倒的认识，使黑格尔在解释历史发展时，不把人看作历史活动的主体，而是在思辨的深处为历史的活动找到抽象的表达。他认为，这种历史还不是作为既定的主体的人的现实历史，而只是人的产生的活动、人的形成的历史。黑格尔从这种思辨的唯心主义看人的本质，那么得到的人只是抽象的人，就因如此，黑格尔看不到社会的真正矛盾，也无法提供解决社会矛盾的方法。费尔巴哈批判了黑格尔的思辨唯心主义，确立了他的新哲学的前提并"消解了形而上学的绝对精神，使之变为以'自然为基础的现实的人'"④。他的这一转变把人从自我意识的包裹中解救出来，用自然主义的眼光审视人。在他看来，人是自然的、感性存在物，即有肉体存在的人。但这个人只能直观自然，而不能进行实践。如果说有实践，那仅仅是消费的实践或者像费尔巴哈所说的饮食的实践。不仅如此，费尔巴哈将宗教的变迁等同于历史的发展。他认为："人类的

---

① 《马克思恩格斯文集》（第1卷），人民出版社2009年版，第540页。
② 《马克思恩格斯文集》（第1卷），人民出版社2009年版，第544页。
③ 《马克思恩格斯文集》（第1卷），人民出版社2009年版，第207页。
④ 《马克思恩格斯文集》（第1卷），人民出版社2009年版，第342页。

各个时期的彼此不同，仅仅是由于宗教上的变迁。"① 这样他就把人排除在历史之外。此外，他还把宗教的本质归结为人的本质，在他看来，某一历史运动，在它能够深入人心的时候，才能达到自己的深处，心不是宗教的某种形式，因而说宗教应当在心中，心乃是宗教的本质。既然如此，人们的心就有了宗教所倡导的情感即那种虚无缥缈的爱。另外，费尔巴哈从区别于动物的无意识出发，把人的本质等同于理性、意志与爱。马克思批判了黑格尔和费尔巴哈把人看作抽象的、孤立的人。

　　马克思批判黑格尔和费尔巴哈从哲学层面上对人的理解，对人的本质也做了哲学上的定义。他指出，"人的本质不是单个人所固有的抽象物，在其现实性上，它是一切社会关系的总和"②，而不是费尔巴哈所认为的那种把人的本质"理解为'类'，理解为一种内在的、无声的、把许多个人自然地联系起来的普遍性"③。哲学是现实世界的一种反映，它属于上层建筑，它为现实世界服务。因此，为更好地理解人的本质，马克思恩格斯在《德意志意识形态》中用历史唯物主义的视角展开了对人的本质的考察。他们一致认为，"全部人类历史的第一个前提无疑是有生命的个人的存在"④，而个人为维持自身生存必须进行生活资料的生产。在生产自身的生活资料的同时也生产他人的生命。这就是说人不再是感性的自然存在物，而是进行现实实践活动的人。但是，作为人类历史开始的前提的"有生命的个人"其实并不是真正的个人。那么真正的个人如何形成的呢？其实"真正人的个人只能在'人类历史'的发展中逐渐形成"⑤，正是在这种生产实践活动以及随之而来的物质生产关系的变迁形成历史。一句话，人类的历史其实是生产关系变迁的历史。生产活动由最初只为生存而生产实践转变为为他人生存和发展的生产实践，而这一切都依赖于社会生产力的发展和分工的出现。人们不仅为自身需求生产

　　① ［德］路德维希·费尔巴哈：《费尔巴哈哲学著作选集（上）》，荣震华等译，商务印书馆 1984 年版，第 95 页。

　　② 《马克思恩格斯文集》（第 1 卷），人民出版社 2009 年版，第 501 页。

　　③ 《马克思恩格斯文集》（第 1 卷），人民出版社 2009 年版，第 501 页。

　　④ 《马克思恩格斯文集》（第 1 卷），人民出版社 2009 年版，第 519 页。

　　⑤ 高海清：《市场经济、个人主体与现代哲学》，《吉林大学社会科学学报》1994 年第 1 期。

商品，还为他人的需求而生产商品，所以，人与人的最基本的交往就是交换商品。之后随着交往的扩大，人们形成各种社会关系如经济关系、政治关系等，个人就是在市民社会的这种活动中建构起多种社会关系的。在封建国家的市民社会中，由于分工还完全没有发展起来，个人还是隶属于一定的等级之中，个人独立性不明显，但还是隐约地存在着。后来，资产阶级的政治革命对市民社会进行变革，打破了旧的封建等级制，使个人不再隶属于等级，而成为单个的、自由的人。工场手工业和机器大工业的发展使个人能够求得一份工作，也就是说"资本主义生产方式的发展，使个人的独立有了一定的经济基础"①，使个人成为自由的人。马克思也指出："到 18 世纪，在'市民社会'中，社会联系的各种形式，对个人来说，才表现为只是达到他私人目的的手段，才表现为外在的必然性。"② 可以说是生产的发展和资本主义社会中的市民社会的机制造就了独立的、自私自利的个人，在其中每个人只关注自己的私人利益。因而，资本主义时代，市民社会中的每个人都变成了独立的、单个的、追逐自我利益的人。这种情况不但没有消失，而且随着资本主义的发展逐渐加深。更甚的是，市民社会成为了追逐私利的个人之间残酷的角斗场。虽然在资产阶级国家的市民社会中，人们不再有政治等级上的差别，却有了财富的分化和财富等级的差别。总而言之，用马克思的话来说，"他们不是超凡入圣的利己主义者，而是利己主义的人"③。

三　国家与个人关系因市民社会的中介而异化

前面我们探讨了国家是由市民社会决定的，国家是在市民社会中产生的，同时指出市民社会中的人是利己的、现实实践的人。现在，我们可以进一步论证说，由于市民社会中的个人是利己的、孤立的个人，而市民社会又决定着国家，因而通过市民社会这一中介，我们可以发现，国家与个人之间的关系仍然处于一种矛盾状态之中。马克思指出："国家

---

① 陈培永：《对马克思关于人的本质问题论断的再理解》，《思想理论教育导刊》2012 年第 9 期。

② 《马克思恩格斯文集》（第 8 卷），人民出版社 2009 年版，第 6 页。

③ 《马克思恩格斯文集》（第 1 卷），人民出版社 2009 年版，第 322 页。

是从作为家庭的成员和市民社会的成员而存在的这种群体中产生的。"①那么就意味着，家庭和市民社会是国家的构成部分，国家公民是家庭的成员和市民社会的成员。也有学者指出："国家的秘密存在于市民社会之中，而市民社会是由实践活动生成的。"② 马克思认为，政治解放是市民社会的革命，但还不是人的真正的解放。那么市民社会是一个怎样的存在？生活在市民社会中的个人参与政治生活就意味着人的类生活的真正实现吗？

　　马克思曾指出，在前资本主义的中世纪时期，市民社会与政治国家是一体的。政治权力深入社会各个角落，可以说政治等级与市民等级合而为一。可以说，市民社会淹没于政治国家之中，政治权力成为私人的权力，是私人利益的一部分。"如果说政治国家与市民社会在前资本主义时代是以一体化的样态而存在，那么到了资本主义时代这种一体化样态则开始被打破。"③ 商品经济的发展和政治革命的完成使国家与市民社会分离。马克思认为，政治解放是市民社会从政治中获得解放，却使人成为利己的、独立的个人。完成政治解放的资产阶级国家是建立在私有财产基础上的，因而它不仅不能够解决作为其基础的市民社会内部私人利益之间的对立，而且必须以这种对立为自身存在的前提。资产阶级继承封建社会的生产力，而把旧的封建经济形式、社会关系乃至"作为旧日市民社会的正式表现的政治制度都被粉碎了"④。市民社会与政治国家的分离，使个人参与政治生活方面废除了财产的差别，让每个人平等地参与到政治事务之中。不过，这却使人们在市民社会和政治国家中过着双重的、异化的生活。一方面，在市民社会中人是自私自利的，是只顾追求个人利益的人；另一方面，在政治生活中，人过的是属于人的真正的类生活，尽管是虚幻的。那么，同一个人为什么出现了两种状态呢？这是由市民社会与政治国家的对立造成的。市民社会与政治国家的分离，

---

① 《马克思恩格斯全集》（第3卷），人民出版社2002年版，第12页。
② 商逾：《政治国家与市民社会之关系的哲学内涵——马克思关于〈费尔巴哈的提纲〉第1条新释》，《山东社会科学》2015年第4期。
③ 李佃来：《公共领域与生活世界——哈贝马斯市民社会理论研究》，人民出版社2006年版，第52页。
④ 《马克思恩格斯文集》（第1卷），人民出版社2009年版，第613页。

一方面使市民社会中的利益，尤其是追求经济利益成为私人权利的一部分；另一方面国家表面上代表普遍利益，但实际上却代表着私人的利益，只不过它没有像中世纪那样直接表现出来，而是披上了政治普遍性的外衣。事实上，资本主义国家恰恰就是建立在私有财产基础上的。因而个人虽然参与国家事务之中，但国家与个人还是有矛盾的。其实政治国家的秘密乃是市民社会自身的矛盾，这个矛盾表现为阶级的分离与对立，是一个无法通过中介加以调节的矛盾。在这种对立中，"人的至高无上的权利并不能在民主政治中变成现实"①，因为国家是由市民社会决定的，所以人并没有在国家中得到真正的发展。那么人对美好生活的期望只能寄托于宗教，通过宗教来表现，而这也是宗教继续存在于市民社会之中的原因。

在已完成了政治解放的国家之中，个人之所以还存在着异化，还被宗教束缚，其最根本的原因就在于市民社会决定国家。国家的根源在于市民社会，市民社会的根源要到政治经济学中，即生产力和生产关系之中去寻找，因为处在市民社会中的人都受金钱的影响，马克思认识到了这一点。他认为，任何一种所谓的人权都没有超出利己主义的人，也没有超出作为市民社会成员的人，因而可以看到把他们联结起来的唯一纽带是需要和私人利益，也就是对他们私有财产和人身的保护。以至于在国家中，政治生活都受其支配，甚至连公民拥有的政治权利也成为实现它的工具。不光是表面上参与政治生活的公民都要为利己的人服务，而且人与人之间的关系变成利益关系，利益作为纽带把他们联结起来。因此，联系人们之间的现实的纽带是现实的市民生活，而不是虚幻的政治生活。马克思也批判了现代国家即资产阶级所标榜的人权。这种人权同古代国家的奴隶制的性质是一样的。马克思直接指出："现代国家承认人权和古代国家承认奴隶制具有同样的意义。就是说，正如古代国家的自然基础是奴隶制一样，现代国家的自然基础是市民社会以及市民社会中的人。"② 市民社会中的人是由私人利益而与其他人发生联系的人，其实就成为自己的利己需要和别人利己需要的奴隶。我们知道，现代国家用

———————

① 蒋红：《马克思市民社会理论研究》，人民出版社 2007 年版，第 95 页。
② 《马克思恩格斯文集》（第 1 卷），人民出版社 2009 年版，第 312 页。

自由工业和自由贸易挣脱旧的把人们同普遍的整体割裂开来的封建特权束缚的、政治桎梏的市民社会，但它又通过人权宣言，承认自己的出身和自己的基础。他们不再是之前那个由于普遍纽带的假象而依赖于他人的人，而是那种将引起人反对人、个人反对个人的普遍斗争的人。在现代世界中个人好像生活在两种体制中，一方面，他们好像生活在"自由的共同体"中，因为他们不再束缚于等级之中，而且人身是自由的；但另一方面，他们好像又生活在奴隶制的国度中，因为他们又受异化的统治，而且这种人的本质生命受异化的运动在逐渐加深。可以看出"这样的运动实际上是个人的十足的屈从性和非人性"①。所以，综合来看，市民社会是一切社会生活和政治生活的基础，不但市民社会生活中的人受这一基础的影响，而且政治国家中的个人也受这一基础的影响。市民社会作为国家与个人之间的一个中介，它的性质直接影响了国家与个人的关系。由于市民社会的性质决定了市民社会中的人是逐利的、自私自利的人，而国家又是由市民社会所决定的，因此国家与个人之间就不是一种纯粹的关系，而是掺入金钱和利益，如此一来，国家与个人之间就仍然是有矛盾的。总之，马克思在"国家—市民社会—个人"这一三重结构中，进一步为我们分析指出，由于市民社会的中介，个人在国家之中是不可能获得彻底的自由的。

第三节　共同体历史演变中的国家与个人关系

共同体是马克思恩格斯为描述人类发展过程中展现个体与群体的关系而使用的一个术语。马克思恩格斯将人类社会的演进分为原始共同体、抽象共同体即虚幻共同体和自由人联合体，在这个过程中，他们把国家视为虚幻的共同体。从马克思恩格斯关于个人与共同体关系的阐发中可以看到：其一，在原始共同体中是没有国家存在的，个人依附于共同体而生存，个人与共同体是统一的；其二，在虚幻共同体即国家出现以后，个人表面上虽独立于国家，但实际上却受国家的统治，也就是说，个人在国家这一虚幻的共同体之中是无法获得彻底的自由的；其三，到了未

---

① 《马克思恩格斯文集》（第1卷），人民出版社2009年版，第316页。

来的发展阶段即自由人联合体，也就是共产主义阶段，随着国家的消亡，个人在真正的共同体之中，获得自由全面的发展。总之，马克思恩格斯从个人与共同体关系的历史演变维度，阐发了国家与个人的关系，再次表明了国家与个人之间是存在矛盾的，因而个人无法在国家之中获得彻底的自由。

一 个人与共同体关系的历史演变

在马克思恩格斯这里，共同体并非像滕尼斯所使用的那样是社会学的概念。可以说，他们是在个体与群体这一关系中来使用共同体这一概念的。虽然马克思认为，"人们的社会历史始终只是他们的个体发展的历史"①，但是人的社会本质决定了个人离不开共同体，人只有在共同体中才能实现发展。从某种程度上说，人类发展的历史也是个体与共同体关系发展的历史。马克思和恩格斯在查阅大量资料后，加以分析研究，并认为人与共同体有三种关系，这三种关系是与不同时期的社会状况联系起来的。马克思恩格斯在《德意志意识形态》、马克思在《政治经济学批判（1857—1858 年手稿）》中对人与共同体的关系进行了详细的阐述，主要分为三个时期：一是前资本主义时期；二是资本主义时期；三是未来的共产主义时期。

其实个人与共同体的关系与马克思所提出的人的三大发展阶段密切相关。可以说，人的三大发展阶段与不同时期的共同体相对应。在前资本主义时期，这一时期人的发展表现为，"人的依赖关系（起初完全是自然发生的），是最初的社会形式，在这种形式下，人的生产能力只是在狭小的范围内和孤立的地点上发展着"②。也就是说，这一时期，社会生产力不发达，人们之间相互依赖。在这种社会状态下形成的共同体是古代的共同体，而这种共同体是作为公社存在的。这个时期个人是依附于共同体的。对此，马克思按照历史发展把它分成三种不同的形式。第一种形式是亚细亚的所有制形式。在这种所有制内形成部落共同体即天然的共同体。在这里不存在个人所有，只有个人占有，因为公社是真正的所

---

① 《马克思恩格斯文集》（第 10 卷），人民出版社 2009 年版，第 43 页。
② 《马克思恩格斯文集》（第 8 卷），人民出版社 2009 年版，第 52 页。

有者。在这种形式的共同体内，个人没有财产，公社的财产就是个人的财产。每个人只有成为共同体的一员才能把自己看成占有者。此外，这种共同体之上有一个更高的所有者和唯一的所有者统治、管理共同体。这种管理形式在亚细亚民族地区起到非常重要的作用，比如亚洲地区建造大型的水利工程满足农业灌溉就需要这样的管理。所以，个人与共同体是统一的。第二种形式是古代的所有制形式。这一时期单个人拥有小块土地成为私有者，在这种形式的公社中出现了共同体财产和个人财产的双重形式。可以说，共同体是个人拥有土地财产的联合。虽然个人拥有财产，但并不代表个人可以脱离共同体，那是因为个人只有成为共同体的成员才拥有土地财产，即"劳动主体把劳动的自然前提看做属于他所有这种关系的前提"①。也就是说，这种共同体形式下，个人之所以拥有私有财产，只因为他是国家的成员。因此，从这个维度来看，个人与共同体也是统一的。第三种形式是日耳曼式的所有制形式。在这里，公社和个人都拥有财产。个人可以永久地占有土地并把其作为自己的财产，而公社的财产一部分表现为，有不同于单个人财产的公有地，例如猎场、牧场等，但公有地只是个人财产的补充，只有这样人们才齐心协力，竭力去保护他们共同的财产。总的来说，这样一种共同体形式乃是一种比较松散的共同体。虽然它是作为语言、血统等的共同体，是个人所有者存在的前提，但是这种公社只存在于其为人们共同的、一致的目的而举行的实际集会中。因此，这里的公社实际上是一种联合，而不是一种联合体，它"表现为以土地所者为独立主体的一种统一，而不是表现为统一体"②。虽然共同体发展到日耳曼所有制形式上逐渐松散，但还是属于比较原始的共同体，个人依然无法离开共同体，因而个人与共同体是统一的。

资本主义时代是与人发展的第二个阶段相对应的，也就是以物的依赖性为主的人的独立性发展阶段。这一阶段可以称之为资本主义的共同体。随之衍生出的"资本的共同体""货币共同体"，总而言之是虚幻的共同体。工业和商业的出现及后来的发展逐渐瓦解了封建的共同体，尤

---

① 《马克思恩格斯文集》（第 8 卷），人民出版社 2009 年版，第 127 页。
② 《马克思恩格斯文集》（第 8 卷），人民出版社 2009 年版，第 131—132 页。

其是商品和货币就会进入直接由生产而结合成的共同体的内部之中，把传统共同体之间联系的纽带——斩断并把它分解为一群群的私人生产者。但它们在瓦解封建共同体的同时又重新建立起新的共同体。这种共同体建立在高度发达的生产力、社会分工、交换以及随之而来的大工业基础上。这时的个人与共同体是分离的，因为"活动和产品的普遍交换已成为每一单个人的生存条件"①，个人开始独立。人与人之间的联系只有靠交换，但这种普遍交换和他们的相互联系，却是一种独立于他们的物。所以，个人虽独立，但受物的控制。人们受货币和资本的控制，由货币和资本决定生产多少、怎样生产，所以资本主义时期的共同体在经济领域内又被称为"货币共同体""资本共同体"。一方面，个人崇拜财富，受物的支配。在原始共同体时期，人们认为财富是不利于共同体发展的，所以他们对财富没有强烈的追逐心，而到了资本主义共同体时期，现代资本主义社会的人，却把财富当作生活的唯一目标而为之奋斗，整个社会笼罩在商品拜物教、货币拜物教和资本拜物教之中。生产的目的就是实现交换价值即实现财富。对工人来说，生产劳动是为了维持自身的生命，不生产他就无法生存；对于资本家来说生产就是为了实现资本积累，如果不生产，不更新技术，他就面临被市场淘汰的悲剧。因此，在资本主义共同体阶段，不管是工人还是资本家，都逃离不了物的控制。另一方面，人与人之间是对立的。在交换中似乎每个人是为了他人，而他人又似乎都把别人看作自己的人。然而，实际上，每个人都是为了自己并努力地为自己争取好处，那么这样的人又正好同其他人相对立。人与人之间的关系被物与物之间的关系代替，人受抽象的统治。个人之间"存在的关系并不是他们相互的人身关系，而只是他们在市场上彼此发生的他们价值的客体形式即作为抽象量的关系"②。这就如马克思恩格斯所言，在文明创造的生产工具情况下，"人受劳动产品的支配"③。每个人生活在由货币和资本构建的虚幻的共同体之中，看似独立实际上却受物的支配。

① 《马克思恩格斯全集》（第 30 卷），人民出版社 1995 年版，第 107 页。
② ［美］卡罗尔·C. 古尔德：《马克思的社会本体论：马克思社会实在理论中的个性和共同体》，王虎学译，北京师范大学出版社 2018 年版，第 28—29 页。
③ 《马克思恩格斯文集》（第 1 卷），人民出版社 2009 年版，第 555 页。

经济上的这种共同体决定了政治上的共同体，即"虚幻的共同体"。统治阶级把自己的利益伪装成"普遍的利益"，并且在这种"普遍利益"的掩盖之下，来实现自己的特殊利益。在这种虚幻共同体内人被二重化。所以，在资本主义时代，个人表面上是独立于共同体的，但实际上受它的统治。

个人与共同体关系的第三种形式是自由人的联合体即共产主义社会。这与人的发展的第三阶段相对应，即"建立在个人全面发展和他们共同的、社会的生产能力成为从属于他们的社会财富这一基础上的自由个性"①。在这里，个人与共同体是辩证统一的。在自由人联合体即共产主义社会内，人们不再受抽象的物的统治，也不再有物统治人的现象，也没有偶然性的东西压制人的个性现象，同时他们也不再必须通过隶属于一个阶级来参与社会活动，相反各个人都是作为个人，真正代表自身来参与活动。这种自由人联合体是各个人的联合，把个人自由发展和运动的条件即自己的生存条件和社会全体成员的生存条件置于他们的控制之下。在真正的共同体的条件下，"各个人在自己的联合中并通过这种联合获得自己的自由"②。他们是现实实践的人，他们可以随心所欲地，在自己能力范围之内，从事自己喜欢的职业，这样的个人不再是片面发展，个人的个性得到极大的张扬。总之，在马克思恩格斯看来，只有在真正的共同体之中，即自由人联合体或者说共产主义社会中，人才能摆脱各种束缚，获得彻底的自由。

二　国家作为虚幻共同体与个人的关系

在个人与共同体关系的历史演进中，马克思恩格斯着重探讨了虚幻的共同体。虚幻的共同体既不同于原始的共同体，也不同于马克思恩格斯所推论的在未来社会中将会实现的自由人的联合体，因为虚幻的共同体是作为国家出现的，或者说国家就是虚幻的共同体。马克思恩格斯认为，这种虚幻的共同体对大多数人来说是"新的桎梏"。问题的关键就是，马克思恩格斯为什么要下这样的一个定义？作为虚幻共同体的国家

---

① 《马克思恩格斯文集》（第8卷），人民出版社2009年版，第52页。
② 《马克思恩格斯文集》（第1卷），人民出版社2009年版，第571页。

与个人关系如何？要回答这个问题，我们且先来看看马克思恩格斯是如何认定国家乃是虚幻的共同体的。

前面我们已经论述过，生产力和分工的发展以及交换的普遍化使原始的传统共同体瓦解，这是社会发展的进步。但分工和生产力的发展使社会出现了不可调和的矛盾。分工最初是在部落内部，家庭男女之间的分工，例如男子外出打猎、女子在家缝补衣服等活动，这是性别方面的分工。后来随着社会的发展，分工就表现为精神劳动和物质劳动的分工，这是真正的分工。从事物质劳动和精神劳动的人出现矛盾，分工在这里有决定性的意义。一方面，分工的发展使得人们只有交换才能实现自己的生活，就这一点来说人们有了共同的利益，"这种共同利益不是仅仅作为一种'普遍的东西'存在于观念之中"[1]，还存在于有了分工之后人们便有了相互依存关系的这一现实之中；但另一方面，分工还导致了私有制的出现。分工使特殊利益和共同利益之间发生分化。在其中，每个人追求的是能给他们带来共同繁荣的利益不同的自己的特殊的、个别的利益。这样一来，这种共同的利益反倒是不依赖于自己的，即仍旧是一种带有虚假外衣的"普遍"利益。

随着分工的发展，出现了特殊利益和共同利益之间的矛盾，因而有必要建立一个社会机构来调节这种矛盾。就如马克思恩格斯所言："正是由于特殊利益和共同利益之间的这种矛盾，共同利益才采取国家这种与实际的单个利益和全体利益相脱离的独立形式，同时采取虚幻的共同体的形式。"[2] 马克思恩格斯在这里说国家是虚幻的共同体，是因为国家是各个人为共同的利益联合而成的，但总是相对于各个人而独立的，因为这种共同体是一个阶级为反对另一个阶级而联合起来的。因此，国家虽表面上代表的是共同利益或普遍利益，但其实代表的是某一个阶级的特殊的利益。国家这一虚幻的共同体在资本主义国家表现得更明显。资产阶级国家这一虚幻的共同体是一种抽象原则的体现。在政治生活上，资产阶级宣扬人的自由与平等，倡导人权，但这种人权不是社会上所有人享有而是一部分人享有的。不仅如此，这种政治权利在同其他人一起行

---

① 《马克思恩格斯文集》（第1卷），人民出版社2009年版，第536页。
② 《马克思恩格斯文集》（第1卷），人民出版社2009年版，第536页。

使时才能有效，"这种权利的内容就是参加共同体，确切地说，就是参加政治共同体，参加国家"①。但正因为如此，人被二重化了，当人们参加政治生活时，人是虚幻的类存在物，人与人和谐相处；相反，当人们转而进入市民社会时，人们过着尔虞我诈的现实生活。所以，个人同资本主义国家这一虚幻的共同体即"同社会的各个人迄今借以表现为一个整体的那种形式即同国家处于直接的对立中"②。在社会生活中，个人隶属于一定的阶级，个人是作为一般化的个人的时候是隶属于这种共同体，而且因为他们还在本阶级的生存条件之下才隶属于这种共同体，或者说他们只是作为阶级的成员才处于这种共同关系之中。所以，隶属于某一阶级的人组成的共同体，是带有虚幻性的。这是因为：一方面，处于这种共同体中的个人是不自由的，因为他的行动要受阶级的制约；另一方面，这种共同体并不代表普遍的利益，而是带有特殊性的普遍的利益。在经济生活方面，各个人是独立的，个人不受虚幻的共同体的支配，可以自由地交换和生产。因此，表面看来，似乎处在资产阶级统治之下的各个人设想自己好像比先前更加自由些，然而，本质上看他们更不自由，因为他们更加屈从于物的力量即受资本和货币的支配。也就是说，在资本主义共同体这一虚幻的共同中，人们是由物所控制的。资本主义国家标榜人是自由的，可以自由竞争，但"在自由竞争中自由的并不是个人，而是资本"③。可以说，在资本主义国家中，唯一存在的自由就是工人自由地出卖自己的劳动力的自由。显然，这种自由并非人的彻底的自由，而是工人的一种无奈的自由。

总的来说，国家这一虚幻共同体对人的发展有很大的限制，虽然虚假的共同体是由许多人联合起来的，似乎它是人们利益结合的密不可分的共同体，但实质上这个共同体却与各个人是分离的，独立开来的。虚幻的共同体无法实现人的自由发展，因为在虚幻的共同体中，个人仍然是阶级的个人，同时是偶然性的个人，他们看似自由，实则不自由，受到物的支配。处在阶级之中的个人，他们的生存条件具有不确定性和偶

---

① 《马克思恩格斯文集》（第1卷），人民出版社2009年版，第39页。
② 《马克思恩格斯文集》（第1卷），人民出版社2009年版，第573页。
③ 《马克思恩格斯文集》（第8卷），人民出版社2009年版，第179页。

然性，可能今天能够获得劳动的机会，转而明天就可能失去工作。可以说，他们中的绝大部分人是无产者，国家只在为所属的这个阶级服务，而没有为每个人的发展提供广阔的舞台和空间。因此，作为虚幻共同体的国家与个人是矛盾的。"人的本质是人的真正的共同体"①，虚幻的共同体自然无法实现人的本质和人的真正的发展，所以马克思恩格斯主张打破资本主义国家的枷锁，也就是打破资本主义虚幻的共同体，从而建立属于人的真正的共同体。在这种真正的共同体中，物是可以被联合起来的个人加以控制的，并且也没有任何组织或阶级能够控制个人。

总之，从共同体历史演变的维度，马克思恩格斯为我们揭示了国家乃是一种虚幻的共同体，在这种虚幻的共同体之中，个人是无法真正获得自由的。因此，从国家作为虚幻的共同体这个角度来看，国家与个人的关系仍然是具有矛盾性的，因为作为虚幻的共同体的国家仍然是束缚人的。

第四节　国家的阶级属性是国家与个人张力关系的本质

从国家起源看，国家是为调和社会阶级对立的矛盾而出现的，因而它代表力量最强大的阶级即统治阶级并成为阶级统治的工具。国家的阶级属性使国家不再代表每个人的利益，而只代表某一阶级的特殊利益。正是国家的阶级属性本质决定了国家与个人势必会处于一种张力关系之中。

一　国家的本质是阶级统治的工具

马克思恩格斯运用历史唯物主义理论对社会历史发展作出科学的认知，马克思主义国家理论就是他们运用历史唯物主义进行科学研究的成果。不同于古希腊时期的亚里士多德把国家看作一种社会的联合体，更不同于卢梭、霍布斯等启蒙思想家主张的国家是契约的产物和公意的体现，马克思恩格斯一致认为，国家是从阶级对立冲突中产生的，它是阶

---

① 《马克思恩格斯全集》（第3卷），人民出版社2002年版，第394页。

级统治的工具。对国家起源的这一认识在各流派的国家学说中一直占据主流地位。要深刻把握马克思恩格斯对国家本质的这一认识，需要从分工、私有制、阶级产生、氏族社会解体直到国家产生谈起，因为只有在这一历史进程中才能深刻理解国家的本质。

恩格斯在《家庭、私有制和国家的起源》中运用摩尔根的《古代社会》中的相关材料，把家庭的发展过程、私有制的出现和阶级的产生以及国家如何在解体的氏族社会中产生这一历史发展过程为我们清晰地展现出来，可以说是描画了一部人类历史发展的全景图。在这一作品中，我们看到推动人类历史发展的终极因素是生产力。摩尔根将人类历史分为蒙昧时期、野蛮时期和文明时期，而推进这三个时期向前发展的决定因素就是生产力。生产力一方面使人类社会加速发展，把人们带入新的文明社会；另一方面使个人逐渐摆脱自然力的控制，当然，同时也给人们带来新的奴役。最初人类为了抵御自然风险，群居并过着以血缘为纽带的部落生活，在那里"由血亲组成一个氏族并推举一个氏族酋长，而有近亲关系的若干氏族则组成一个部落，部落由一个酋长会议领导"①。这说明，人类早期过着一种集体的原始民主生活。酋长是从本氏族成员中选出的，氏族内的成员可以任意罢免酋长。此外，氏族之间大多数情况下是互帮互助的，部落内部成员也和谐相处，共同生产生活。随着社会生产力的发展，氏族乃至部落内部的和谐友爱的生活逐渐被打破。这可以从人类社会经历的三次大的社会分工中看出。这三次大的社会分工使所有制发生变化、阶级出现，社会逐渐成为阶级对立的社会。人类第一次大的社会分工是"游牧部落从其余的野蛮人群中分离出来"②，游牧部落的生活资料比其余的野蛮人多且种类多样，如牲畜皮毛、乳制品等，这就使经常的交换成为可能。后来当畜群逐渐变为一种特殊财产时，一切的交换都以牲畜作为中介，牲畜便获得货币的职能。这时的个体家庭已经成为一种力量并且与氏族以隐蔽的状态开始对抗。第一次大的社会分工使社会分裂为两个阶级，主人和奴隶，剥削者和被剥削者。随着第

---

① [美] 路易斯·亨利·摩尔根：《古代社会》，杨东莼、马雍等译，中央编译出版社2007年版，第24页。

② 《马克思恩格斯文集》（第4卷），人民出版社2009年版，第179页。

一次分工带来的生产力发展，人们进入铁器时代，也就是野蛮时代的高级阶段。铁的使用使生产力大大提高，手工业发展起来，生产日益多样化、生产技术日益改进，个人财富不断增加，与此相应的便出现了社会的第二次大分工即农业和手工业的分工。手工业的发展提高了人的劳动价值，社会生产分为农业和手工业这两大主要部门，人们从直接为自身的消费而生产变成为交换而生产。如此一来，贸易不断发展，这时社会内部不仅有了自由民和奴隶，还有了富人和穷人。可以说，新的分工带来新的阶级划分。个体家庭不断冲破氏族的牢笼开始成为社会的经济单位了。第三次大的社会分工是商业从农业和手工业中分离出来，"它创造了一个不再从事生产而只从事产品交换的阶级——商人"①。商人虽不直接参与到生产之中，但是他却决定生产什么，可以说他夺去了生产的领导权。随着商人阶级的兴起又出现了新的交换手段，即金属货币，它成为那些不参与生产的人统治生产者及其生产的新手段。这时候货币财富取得了统治地位。现在氏族不再拥有土地的最高所有权，土地完全永久地属于个人了，同时这也意味着"他也就挣断了迄今把他同土地密不可分地连在一起的纽带"②。人们将失去土地所有权，土地成为一种抵押的商品了，个人可以自由地买卖土地。贸易的发展使财富迅速地集中和积聚到一个人数很少的阶级手中，与之伴随着的是社会中贫民的人数日益增长。我们看到三次大的社会分工给社会的生产和发展带来的深刻变化，生产力的发展使所有制发生变化，所有制关系导致了阶级的出现。私有制是阶级出现的根源。在这里我们看到，私有制和阶级是如何把氏族制度慢慢地摧毁。氏族制度是在没有阶级和阶级对立的社会中发展起来的，但现在社会被划分为好几个阶级且阶级之间冲突不断。这时的社会已经不能调和这种对立和冲突了，这就需要有个站立在这些阶级对立之上的第三方力量来统治，这个第三方力量就是国家。

通过以上分析可以看到，国家的起源是与阶级的对立密切联系在一起的。但国家不是单纯的仅仅是调节社会矛盾的第三方力量。恩格斯考察了国家在氏族制度的废墟上兴起的三种类型。第一种类型是国家直接

① 《马克思恩格斯文集》（第4卷），人民出版社2009年版，第185页。
② 《马克思恩格斯文集》（第4卷），人民出版社2009年版，第186页。

从氏族社会本身内部发展起来的阶级对立中产生，如雅典国家；第二种类型是氏族制度变成封闭的贵族制，而贫民起来推翻贵族建立起相应的国家，如罗马国家；第三种类型是国家从直接征服广大外国领土中产生，如德意志人的国家。从国家产生的这三种形式可以看出，国家不是从外部强加于社会的一种力量，也不是黑格尔所说的伦理观念的现实。国家是社会发展到一个阶段的产物。国家的出现是因为这个社会陷入了自己无法解决和调节的自我矛盾之中，并且分裂为不可调和的对立面而又无力摆脱这些对立面，而为了让这些利益互相冲突的阶级，不要在这种对社会发展没有好处的斗争中把自己和社会摧毁，就需要有一种强有力的力量凌驾于社会之上，"这种力量应当缓和冲突，把冲突保持在'秩序'的范围以内；这种从社会中产生但又自居于社会之上并且日益同社会相异化的力量，就是国家"①。也就是说，国家虽然产生于阶级冲突之中，但它的重要职责好像是缓和乃至抑制阶级对立。正因为它是从抑制阶级对立的需要中产生的，所以它是最强大的在经济上占统治地位阶级的国家。这个经济上占统治地位的国家，又借助国家在政治上也占统治地位，以此获得了新的手段来镇压人民。可以说，在历史上的大多数国家中，财产的多寡决定了公民享有权利的广度，那么这就直接告诉人们，国家是有产者的守护神，它是用来防御无产者的，国家是阶级统治的工具。列宁从国家的起源中也得出国家是阶级统治的工具这一结论，他指出："国家正是这种从人类社会中分化出来的管理机构。当专门从事管理并因此而需要一个强迫他人意志服从暴力的特殊强制机构（监狱、特殊队伍即军队，等等）的特殊集团出现时，国家也就出现了。"② 雷蒙·阿隆也指出："国家仅仅是一个阶级赖以维持统治和剥削的机构，仅此而已。"③亨利·列菲弗尔也持同样的观点，他认为国家"是某一统治阶级的所有成员维护他们的共同利益并迫使其它阶级的人同意他们享有这种利益和

---

① 《马克思恩格斯文集》（第4卷），人民出版社2009年版，第189页。
② 《列宁选集》（第4卷），人民出版社2012年版，第28页。
③ ［法］雷蒙·阿隆：《阶级斗争——工业社会新讲》，周以光译，译林出版社2003年版，第101页。

特权的一种形式"①。维护统治阶级的利益而迫使其他阶级服从他们的统治，这是国家最典型的特征。虽然国家是文明社会的概括，但它在一切典型的时期都是统治阶级的国家。所以，国家的本质是阶级统治的工具。

二 阶级统治属性的国家必然导致国家与个人的张力关系

邓正来在研究市民社会与国家权力形态时着重研究了霍布斯所希望建立的安全国家这一类型的国家。他指出，人们为了避免战争而创建的国家是多数的个人由于恐惧的威慑而"同意"受其他少数人的统治的所谓的安全国家，而这个安全国家被霍布斯认为是合法的。虽然在霍布斯那里，这样的国家一经确立就是绝对的，但在邓正来看来，"个人将其大量的权利和自我管理的权能永久性地让渡给一个垄断了暴力、税收、公共意见型构、决策和管理等各种手段的实体。和平的代价是高昂的：臣民个人将他们自己置身于一个国家权力的网络之中，再也无法逃脱"②。从这一论述中可以看到，这种所谓的安全国家实际上限制了个人自由。无独有偶，马克斯·韦伯也看出国家内部的一种统治关系。他认为："国家，完全就像历史上在它之前所构建的那些政治共同体一样，是一种合法的（或者说被视为合法的）暴力手段所支撑的人支配人的统治关系。"③ 虽然他俩都看到了国家的局限性，但还是没有把握国家的阶级属性乃至其本质。

马克思恩格斯在理解国家的本质时摒弃了费尔巴哈所说的类的那种人，而把人看作现实的、有差异的个人，这种差异来自人分属于不同的阶级，而这一认识就为"理解国家的本质提供了基础"④。按照列宁的说法，阶级就是这样一些大的集团，这些集团在一定的社会生产体系中所处的地位不同，它取得归自己支配的那份社会财富的方式和多寡也不同，

---

① ［法］亨利·列菲弗尔：《论国家——从黑格尔到斯大林和毛泽东》，李青宜等译，重庆出版社 1988 年版，第 126 页。

② 邓正来、［英］J. C. 亚历山大编：《国家与市民社会——一种社会理论的研究路径》，中央编译出版社 2005 年版，第 102 页。

③ ［德］马克斯·韦伯：《学术与政治》，李菲译，四川人民出版社 2020 年版，第 60 页。

④ 刘海江：《马克思实践共同体思想研究》，中国社会科学出版社 2016 年版，第 44 页。

在这种情况下"其中一个集团能够占有另一个集团的劳动"①。简单地说，阶级是经济概念，它"以贫富而分"②。阶级可以说是一种特定社会经济结构中的人群共同体，表面上人在阶级之中能够得到发展，但其实人在阶级中却是矛盾的个体。一方面，阶级内部人们是和谐相处的。个人组成阶级就是为了与另一个阶级抗衡，保护自己的财产。但另一方面，面对阶级内部的竞争时，他们又是相互敌对的。不过，无论怎样个人是隶属于阶级的，个人的发展是由阶级决定的，个人隶属于一定的阶级，个人在阶级内部受竞争的影响，而在阶级外部又要与其他阶级相对抗，因而个人并没有得到自由的发展。此外，"国家这架机器需要由数量可观的人员组建起来"③，而这个管理国家机器的人员却是统治阶级中的人，可以说国家成为统治阶级的代表，具有阶级统治属性的国家表现为一个阶级统治着其他一切阶级。所以个人在国家中或者在阶级内部都受到制约，而国家的这一性质就必然使国家与个人存在张力关系。

纵看国家发展的历程，每个历史阶段中国家与个人存在的矛盾关系其实背后都是由阶级斗争主导的。从根本上说，国家历史演进的本质是生产方式的革命，形式表现为统治阶级的更替。国家随着生产方式的改进而改变其类型，但本质上国家还是阶级统治的工具。马克思指出："大体说来，亚细亚的、古希腊罗马的、封建的和现代资产阶级的生产方式可以看做是经济的社会形态演进的几个时代。"④ 其实这三种经济形态就代表国家的三种类型。第一种是奴隶制国家。生产力达到使人们在维持自己生存之后余下的产品即剩余产品出现后，紧接着财产不平等现象出现了，生产资料的私有制也产生了。奴隶制是自然经济的产物。在奴隶制国家内，奴隶主占有全部生产资料和奴隶，奴隶主不仅剥夺奴隶的剩余劳动，而且把奴隶当作牲畜，自由地买卖或者处死。所以，在奴隶制国家内部时常有奴隶反抗奴隶主的起义。第二种是封建制的国家。封建制的国家是地主阶级即贵族统治的国家。封建制国家中自然经济占据主

---

① 《列宁全集》（第37卷），人民出版社2017年版，第13页。
② 吕思勉：《中国通史》，群言出版社2016年版，第63页。
③ ［德］马克斯·韦伯：《学术与政治》，李菲译，四川人民出版社2020年版，第111页。
④ 《马克思恩格斯文集》（第2卷），人民出版社2009年版，第592页。

导地位。封建贵族占有绝大部分土地，生产资料主要由贵族所有。虽然农民和农奴可以用自己的农具在归自己支配的小块土地上耕作，"独立地经营他的农业和与农业结合在一起的农村家庭工业"①，拥有自己的小私有经济，但是小私有经济并不具有完全的独立性。农民和农奴为了从贵族那里取得土地，不但要交纳地租，而且要接受某种超经济强制，亦即丧失自己的人身自由而依附于贵族。此外，封建国家还有严格的等级制，所以封建制的国家与个人也是存在矛盾的。第三种是现代资本主义国家。资本主义国家内占主导地位的是商品经济。这是资产阶级统治的国家，资本具有独断的权力，其实这种国家"不外是资产者为了在国内外相互保障各自的财产和利益所必然要采取的一种组织形式"②。虽然资产阶级国家中没有封建依附关系，在社会主义社会未到来之前，资产阶级的统治下各个人的生产生活条件不是固定不变的而是随时发生变化，也就是说具有偶然性。因而相比于其他阶级好像资产阶级的统治能使人更加自由，但这只是表面现象，各个人在商品大生产的时代，更容易受到资本、货币、商品等物的支配，所以他们更加不自由。虽然有人身自由的工人在劳动力市场上能够自由地找工作，但进入生产过程后，资本便开始无限制地榨取工人的剩余劳动，本质上而言这就是资本对劳动的统治。恩格斯直接指出："现代国家，不管它的形式如何，本质上都是资本主义的机器，资本家的国家，理想的总资本家。"③因而资本主义的国家与个人还是存在矛盾。从这三种形式的国家中可以看出，所有制形式虽然发生了变化，但统治阶级依然存在。国家的阶级属性依然没有改变。恩格斯指出："奴隶制是古希腊罗马时代世界所固有的第一个剥削形式；继之而来的是中世纪的农奴制和近代的雇佣劳动制。这就是文明时代的三大时期所特有的三大奴役形式。"④这种奴役都是以国家统治的形式出现的，可以说"国家是一种机器，是根据主要的生产和交换资料方面变得宽松的阶级需要而改组历史的结果，而国家又能使这个阶级由经济上的优势

---

① 《马克思恩格斯文集》（第7卷），人民出版社2009年版，第893页。
② 《马克思恩格斯文集》（第1卷），人民出版社2009年版，第584页。
③ 《马克思恩格斯文集》（第9卷），人民出版社2009年版，第295页。
④ 《马克思恩格斯文集》（第4卷），人民出版社2009年版，第195页。

变成为政治上拥有领导权，甚至可以实行专政"①。由此看来，国家的本质就是阶级统治的工具，并且正是这一属性决定了国家与个人之间必然存在张力关系。

综上所述，我们从四个方面即人的全面解放的维度、"国家—市民社会—个人"三重结构、共同体历史演变和国家的阶级属性对马克思恩格斯关于国家与个人关系的论述作了深入考察和分析，并且发现无论从哪一个维度来看，国家与个人的矛盾关系都是不可避免的，也就是说个人始终无法在国家存在的前提下获得彻底的自由。需要指出的是，马克思恩格斯不仅从多个维度为我们阐明了国家与个人之间所存在的矛盾关系，而且为我们在朝向实现个人的彻底解放的进程中，提供了解决国家与个人矛盾关系的方案，而这一点是我们接下来将要讨论的问题。

---

① ［法］亨利·列菲弗尔：《论国家——从黑格尔到斯大林和毛泽东》，李青宜等译，重庆出版社 1988 年版，第 125 页。

第 六 章

马克思恩格斯对解决国家与个人矛盾的路径探索

马克思恩格斯有关国家与个人关系的探讨是建立在科学的世界观和方法论基础之上的。正因如此，我们才能看到以往思想家在解决国家与个人关系问题上所具有的弊端。马克思恩格斯解决国家与个人矛盾的方案是在朝向人的彻底解放维度中展开的。马克思恩格斯认为，"'解放'是一种历史活动，不是思想活动。"① 因而在把握住实现共产主义具有历史必然性的同时，也要看到个人是能够发挥历史主动性的。从整体上看，国家与个人存在矛盾的根源在于其背后的物化逻辑，所以人要实现真正的解放，即从国家压迫中解放出来，需要有一个根本性的转变，就是通过一种新的制度的创制即实现共产主义，建立自由人的联合体来达到的。因为在马克思恩格斯看来，个人只有在共产主义社会中才能获得自由全面发展的条件。马克思恩格斯所提出的解决国家与个人矛盾关系的方案，既符合历史发展之必然性，又尊重社会发展的阶段性。马克思恩格斯所提出的解决国家与个人矛盾关系的方案中，既包括相关的理论，又包括革命的主体和革命的方法。在马克思恩格斯看来，要解决国家与个人的矛盾关系，首先要求无产阶级打碎旧的国家机器，建立无产阶级专政国家。这是因为无产阶级专政是代表绝大多数人的利益的，因而在无产阶级专政国家中，国家与个人的矛盾关系将得到极大缓解，并且无产阶级专政国家将在无产阶级的领导下大力发展生产力，为共产主义的实现打

---

① 《马克思恩格斯文集》（第 1 卷），人民出版社 2009 年版，第 527 页。

下坚实基础。此后，随着社会各方面的发展，尤其是生产力的发展，物质财富极大丰富，国家消亡，共产主义得以实现。这样一来，国家与个人的矛盾关系就得到彻底的解决，人们因此而获得彻底的自由。

第一节 解决国家与个人矛盾的理论基石和实践方式

马克思恩格斯揭示了国家与个人之间矛盾关系的根源乃是国家的阶级属性，并且他们认为要解决这个矛盾需要结合社会历史发展规律，同时要发挥无产阶级的历史主动性，让他们联合起来通过社会革命打碎旧的资产阶级国家机器。毫无疑问，这一过程是漫长而艰辛的，并且需要有科学的理论来加以指导。马克思恩格斯运用唯物史观揭示了社会发展的客观规律，指出人类社会随着生产力和生产关系的矛盾发展而螺旋式地向更高级的社会发展。因而随着人类社会的不断发展，国家也必然会走向消亡。此外，还需要发挥无产阶级的历史主动性，发挥无产阶级先锋队组织即无产阶级政党的作用，科学地指导革命运动，为建立无产阶级专政国家做好准备。总之，马克思恩格斯国家与个人关系思想为着力解决国家与个人之间的矛盾关系奠定了理论基础，提供了具体的实践方式。

一 运用唯物史观揭示社会发展规律

恩格斯在《在马克思墓前的讲话》中高度赞扬了马克思，他说："正像达尔文发现有机界的发展规律一样，马克思发现了人类历史的发展规律……人们首先必须吃、喝、住、穿，然后才能从事政治、科学、艺术、宗教等等；所以，直接的物质的生活资料的生产……便构成基础，人们的国家设施、法的观点、艺术以至宗教观念，就是从这个基础上发展起来的。"[1] 正是唯物史观的发现使人们在把握历史发展时，不是从思想或重大历史事件的偶然性中，而是从物质生产角度来把握，因而唯物史观有着非常重要的意义。其实唯物史观的发现是马克思恩格斯两个人的功

---

① 《马克思恩格斯文集》（第3卷），人民出版社2009年版，第601页。

劳，因为在他们合著的《德意志意识形态》中，唯物史观就得到了初步阐发。之后马克思在《〈政治经济学批判〉序言》中对唯物史观进行了更为详细的阐释。马克思首先说明了社会生产力和生产活动所决定的生产关系和由此形成的社会经济结构。生产关系指的是人们在自己生活的社会生产中产生的与物质生产力的一定阶段相适合的关系，这是一种必然的、不以人的意志为转移的关系。社会的经济结构就是由这些生产关系的总和构成的。这种社会经济结构一般指与在它之上的法律的和政治的上层建筑等的社会意识形态相适应的现实基础。马克思进一步指出："物质生活的生产方式制约着整个社会生活、政治生活和精神生活的过程。不是人们的意识决定人们的存在，相反，是人们的社会存在决定人们的意识。"[1] 这是唯物史观最根本的观点，由此我们就可以解释宗教、政治制度、法律等在社会发展各阶段中意义不同的原因。社会是辩证发展的，社会的物质生产力发展到一定程度，便同它们一直在其中运动的现存生产关系或财产关系发生矛盾。于是这些关系由推动生产力发展变为阻碍生产力的发展，"随着经济基础的变更，全部庞大的上层建筑也或慢或快地发生变革"[2]。马克思和恩格斯把握了人类社会发展之规律，并且他们根据社会形态变化的现实发展，指出社会形态依次从原始社会、奴隶社会、封建社会过渡到资本主义社会。社会形态的每一次更替，从根本上说都是生产力与生产关系发生矛盾的结果。马克思恩格斯由此预言人类社会将会发展到社会主义社会乃至共产主义社会阶段，他们认为这是人类社会发展所必然要经历的阶段。

马克思恩格斯的唯物史观的发现离不开对黑格尔辩证法的扬弃。一般意义而言，辩证法是看待和思考事物的一种方法。辩证法可以追溯至古希腊的赫拉克利特，经过一系列的发展在黑格尔这里得到系统合理的阐释。黑格尔没有明确提出什么是辩证法，他只是在论证其理论时使用这一方法，如在论述意志自由时就有辩证法的意味，"这第二个环节——规定——同第一个环节一样，是否定性，是扬弃——即对第一个抽象否

---

① 《马克思恩格斯文集》（第 2 卷），人民出版社 2009 年版，第 591 页。
② 《马克思恩格斯文集》（第 2 卷），人民出版社 2009 年版，第 592 页。

定性的扬弃"①。从黑格尔对辩证法的运用中，我们可以看到，黑格尔的辩证法有一套自己的公式，即每一个现象都产生自己的矛盾对立面，就是正题和反题，这二者之间的斗争产生了一个合题。不过，黑格尔的辩证法是绝对理念的发展，也就是说是绝对理念在推动世界历史的发展。可以说，黑格尔的辩证法是以客观唯心主义为基础的，"他把自然、社会和人类思维都看做是绝对精神发展的不同阶段，并按照正反合的三段论模式构造出了一个绝对唯心主义的抽象体系"②。虽然黑格尔"创造了一种能够把他跟古典哲学区别开来，并且推动这种运动达到他的目的的辩证法，如果用马克思的话来说，就是他把辩证法'神秘化'了"③。马克思承认黑格尔辩证法公式的合理性，但他认为其内容是不合理的，它是"运动的纯粹逻辑公式或者纯粹理性的运动"④。马克思吸收黑格尔辩证法的合理内核并在《哲学的贫困》中阐发了他的辩证法思想，他说："'是'转化为'否'，'否'转化为'是'。'是'同时成为'是'和'否'，'否'同时成为'否'和'是'，对立面互相均衡，互相中和，互相抵消。这两个彼此矛盾的思想的融合，就形成一个新的思想，即它们的合题。"⑤ 简单地说，辩证法就是一种矛盾、冲突或者斗争，也是一种过程，其中每一个的运动、每一个的发展，都是从相互对立的思想和要素之间的对立产生的。针对形而上学对辩证法的非难，恩格斯进一步对辩证法的实质进行揭示，"辩证法在考察事物及其在观念上的反映时，本质上是从它们的联系、它们的联结、它们的运动、它们的产生和消逝方面去考察的"⑥。所以，自然和社会中的一切事物都是变动发展的存在物。人类历史的发展和社会形态的更替就是辩证法在社会生产生活中起作用的真实案例。所以把辩证法与唯物主义结合在一起时，生产方式就成了推动历史发展的主要力量。

马克思恩格斯运用唯物史观揭开隐藏在资本主义社会中爆发的周期

① ［德］黑格尔：《法哲学原理》，邓安庆译，人民出版社 2016 年版，第 41 页。
② 庄福龄主编：《简明马克思主义史》，人民出版社 2004 年版，第 21 页。
③ 陈越编：《哲学与政治：阿尔都塞读本》，吉林人民出版社 2003 年版，第 188 页。
④ 《马克思恩格斯文集》（第 1 卷），人民出版社 2009 年版，第 601 页。
⑤ 《马克思恩格斯文集》（第 1 卷），人民出版社 2009 年版，第 601 页。
⑥ 《马克思恩格斯文集》（第 3 卷），人民出版社 2009 年版，第 541 页。

性的经济危机和工人运动的深层次原因，为无产阶级推动社会革命提供了理论上的支持。资本主义私有制与社会化大生产之间的矛盾是资本主义的重要矛盾之一。资本家对工人的压迫，资本家掌控的国家对工人的压迫已到了非革命不可的地步。马克思恩格斯在《神圣家族》中充分运用辩证法，他们把私有制看作正题，把无产阶级看作反题，而私有财产和阶级的消亡就是合题。在资本主义社会，无产阶级和私有财产是对立的，在其中，私有者和无产者分别代表保守方和破坏方，私有者一直想保持对立，而无产者则消灭对立，"私有财产在自己的国民经济运动中自己使自己走向瓦解"①。社会必然会发展到没有财产和阶级的社会。马克思恩格斯运用唯物史观，揭示了人类社会发展之规律，论证了资本主义社会的内在矛盾必然使资本主义走向灭亡，同时阐明了国家消亡的历史必然性。资产阶级的灭亡和无产阶级的胜利同样是不可避免的，这一论断给予了无产阶级的革命运动以极大的信心。马克思恩格斯把他们的哲学视作引导无产阶级革命取得胜利的指南，就如乔治·萨拜因所说的，"马克思深信他的哲学作为一场应当能够使工人摆脱贫困和剥削的社会革命提供了一项方案和一种目的"②。总之，马克思恩格斯运用唯物史观对人类社会发展之规律的揭示，为解决国家与个人的矛盾关系奠定了理论基础。

二 建立无产阶级革命政党

马克思恩格斯认为在解决国家与个人关系问题上不仅需要理论从客观方面给予支持，还需要主体从主观方面做出努力。也就是说，主体可以结合自身条件自觉地发挥主观能动性，主动解决国家与个人的这一张力关系。主体，不言而喻就是生活在国家中的人。在马克思恩格斯所处的资本主义时代，无产阶级占人口的大多数，社会简单地划分为无产阶级与资产阶级，并且两个阶级是对立的。马克思恩格斯将国家与个人矛盾关系的解决寄托于无产阶级身上，那么他们为什么要选择无产阶级作

---

① 《马克思恩格斯文集》（第 1 卷），人民出版社 2009 年版，第 261 页。
② ［美］乔治·萨拜因：《政治学说史：民族国家（下）》，邓正来译，上海人民出版社2015 年版，第 572 页。

为解决国家与个人矛盾关系的主体呢？这是由无产阶级的生存状况决定的。在资本主义国家内，无产阶级是"一个被戴上彻底的锁链的阶级"①。在无产阶级身上，一切似乎属于人的东西都被剥夺，他们在极艰苦的条件下参加社会劳动，他们完全被异化并在异化中"感到自己是被消灭的，并在其中看到自己的无力和非人的生存的现实"②。这种非人的生存状态使无产阶级意识到必须做出努力改变自己的生存状态。马克思恩格斯在《神圣家族》中指出，无产阶级不但失去了自己，还要受贫困的折磨。由此看来，无产阶级在资本主义国家中受到的压迫是最深的，并且无产阶级非人的生存状况是国家与个人矛盾关系最突出的表现之一。因而要改变这种生存状况，清除限制无产阶级即广大人民群众自由发展的障碍，就非无产阶级不可。所以在解决国家与个人矛盾关系的道路上他们注定是革命主体的最佳人选。总之，无产阶级由于其自身的独特性，使得它必然成为解决国家与个人矛盾关系的主体。

不过，为了让无产阶级摆脱资产阶级国家的压迫，实现自身解放，就必须有革命的领导核心，也就是说"为了达到目的，必须创建一个政党，它将成为斗争中的无产阶级的真正代言人"③。无产阶级组织成为政党是必要的，因为在解决国家与个人矛盾关系的过程中，马克思恩格斯认为其第一步就是要推翻资产阶级专政的国家。所以，重要的一点是要团结无产阶级，凝聚无产阶级革命力量，因而无产阶级要建立自己的政党，这个政党必须是与一切旧的政党性质不同的政党，只有如此无产阶级才能取得胜利，从而达到他们的最终目的。列宁指出："党是阶级的先进觉悟阶层，是阶级的先锋队。"④ 无产阶级政党就是无产阶级在政治上的诞生。无产阶级政党是无产阶级这一革命主体中最先进的、起决定性作用的中坚力量。正因为无产阶级政党是无产阶级中最先进的个人组成的，所以它能把握时代脉搏，把握社会发展大势，用先进的理论指导无产阶级运动，宣传共产主义思想。因为无产阶级政党是工人阶级的代表，

---

①　《马克思恩格斯文集》（第 1 卷），人民出版社 2009 年版，第 16 页。

②　《马克思恩格斯文集》（第 1 卷），人民出版社 2009 年版，第 261 页。

③　[法] 雷蒙·阿隆：《阶级斗争——工业社会新讲》，周以光译，译林出版社 2003 年版，第 22 页。

④　《列宁全集》（第 24 卷），人民出版社 2017 年版，第 38 页。

那么它同样是解决国家与个人矛盾关系的重要力量。无产阶级政党在解决国家与个人矛盾关系的过程中主动承担历史任务，成为推翻资产阶级国家，实现无产阶级专政，建设社会主义国家的主要先锋。这主要表现在以下两个方面：一是无产阶级政党为无产阶级提供最先进的理论。无产阶级在无产阶级政党的指导下，用吸收人类历史长河中的精华而形成的科学的马克思主义理论来武装自身，由此在解决国家与个人矛盾关系上就有了科学的方法，并且进一步用理论指导实践，在实践中不断总结经验。二是无产阶级政党可以现实地指导工人运动。针对工人阶级受到旧政党的支配，1871 年恩格斯在致国际工人协会西班牙联合委员会的信中指出，要摆脱或减少旧政党对工人阶级的影响，"最好的办法就是在每一个国家里建立一个无产阶级的政党"[1]，并且要与其他政党的政策不同，要表现出工人阶级解放的条件。因为无产阶级政党能指导无产阶级推翻资产阶级统治，实现工人解放，而工人解放是解决国家与个人矛盾关系的关键一环，所以建立无产阶级政党这一革命主体是不可或缺的。

当然，在推翻资产阶级国家，建立无产阶级国家之后，仍然需要无产阶级政党发挥主体作用。这是因为只有国家消亡了，国家与个人的矛盾关系才能得到真正的解决，而国家的消亡乃是一个漫长的过程，正是在这个漫长过程中，建立无产阶级专政的社会主义国家是必要的，唯有通过它极大地发展生产力，才能为共产主义的实现奠定物质基础。因此，在无产阶级专政国家的建设和发展中，当然也需要无产阶级政党发挥主体作用。一方面，无产阶级政党要指导工人剥夺资产阶级生产资料，把资产阶级私有的生产资料变为国家所有，同时把资产阶级存在的经济基础消灭；另一方面，无产阶级政党要协调社会各方，巩固无产阶级专政的社会主义国家，大力发展社会生产力，达到消灭阶级的社会条件直到国家消亡。因此，在解决国家与个人矛盾关系的过程中无产阶级政党有着非常重要的作用，它不仅要指导无产阶级进行社会革命夺取政权，还要指导无产阶级建立无产阶级专政的国家，而这一过程同时就是解决国家与个人矛盾关系的过程。总之，在马克思恩格斯看来，建立无产阶级革命政党是在解决国家与个人矛盾问题上的不可或缺的关键一环。

---

[1]　《马克思恩格斯文集》（第 3 卷），人民出版社 2009 年版，第 92 页。

三　通过社会革命打碎资产阶级旧的国家机器

马克思恩格斯认为解决国家与个人的矛盾关系，除了要依靠无产阶级这一历史主体外，还要通过社会革命这一具体的路径。通过前文的分析，我们已经知道，虽然通过政治革命建立资产阶级国家，能够使国家从宗教中解放出来，但同时也使人二重化，因而政治解放并不是人的真正的解放。可以说，"政治革命也给人们留下了双重生命：想象的自由与现实的奴役"①。因此，政治革命不能从根本上解决国家与个人的矛盾。资产阶级通过政治革命夺取政治权力以此来壮大自己的经济实力，他们把生产资料变为个人私有，把国家变为自己敛财的工具，可以说，"统治阶级通过控制对剩余的榨取而实现了其统治，而且这种控制使经济结构类型发生变革，这种控制行为不仅在政治革命中得到巩固，而且它源于政治革命"②。因而，政治革命并没有改变国家之中存在的对个人的压迫的事实，只是改变了压迫的形式。我们在法国革命中可以看出资产阶级的真正的目的。马克思指出，1830 年自由资产阶级实现了他们在 1789 年所期望的，即实现立宪君主制，想要用这一制度来实现全世界的和平，但他们的初心却改变了，现在他们只是把这个国家看作自己的排他的权力的官方表现，看作自己的特殊利益的政治上的确认。这可以看出，此时的国家不再维护封建主的利益，而是转而维护资产阶级的利益。但资产阶级进行的一切变革都是使这个国家机器变得更加完备，而且那些后来继续夺取统治权的政党，"把这个庞大国家建筑物的夺得视为胜利者的主要战利品"③。所以，政治革命还不是真正的革命。纵观历史，从国家诞生起，国家内部就存在矛盾与斗争，压迫与被压迫。从根本上说，这些矛盾和冲突都根源于生产力和交往形式之间的矛盾。在这里，马克思恩格斯所说的交往形式其实就是生产关系。恰恰是生产力和生产关系的矛盾使国家形式发生演变，即从奴隶制国家演变到封建国家，而封建国

①　[美] 乔治·萨拜因：《政治学说史：民族国家（下）》，邓正来译，上海人民出版社2015 年版，第 579 页。

②　[美] R. W. 米勒：《分析马克思——道德、权力和历史》，张伟译，高等教育出版社2009 年版，第 216 页。

③　《马克思恩格斯文集》（第 2 卷），人民出版社 2009 年版，第 565 页。

家则发展到资本主义国家。如今，资本主义国家的内部，生产力和生产关系同样出现矛盾，生产力的发展要求资本主义国家改变生产关系，但资本主义国家却无法相应地改变生产关系，而这无疑使得国家与个人的矛盾更加突出。因此，要实现国家与个人和谐统一，实现人的全面发展，革命的先锋"工人阶级不能简单地掌握现成的国家机器"①。我们知道，恩格斯总结了国家建立的几种形式，其中就有一种形式表明国家是在征服和奴役的基础上完成的，有一位国外学者也指出，"作为国家，它使用的手段总会带有暴力的性质，尽管这并不排除它还有其他方面的手段"②。国家的监狱等设施其实就是暴力的体现，所以打碎旧的国家机器也需要用暴力，而要打碎资产阶级旧的国家机器，就需要社会革命。

第一，社会革命是改变社会经济基础的革命，它能够改变所有制形式。可以说，国家与个人矛盾是由生产资料私有的阶级利用国家来压迫人民而产生的。"一个上层阶级或资产阶级，其典型成员该是生产资料的所有者，即资本家，他们对国家的影响占有支配地位。"③ 其实资产阶级的国家没有独立性，它是私有者的服务者。实质上而言，"现代的资产阶级财产关系靠国家权力来'维持'，资产阶级建立国家权力就是为了保卫自己的财产关系"④。由此可以看出，将生产资料据为己有的资产阶级利用国家对无产阶级及广大劳苦大众进行压迫。因此，要解决国家与个人的矛盾，就要改变生产资料所有制形式，把生产资料的私有形式改变为全民所有。生产资料全民所有就意味着没有阶级存在，所以说，无产阶级乃至个人要实现解放的目的，那就只有进行彻底的社会革命，通过社会革命夺取资产阶级生产资料，创造阶级消灭的条件，乃是解决国家与个人矛盾的关键一步。

第二，通过社会革命打碎资产阶级旧的国家机器才能建立无产阶级统治，建立无产阶级专政国家。如果说资产阶级的政治革命给人留下了想象的自由和现实的奴役，那么社会革命将人与公民完全融合，并一劳

① 《马克思恩格斯文集》（第3卷），人民出版社2009年版，第218页。
② ［英］鲍桑葵：《关于国家的哲学理论》，汪淑钧译，商务印书馆2009年版，第194页。
③ ［法］雷蒙·阿隆：《阶级斗争——工业社会新讲》，周以光译，译林出版社2003年版，第58页。
④ 《马克思恩格斯全集》（第4卷），人民出版社1958年版，第331页。

永逸地铲除剥削和社会不平等的各种根源，由此使得无产阶级个性乃至人的个性得到解放。在资产阶级国家内，无产阶级占人口的绝大多数，因而国家与个人的矛盾更多的是资产阶级国家与无产阶级的矛盾。资本主义的国家政权"在性质上也越来越变成了资本借以压迫劳动的全国政权，变成了为进行社会奴役而组织起来的社会力量，变成了阶级专制的机器"①。因此，无产阶级只有推翻资产阶级的国家，才能使自己得以解放。恩格斯在给格尔松·特里尔的信中指出："无产阶级不通过暴力革命就不可能夺取自己的政治统治。"② 就无产阶级自身来说，社会革命能够使无产阶级个性得以解放，而要实现个性就必须消灭目前面临的生存条件，要消灭这个社会的生存条件即消灭劳动。因此，他们也就同国家处于直接的对立中，"他们应当推翻国家，使自己的个性得以实现"③。在这里马克思恩格斯指明，个人与国家直接处于对立之中，国家压制人的个性，因而只有推翻资产阶级国家，才能实现自己的个性。

社会革命是通往共产主义社会的必不可少的条件，通过社会革命进入共产主义社会，国家随之消亡，由此国家与个人的矛盾也得到解决，因而从这个维度来说，社会革命乃是解决国家与个人矛盾的重要路径。马克思在《1844年经济学哲学手稿》中指出："共产主义对我们来说不是应当确立的状况，不是现实应当与之相适应的理想。我们所称为共产主义的是那种消灭现存状况的现实的运动。"④ 这种消灭现存状况的现实运动就是指要对社会进行变革。综上所述，在马克思恩格斯看来，社会革命乃是打碎资产阶级旧的国家机器的重要法宝，同时是解决国家与个人矛盾关系的关键。

第二节　社会主义阶段：通过无产阶级专政调节国家与个人的矛盾

在马克思主义者看来，共产主义的实现有一个漫长的过程，而社会

---

①　《马克思恩格斯文集》（第3卷），人民出版社2009年版，第152页。
②　《马克思恩格斯文集》（第10卷），人民出版社2009年版，第578页。
③　《马克思恩格斯文集》（第1卷），人民出版社2009年版，第573页。
④　《马克思恩格斯文集》（第1卷），人民出版社2009年版，第539页。

主义是实现共产主义的必经阶段。社会主义是无产阶级建立社会主义国家巩固无产阶级专政的阶段。无产阶级是在资产阶级国家废墟上建立起的国家，因而它在各方面还带有资本主义旧社会的痕迹。也正是在这个意义上，有学者指出，"'社会主义'一词用来称谓共产主义第一阶段或低级阶段，亦即不完全而求完全、不完善求完善的共产主义"①。既然不是完全的、不完善的共产主义，那么就有无产阶级专政的必要性，就是说要通过无产阶级专政从资产阶级手中夺取原本属于社会的生产资料，并且大力发展生产力，为共产主义的到来提供坚实的物质基础。此外，无产阶级专政是代表绝大多数人的利益，因而无产阶级专政国家就不同于以往的作为阶级统治工具的国家，它不再作为阶级统治的工具而压迫大多数人，而是可以有效地调节国家与个人的矛盾。总之，在马克思恩格斯看来解决国家与个人的矛盾关系并非一蹴而就的，在社会主义阶段，建立无产阶级专政，形成真正为广大人民群众服务的国家，可以有效地缓解国家与个人的矛盾，并由此发展生产力，为实现共产主义铺就物质基础，从而为彻底解决国家与个人的矛盾关系作准备。

一　无产阶级专政的必要性

在马克思主义者看来，社会主义阶段是实现共产主义路途中的必经阶段，在这个阶段中，需要实行无产阶级专政，并运用国家机器促进社会生产力的发展，为进入共产主义社会提供丰富的物质条件。马克思指出："在资本主义社会和共产主义社会之间，有一个从前者变为后者的革命转变时期。同这个时期相适应的也有一个政治上的过渡时期，这个时期的国家只能是无产阶级的革命专政。"② 对此，美国学者张效敏也说过，"在马克思主义当中，无产阶级国家就是无产阶级的专政"③，这就是说，马克思在这里把无产阶级专政视为一种国家。总之，在社会主义阶段，无产阶级专政有其必要性，对此，我们可以从如下两点加以把握。

第一，无产阶级专政最直接的目的是夺取资产阶级生产资料，改变

---

① 王海明：《理想国家（下册）》，商务印书馆 2014 年版，第 516 页。
② 《马克思恩格斯文集》（第 3 卷），人民出版社 2009 年版，第 445 页。
③ ［美］张效敏：《马克思的国家理论》，田毅松译，上海三联书店 2013 年版，第 83 页。

社会所有制形式，实行生产资料全民所有。由于资产阶级拥有雄厚的实力，因而对生产资料的掠夺只能通过无产阶级专政的暴力。一方面，无产阶级专政要对资产阶级形成威慑。因为无产阶级取得统治地位之后，并不意味着阶级专政失去其意义，就没有存在的必要和可能。相反，无产阶级为了巩固其统治地位，防止国家政权被敌人颠覆，需要实行阶级专政。因为剥削者已被击溃，但并没有完全被消灭。胜利的无产阶级，为防止资产阶级再次反攻，就像防止巴黎公社最后遭到资产阶级的进攻一样，必须建立无产阶级专政。对这一点，恩格斯指出，获得胜利的政党要不想失去自己胜利的果实，"就必须凭借它以武器对反动派造成的恐惧，来维持自己的统治"①。也就是说，胜利的无产阶级应该对反动派造成恐惧，维护自身的权威以便镇压资产阶级。列宁也声称："专政的必要标志和必需条件，就是用暴力镇压剥削者阶级。"② 从无产阶级面对的外部环境来说，无产阶级的敌人和旧的社会组织，尤其是资本家阶级还没有完全消失。从无产阶级自身来说，它本身还是一个阶级，让他们成为无产阶级的那个经济条件还没有消失。所以，无产阶级专政是十分必要的。另一方面，要彻底消灭阶级剥削和压迫，最重要的一步是实现生产资料全民所有，而这一目的的实现则需要通过无产阶级专政采用暴力夺取资产阶级生产资料。要消灭现存的压迫条件，生产者就要掌握生产资料，从而迫使每一个人为保障自己的生存而劳动，人人都要平等地劳动，那么"阶级统治和阶级压迫的唯一的基础就会消除"③。其实，剥削和压迫产生的原因是生产资料与生产者的分离，生产资料归资本家所有，资本统治劳动。因此，要消灭这种统治和压迫的唯一基础，需要通过暴力把原本属于全民生产者所有的生产资料从资本家手里夺过来，而这只有通过无产阶级专政才能实现。因此，从某种程度上可以说，无产阶级专政乃是可以使劳动在经济上获得解放的政治形式。因而，无产阶级专政是必要的。此外，还应该认识到资本主义是强大的。虽然在无产阶级专政阶段，资产阶级所建立的资本主义国家已经灭亡，但并不等于说资本

---

① 《马克思恩格斯文集》（第3卷），人民出版社2009年版，第338页。
② 《列宁选集》（第3卷），人民出版社2012年版，第614页。
③ 《马克思恩格斯文集》（第3卷），人民出版社2009年版，第619页。

主义已经毫无生气。事实上，资本主义仍然具有生命力，因此，无产阶级需要坚持不懈，意志统一地实行无产阶级专政，直到资产阶级的灭亡。对这一点，列宁也强调，"无产阶级专政是新阶级对更强大的敌人……（哪怕是在一个国家内）而凶猛十倍"①。因为它背后有强大国际资本力量。由此看来，无产阶级专政是必要的，因为如果不进行长期的、顽强的战争，是不能战胜资产阶级的。

　　第二，从社会发展的历史进程看，无产阶级专政是历史进程中一个必不可少的阶段。马克思恩格斯对未来社会的期许就是要实现共产主义远大理想，而实现这一远大理想，就必然需要无产阶级专政的国家来大力发展社会生产力，为共产主义社会提供强大的物质基础。而随着社会生产力的高度发展，无产阶级专政及其相应的国家就会随着高级阶段的共产主义的实现而消失。恩格斯与马克思持有同样的观点，他其实把无产阶级专政看作"达到废除阶级并和阶级一起废除国家的过渡"②。无产阶级专政在实现共产主义的理想这一道路上是不可或缺的。一方面，我们要正确认识实现共产主义不是一蹴而就的，而是需要很长的时间才能实现。人类社会历史的发展是相继的，每一个时代都是在前一时代的生产力的基础上发展的。对此，马克思曾明确提出了"两个决不会"："无论哪一个社会形态，在它所能容纳的全部生产力发挥出来以前，是决不会灭亡的；而新的更高的生产关系，在它的物质存在条件在旧社会的胎胞里成熟以前，是决不会出现的。"③列宁也指出，无产阶级建成社会主义，消灭社会的阶级划分，使社会上人人都自己劳动，自食其力，这样就消灭了人压迫人的现象的基础，但是"这个目的不是一下子可以实现的……因为改组生产是一件困难的事情，因为根本改变生活的一切方面是需要时间的"④。因此，我们要认识到无产阶级专政国家的必然性和长期性，如此我们才能以更大的勇气和信心进行社会主义建设。另一方面，无产阶级专政时期要大力发展社会生产力，为过渡到共产主义社会做准

---

① 《列宁选集》（第4卷），人民出版社2012年版，第135页。
② 《马克思恩格斯文集》（第3卷），人民出版社2009年版，第310页。
③ 《马克思恩格斯文集》（第2卷），人民出版社2009年版，第592页。
④ 《列宁专题文集·论社会主义》，人民出版社2009年版，第139页。

备。有人以为无产阶级专政这一过渡时期很长，因而应该让它缓慢发展，显然这种想法是不可取的。马克思恩格斯早在《共产党宣言》中就指出无产阶级建立统治后的任务："无产阶级将利用自己的政治统治，一步步地夺取资产阶级的全部资本，把一切生产工具集中在国家即组织成为统治阶级的无产阶级手里，并且尽可能快地增加生产力的总量。"① 虽然马克思恩格斯在这里用了无产阶级的政治统治这一词，但这就是后来所说的无产阶级专政。马克思恩格斯把无产阶级夺取政权后的重心放到发展生产力上，只有发展生产力，物质极大丰富，才能过渡到无阶级无剥削的共产主义社会，这就是无产阶级专政的意义所在。

在我国的社会主义建设实践中，邓小平也看到了社会主义社会的长期性。他指出，"社会主义是共产主义第一阶段，当然这是一个很长很长的历史阶段"②。虽然这一历史阶段很长，但仍要坚持不懈地发展生产力。发展生产力是社会主义现阶段的任务，只有这样我们才能不断巩固社会主义，彰显社会主义的优越性，还能为实现共产主义创造物质基础。

二　无产阶级专政代表绝大多数人的利益

马克思恩格斯在解决国家与个人矛盾关系时认为无产阶级专政可以调节国家与个人的矛盾。问题是这种观点的依据何在呢？这可以从无产阶级专政的独特性来解释。《布莱克维尔政治学百科全书》中对专政下了这样的定义，"僭取并垄断了国家权力，因而可以不受约束地使用这种权力的一个人或一群人的统治"③。通俗地说，专政就是一个小群体或人数不多的群体实施专政，而被实施专政的则是广大的人民群众。那么无产阶级专政是怎么样的呢？这可以从以下两个方面来把握。

第一，无产阶级专政实质是无产阶级专政与人民民主，就这一点来说，无产阶级专政代表绝大多数人的利益。列宁在谈到无产阶级专政的意义时说："无产阶级专政，向共产主义过渡的时期，将第一次提供人民

---

① 《马克思恩格斯文集》（第 2 卷），人民出版社 2009 年版，第 52 页。

② 《邓小平文选》（第 3 卷），人民出版社 1993 年版，第 171 页。

③ ［英］戴维·米勒、韦农·波格丹诺编，邓正来主编：《布莱克维尔政治学百科全书》，中国政法大学出版社 1992 年版，第 201 页。

享受的、大多数人享受的民主，同时对少数人即剥削者实行必要的镇压。"① 由此可见，无产阶级专政与我们通常所理解的专政有着截然不同的意义。在这里，专政者是整个无产阶级，是占人口绝大多数的人，而在这种专政下，被统治者是资产阶级，占人口的少数。也就是说无产阶级专政是用在少数人的身上，即广大的人民群众对少数资产阶级实行的专政。因而，无产阶级专政是对资产阶级的统治。既然无产阶级专政是对资产阶级实行压迫，那么，在无产阶级专政下有民主吗？答案是肯定的。因为专政是对外部的、对资产阶级的，而在无产阶级内部则是民主的。也就是说无产阶级专政下民主与专政是同时存在的，只是针对不同的阶级而言。这一点列宁为我们明晰地指出，"专政不一定意味着消灭对其他阶级实行专政的那个阶级的民主"②，但一定意味着消灭作为专政对象的那个阶级的民主。因此，无产阶级专政和无产阶级民主并不存在冲突。对资产阶级而言，无产阶级国家就是无产阶级专政；而对无产阶级而言，无产阶级国家就是无产阶级民主。此外，无产阶级实行专政，不仅能扩大无产阶级的民主，而且能使"它第一次成为穷人的、人民的而不是富人的民主制度"③。综合以上分析，可以看出无产阶级专政代表绝大多数人的利益。

第二，无产阶级民主是无产阶级专政下的一种民主形式。在通过无产阶级民主与资产阶级民主的对比中，我们可以看到无产阶级民主的优势，它真正代表绝大多数人的利益，这是无产阶级专政的独特性所在。无产阶级民主是在无产阶级专政时期出现的，可以说它是无产阶级专政的另一种表现形式，因而从这个意义上说，无产阶级专政代表绝大多数人的利益。马克思一直把巴黎公社看作一种真正的民主。公社"既是行政机关，同时也是立法机关"④，也就是说，公社是议政合一的民主形式的体现。有论者指出："巴黎公社对马克思而言就是一种试图用以真正的

---

① 《列宁选集》（第3卷），人民出版社2012年版，第191—192页。
② 《列宁选集》（第3卷），人民出版社2012年版，第593—594页。
③ 《列宁选集》（第3卷），人民出版社2012年版，第190页。
④ 《马克思恩格斯文集》（第3卷），人民出版社2009年版，第154页。

普遍性为取向的团体取代片面国家的虚假普遍性的尝试。"① 公社其实是最早的无产阶级专政雏形,在公社里我们看到无产阶级民主形式,比如公社领导人由人民选举,人民有权罢免领导人等。概源于此,马克思才给予公社很高的评价,公社"所采取的各项具体措施,只能显示出走向属于人民,由人民掌权的政府的趋势"②。人民掌权的政府使无产阶级民主成为可能。无论从政权组织形式还是从民主形式而言,无产阶级的民主是多数人的民主,劳苦大众的民主。现在,我们再来看资产阶级的民主。在资产阶级没有真正掌握政权以前的政治生活中,是以财产来获得选举资格的。有学者指出,近代史上曾存在过的各种对选民资格的限制,"公民必须拥有一定数量土地、或拥有一定数量的资产、或缴纳一定数量的赋税,才可享有选举权"③。而资产阶级掌握政权后,以平等为口号,废除选举权的财产限制,但这只是表面上的,国家取消了选举权和被选举权的财产资格限制,但其就是以私有财产为前提的。因此,可以说,资产阶级的政治权利还是以财产为依据的。有学者研究指出:"直到 19 世纪上半叶,所有国家,包括发达资本主义国家的无产阶级都没有民主权利,这是因为,资产阶级把国家看作股份公司,只有股东才有相应的权利。"④ 所以,资产阶级民主是形式民主,虽然实行代议制,但却是富人的民主、金钱的民主。虽然在各国历次选举改革中逐渐放宽或减少,到 20 世纪 60 年代一般都已取消,"但至今仍然有一些国家实行程度不等的变相的财产资格限制"⑤。列宁在马克思恩格斯分析公社的经验的基础上,也认为资产阶级的议会制,"就是容许被压迫者每隔几年决定一次究竟由压迫阶级中什么人在议会里代表和镇压他们"⑥。总的来说,资产阶级国家的民主政权是为资产阶级服务的,而不是为无产阶级和广大劳动人民服务的,因而只是资产阶级的民主,而不是对无产阶级和劳动人民

---

① [以] 阿维瑞纳:《马克思的社会与政治思想》,张东辉译,知识产权出版社 2016 年版,第 236 页。

② 《马克思恩格斯文集》(第 3 卷),人民出版社 2009 年版,第 163 页。

③ 应克复、金太军、胡传胜:《西方民主史》,中国社会科学出版社 1997 年版,第 395 页。

④ 马拥军:《民主集中制:中国共产党百年探索与领路的组织原则》,《江西社会科学》2021 年第 4 期。

⑤ 应克复、金太军、胡传胜:《西方民主史》,中国社会科学出版社 1997 年版,第 395 页。

⑥ 《列宁选集》(第 3 卷),人民出版社 2012 年版,第 190 页。

的民主。资产阶级的专制政权，不论如何民主，都是资产阶级对无产阶级和劳动人民的压迫，"都是为资产阶级服务的，都是资产阶级民主"①。所以说无产阶级民主是最能体现国内劳动人民意愿的，就实质而言，西方国家的普选制是资产阶级统治的工具。

通过以上分析，我们可以从资产阶级民主与无产阶级民主的对比中看出，无产阶级专政下的民主形式代表绝大多数人的利益。因此，从某种程度上可以说，无产阶级专政的国家就是人民当家作主的国家，这种国家与资产阶级国家和其他一切的封建国家都不相同，因为它可以极大地缓解国家与个人之间的矛盾关系。

三 无产阶级国家作为缓解国家与个人矛盾的方案

在关于无产阶级专政的必要性和无产阶级专政的独特性的论述中，我们已经看到无产阶级专政的性质，虽然无产阶级专政也有国家，但它不再是资本主义的国家，而是社会主义的国家，它不再代表少数资产阶级的利益，而是代表无产阶级和广大人民的利益。因此，在马克思恩格斯看来，无产阶级国家乃是缓解国家与个人矛盾关系的重要方案。那么为什么无产阶级国家能够有效缓解国家与个人之间的矛盾关系呢？对此，我们可以从如下三个方面来加以解答。

第一，在无产阶级国家性质与资产阶级国家性质的对比中，无产阶级国家所具有的优势是极其明显的。资产阶级国家是在生产资料私有制的基础上建立起来的。在国家内，占人口少数的资产阶级掌握生产资料，而广大劳动人民群众不占有生产资料，因而国家在资产阶级少数人的控制下变成压迫广大劳动人民的工具。马克思恩格斯在《共产党宣言》中指出："现代的国家政权不过是管理整个资产阶级的共同事务的委员会罢了。"② 也就是说，资产阶级国家只是资产阶级的国家，为资产阶级谋利益。虽然资产阶级表面上实行民主制，但实际上政治权力受大的利益集团的操控，这些集团中的人"表面上是替国民服务，实际上却是对国民

---

① 王海明：《理想国家（下册）》，商务印书馆 2014 年版，第 773 页。
② 《马克思恩格斯文集》（第 2 卷），人民出版社 2009 年版，第 33 页。

进行统治和掠夺"①。所以，资产阶级国家是资本主义性质的、私有制的。相反，无产阶级国家利用国家政权夺取资产阶级的生产资料归全民所有，并且在无产阶级国家中，被压迫和被镇压的阶级"当然只是剥削阶级，即资产阶级"②。此外，无产阶级国家已是社会主义国家，它是实现共产主义社会必须经历的一个阶段。就如列宁所说的，"'国家'，还是必要的，但这已经是过渡性质的国家，已经不是原来意义上的国家"③。就民主来说，民主的适用范围在无产阶级民主中要比资产阶级民主更为广泛。无产阶级专政的国家是多数人对少数人进行镇压的工具，而资本主义国家是少数人对多数人进行镇压的工具。因此，在无产阶级国家之中，国家与个人的矛盾关系将得到缓解。

第二，无产阶级国家本身的发展始终面向共产主义社会，而在共产主义社会中国家与个人之间的矛盾关系得到完全解决，因此从这个维度来看，无产阶级国家的确可以作为缓解国家与个人之间矛盾关系的方案。无产阶级国家即无产阶级建立起政权那一刻起，它的目标就是迈向更高的社会阶段即共产主义社会。所以，无产阶级国家自身发展中始终带有实现人类解放和自由全面发展的这一活力因子。首先，以无产阶级专政必要性来说，无产阶级专政就是把生产资料从资产阶级手中转入广大劳动人民手中，让人民大众成为国家的主人。其次，无产阶级专政国家将大力发展生产力，并随之消灭国家这种虚幻的共同体与个人对立产生的根源。我们知道，在资本主义国家中，由于资本主义私有制关系的存在，导致它所谓的普遍利益并非真正的普遍利益，而是代表着少数人即统治者的利益。无产阶级专政，则能够通过将生产资料公有而消灭私有制，并且大力发展社会生产力，如此一来，便能够有效缓解国家与个人之间的矛盾。

第三，无产阶级可以实现社会相对公平。虽然无产阶级国家是从资本主义旧社会的胎胞里生长出来的，但无产阶级国家能够促进人的公平。诚然，无产阶级专政国家中实行按劳分配制度，并不能实现绝对的、完

① 《马克思恩格斯文集》（第3卷），人民出版社2009年版，第110页。
② 《列宁专题文集·论马克思主义》，人民出版社2009年版，第197页。
③ 《列宁选集》（第3卷），人民出版社2012年版，第192页。

全的平等。不过，无产阶级国家却能够给予个人发展的空间和舞台，促进相对公平。反观资本主义国家，在其中人显然是不平等的。因为社会的财富都集中在少数人的手中，并且个人发展的机会只是属于少数人的，因而是不平等的。"只有在平等意味着没有人为的歧视意义上要求人类平等才是合理的。阶级就造就这种歧视。"① 资产阶级社会已分裂为资产阶级和无产阶级两个阶级，而资产阶级国家由资产阶级掌控。因此，要做的就是消灭阶级实现人的平等，而这一点无产阶级专政国家已在着力解决，积极发展生产力，逐渐消灭阶级存在的基础，从而实现人的真正的平等。

综上所述，由于无产阶级国家是通向共产主义的必经阶段，并且无产阶级国家真正代表广大人民群众的利益，能够使得广大人民群众真正当家作主，因而马克思恩格斯将无产阶级国家视为缓解国家与个人矛盾关系的方案。

第三节 共产主义阶段：国家与个人矛盾得到彻底解决

马克思恩格斯认为，社会进入共产主义阶段，国家与个人的矛盾将得到彻底的解决。马克思恩格斯论证了国家消亡是历史发展的必然，同时也是无产阶级专政国家继续发展之后的必然结果。有学者指出，马克思的"共产主义完全打破了阶级压迫和阶级统治的国家概念和传统"②。也就是说，在共产主义社会中国家是不存在的。虽然国家消亡具有历史必然性，但它的消亡必须具备一定的条件，其中最主要的条件之一就是社会生产力极大发展，物质极大丰富。实际上，国家消亡之条件与共产主义实现之条件并无什么不同。在马克思恩格斯看来，共产主义社会中，人能够实现自由而全面的发展，人将不再受到物的支配，不再受到异化、

① ［英］G. D. H. 柯尔：《社会主义思想史》（第2卷），何瑞丰译，商务印书馆1978年版，第308页。

② 侯小丰：《马克思的共产主义与柏拉图的理想国之理论主旨辨析》，《学术研究》2021年第10期。

物化、拜物教等的侵扰，也不再受国家之束缚，因为国家在共产主义社会阶段已不复存在。既然国家都已不复存在，那么在共产主义阶段，国家与个人之间的矛盾关系当然得到了最彻底的解决。

一 国家消亡的历史必然性

马克思恩格斯运用唯物史观阐述社会历史发展，指出国家只是社会发展到一定阶段的产物，那么随着社会的发展，国家也终会消亡。所以国家消亡有其历史必然性。

第一，马克思恩格斯对国家消亡作了直接的论述，从中我们能够看出国家的消亡具有历史必然性。首先，我们来看马克思、黑格尔及无政府主义者、自由主义者对国家的不同理解。黑格尔认为，国家虽然是在等级分化的基础上建立起来的，但国家仍然可以实现人的发展，国家不是马上就完善了的东西，而是正在形成的东西，它只能逐步趋于完善。可以说，黑格尔对国家持肯定的态度。而马克思对国家对待不同阶级的行为进行深刻的揭示和批判，即国家对下层阶级进行压榨，以此而为上层阶级铺平财富之路的这一行为。此外，一些英国自由主义者也谴责国家通过法规对个人的经济活动进行限制，并认为这会妨碍经济的自由发展。无政府主义则认为国家压制其他个体的意志与力量、阻碍人的发展。因而可以看到，国家是阻碍人民得到自由的一种强制性机构。恩格斯在《家庭、私有制和国家的起源》中不仅阐明国家的起源及其本质，也说明了国家就像它在社会发展过程中产生的一样，也终究会随着社会的发展而消亡。恩格斯在给奥·贝贝尔的信中指出，"随着社会主义社会制度的建立，国家就会自行解体和消失"①，在这里，社会主义制度指的就是无产阶级专政，无产阶级专政是过渡性质的国家。我们知道，国家的本质体现在它的政治特征上，也就是一个阶级对另一个阶级的镇压或压迫。显然，无产阶级专政这种特定的政治职能导致了国家本质的变化。在无产阶级专政达到一定阶段后，国家的政治职能将会逐渐减少，甚至消失。无产阶级专政的国家是暂时的、过渡性的，所以它必将消亡。正如马克思所说："国家真正作为整个社会的代表所采取的第一个行动，即以社会

---

① 《马克思恩格斯文集》（第3卷），人民出版社2009年版，第414页。

的名义占有生产资料，同时也是它作为国家所采取的最后一个独立行动。"① 最后的行动表明，此后国家政权不再干预社会活动，国家成为多余的而随后自行消亡。但这个前提是，国家不是代表部分人而是代表整个社会的，那么那时没有阶级存在，也就没有需要去镇压的阶级了。因而我们从中可以非常明显地看到，马克思恩格斯对国家消亡的态度是明晰的，即认定国家的消亡具有历史必然性。此外，恩格斯曾十分肯定地论述："随着阶级的消失，国家也不可避免地要消失……放到古物陈列馆去，同纺车和青铜斧陈列在一起。"② 显然，这一论述中所提及的这些表达，例如"国家也不可避免地要消失"、把国家放到"古物陈列馆去"等，都极为明晰地表明了恩格斯的观点，那就是国家的消亡是必然的。

第二，人类社会是由矛盾推动发展的，国家消亡的历史必然性也可以从矛盾运动发展来加以理解。国家随着社会发展而产生，那么必定随着社会的发展而消亡，可以说国家的发展将经历否定之否定的过程。首先，我们看到人类社会中存在阶级斗争。社会发展根本上是由生产力和生产关系这一矛盾所推动的，而阶级斗争也是推动人类社会发展不可忽视的一组关键矛盾。马克思恩格斯在《共产党宣言》的开篇就指出，"至今一切社会的历史都是阶级斗争的历史"③，这一论述表明阶级斗争推动社会发展。纵观人类社会发展，阶级斗争自人类社会划分为不同的阶级时就一直存在。有封建主阶级与奴隶主阶级的斗争、资产阶级与封建主的斗争、无产阶级与资产阶级的斗争等，这些斗争不但推动社会形态的改变，还使社会往更高阶段发展。其次，人类社会的阶级斗争是由于社会矛盾的存在。可以说，阶级斗争是解决矛盾的一种方式。最后，阶级斗争带来阶级统治，"斗争不是什么有'问题'需要'解决'，而是要结束统治和被统治的状态——通过整个改变产生这种状态的条件来结束这种状态"④。马克思恩格斯认为，阶级斗争推动人类社会发展，他们所处的时代最主要的矛盾是资产阶级与无产阶级的矛盾，其实质是生产力与

---

① 《马克思恩格斯文集》（第3卷），人民出版社2009年版，第562页。
② 《马克思恩格斯文集》（第4卷），人民出版社2009年版，第193页。
③ 《马克思恩格斯文集》（第2卷），人民出版社2009年版，第31页。
④ ［英］拉尔夫·密利本德：《马克思主义与政治学》，黄子都译，商务印书馆1984年版，第19页。

生产关系的矛盾。资产阶级剥夺广大劳动人民的生产资料并据为己有，人民群众没有生产资料而只能出卖劳动力，资本家由此压榨劳动人民。为使压榨合法化，资本家利用国家来实现阶级统治。就如有学者所言："阶级统治决不可能单纯是'经济的'或单纯是'文化的'，它必然始终具有强烈的和普遍的'政治'内容。"① 之所以如此是因为政治采取了法律这一具体化的形式，对这种形式的统治给予必要的支持并使之合法化。阶级统治的核心正是政治合法化，因而国家在这里充当阶级统治的工具。总之，事物总在矛盾中向前发展，人类社会因矛盾而发展，国家也因为其内部存在的矛盾而向前发展。一句话，国家内部始终存在着统治阶级与被统治阶级之间的矛盾，而随着这一主要矛盾的发展，国家也必将走向消亡。

综上所述，可以看到，在马克思恩格斯那里，国家的消亡是具有历史必然性的。

二 国家消亡的路径及其条件

国家的消亡有其历史必然性，并且它的消亡有其相应的路径及其条件。国家的消亡是一个渐进的过程。马克思指出，国家是无产阶级与资产阶级进行阶级斗争胜利后继承下来的一个祸害，胜利了的无产阶级要立即尽量除去国家的最坏的方面，"直到在新的自由的社会条件下成长起来的一代有能力把这国家废物全部抛掉"②。这一论述点明国家的消亡有一个过程并且须具备一定的条件。其一，要坚持无产阶级专政。无产阶级推翻资产阶级国家，从而建立无产阶级专政的国家，但这个国家是在资产阶级社会条件中建立起来的，因而要坚持无产阶级专政：一来要对资产阶级实行暴力和专政以防止它进行反革命，从而破坏无产阶级所取得的胜利成果；二来资本主义相应的经济基础还有待进一步改造，以便彻底扬弃资本主义。要把无产阶级作为阶级存在的经济条件进行改造，而这个改造就需要无产阶级专政。这就是国家消亡的第一个条件。其二，

---

① ［英］拉尔夫·密利本德：《马克思主义与政治学》，黄子都译，商务印书馆 1984 年版，第 22 页。

② 《马克思恩格斯文集》（第 3 卷），人民出版社 2009 年版，第 111 页。

要大力发展生产力。一方面，大力发展生产力，使得物质极大丰富，那么人们就不再有争取生活必需品的斗争，社会因此而更加稳定；另一方面，生产力的发展程度决定社会生产关系乃至人的发展。生产力发展的每一个阶段都有相应的生产关系。马克思恩格斯指出，生产力得到极大发展，生产关系将发生改变，不再是资产阶级私人占有生产资料，而是全民占有生产资料，全社会进入生产之中。对人的发展而言，一个人的发展取决于和他直接或间接进行交往的其他一切人的发展。如果人人都能和谐平等地相处并且社会给人提供好的平台，那么每个人就会实现全面的发展。其三，要实现完全的民主。只有完全的民主出现时，国家才会消亡。在无产阶级国家之前的国家中，公民的权利从实质上而言，是按照财产状况的分级规定的，而在无产阶级专政的国家中，由于无产阶级代表着绝大多数人的利益，并且它着力消除阶级对立，真正让人民当家作主，因而民主范围扩大，并逐步实现完全的民主。届时，国家已然没有存在的必要，由此而消亡。

当然国家不会瞬间消亡，它需要一个过程。列宁在理解马克思恩格斯国家消亡理论的基础上提出了他的看法，他认为国家的消亡"既表明了过程的渐进性，又表明了过程的自发性"[①]。国家消亡的渐进性这一观点也有力地反驳了无政府主义者提出的在一天之内废除国家的主张。在马克思恩格斯看来，国家的消亡需要经历以下几个环节。首先，继续实行无产阶级专政，完成夺取资产阶级全部生产资料的任务，为消灭阶级存在的基础做铺垫。马克思指出："无产阶级将取得国家政权，并且首先把生产资料变为国家财产……它就消灭了作为无产阶级的自身，消灭了一切阶级差别和阶级对立，也消灭了作为国家的国家。"[②] 其实，在这里，马克思的论述中暗含国家消亡的三个主要步骤。第一步就是夺取资产阶级国家政权，建立无产阶级国家政权；第二步是夺取资产阶级生产资料归全民所有；第三步是实现生产资料全民所有，消除阶级存在的条件，从而消灭阶级。其实要消灭阶级有其重要的原因，第一个原因是在资本主义国家内，生产资料是私有的，人所生活于其中的世界、其中的内部

---

① 《列宁选集》（第3卷），人民出版社2012年版，第191页。
② 《马克思恩格斯文集》（第3卷），人民出版社2009年版，第561页。

生存条件都对人表现为一种外在的异己的非人存在，其主要原因就在于这些都是作为财富和财产而存在的，这些物表现为"庞大的商品堆积"①。人受物的统治，受异己的被物裹挟着的国家的统治，所以要消灭阶级。第二个原因是在无产阶级国家之前，个人是隶属于一定的阶级的，而这种状况"除了反对统治阶级以外不需要维护任何特殊的阶级利益的阶级形成之前"② 是不可能消失的。因而只有无产阶级先掌握政权，把生产资料归全民所有，逐步消除阶级存在的条件，如此阶级才会灭亡，国家也才能随之逐渐消亡。其次，要逐渐转变国家的职能，为社会自我管理铺平道路。马克思指出，政治国家以及政治权威将由于未来的社会革命而消失，那么，"公共职能将失去其政治性质，而变为维护真正社会利益的简单的管理职能"③。随着无产阶级对资产阶级生产资料的剥夺，资产阶级将失去自身存在的条件，阶级因此而消失，因而也不再有什么阶级需要镇压。也就是说，阶级统治一旦消失，政治意义上的国家也就不存在了。所以，当国家由政治统治职能转变为社会管理职能时，就意味着国家已变为对物的管理而不是对人的统治，人们将习惯于遵守一定的社会规则。最后，消灭分工实现个人的解放。由生产力的发展催生的分工不是自愿形成的而是自然形成的。自然形成的分工导致了特殊利益和共同利益的分裂，同时也使"人本身的活动对人来说就成为一种异己的、同他对立的力量"④，这个力量控制了人。也就是说由于分工，个人的力量变成物的力量，人的关系被物的关系所取代，人们外在财富成为联系人与人之间的桥梁。经济超越政治而成为国家所关注的最重要的问题，整个国家都被物的逻辑所支配。此外，特殊利益或者私人利益本身是由社会决定的，而且只有在社会所设定的条件下并使用社会所提供的手段才能实现私人利益，即特殊利益。所以，资本主义国家是实现私人利益的手段。这就是分工带来的影响，因而弥合普遍利益或特殊利益的裂隙，实现人的解放，就要消灭分工，让个人重新驾驭物的力量。这样国家存

① 《马克思恩格斯文集》（第5卷），人民出版社2009年版，第47页。
② 《马克思恩格斯文集》（第1卷），人民出版社2009年版，第570页。
③ 《马克思恩格斯文集》（第3卷），人民出版社2009年版，第338页。
④ 《马克思恩格斯文集》（第1卷），人民出版社2009年版，第537页。

在的基础就不复存在了，因而国家也就随之消亡。

三　共产主义的实现标示国家与个人矛盾关系的彻底解决

马克思恩格斯认为，随着生产力的发展，人类必将进入共产主义社会。马克思恩格斯对这种必然性的认识是建立在批判资本主义社会之上的。可以说，马克思恩格斯对资本主义的批判经历了"道德性评判到科学性判定的认识论转变"[①]。正是在资本主义必然灭亡的科学认知和历史发展趋势中，马克思恩格斯坚定认为共产主义必将实现。在共产主义社会中，国家消亡，由此国家与个人矛盾得到彻底解决，人也因此而能够自由而全面地发展。问题是，这究竟是如何可能的呢？事实上，我们只需把握住马克思恩格斯关于共产主义特征的论述，就能理解缘何共产主义的实现意味着国家与个人矛盾关系的彻底解决。有学者将马克思所指出的共产主义称作"一种具有无法抗拒的吸引力的关于社会可以如何组织的典范"[②]。这说明共产主义社会是科学、合理、符合人类最高的价值标准的社会组织形式。

第一，共产主义社会鲜明的特征是国家消亡，社会处于高度的自治状态。国家是阶级统治的工具，无产阶级推翻资产阶级，建立无产阶级专政国家。无产阶级专政是过渡性质的国家，其最直接的目的是用阶级统治的手段夺取资产阶级的生产资料，而这是进入共产主义社会的必要条件。马克思指出："共产主义的特征并不是要废除一般的所有制，而是要废除资产阶级的所有制。"[③] 所以，共产主义社会中生产资料是公有的，属于全民所有。这样一来，当全部资本、生产乃至交换都在人民手里的时候，私有制将自行消亡。私有制消亡，资产阶级存在的基础就消失了，那么资产阶级将随之消失，而资产阶级的消失则意味着最后的阶级也消亡了。阶级消亡，意味着没有压迫和被压迫之说，因而也就不再有国家这一阶级统治的工具了，因此，国家在共产主义社会中消亡了。

---

① 蒋红群：《马克思恩格斯对资本主义灾难化向度的内在批判》，《社会主义研究》2021 年第 5 期。

② ［英］乔纳森·沃尔夫：《当今为什么还要研读马克思》，段忠桥译，高等教育出版社 2006 年版，第 86 页。

③ 《马克思恩格斯文集》（第 2 卷），人民出版社 2009 年版，第 45 页。

第二，共产主义社会中人们是自由的。在共产主义社会，人们可以首先实现低层次的自由——劳动自由。"劳动是个人生活和社会生活的基本的、自然的条件"①，而在资本主义社会，劳动表现为片面的劳动，这主要是由分工造成的。一方面，分工使人的力量变成物的力量，人的关系变成物的关系，从而使个人屈从于虚假共同体；另一方面，分工使个人固定在一定的范围内，不能根据自己的爱好来劳动。不过，在共产主义社会内，不但没有明确的分工，个人也不再依附于某个团体，每个人可以在社会的任何部门内从事活动。也就是说，人们的劳动是自由自觉的，人可以按照自己的兴趣与才能进行劳动。尤其是生产劳动，它给一个想实现自己梦想和发挥自己才能的人提供宝贵的机会。这样生产劳动就不再是维持人生存的手段甚至奴役人的手段，而成了人自由发展的手段，因而劳动让人们更加快乐。此外，劳动是在平等的基础上进行的，个人不要相互推卸责任，所有的人都要肩负起自己应该要劳动的那一部分。所以，在共产主义社会，不仅个人才能得到发展，而且社会也没有冲突。再者，在共产主义社会内也能实现高层次的自由——生存与发展自由。有论者指出，在共产主义社会，人们的"自由不是渴望不能获得的东西的自由，而是按照他们的意愿活动、生存和发展的自由"②。所以，共产主义的实现，能够使人获得生存和发展的自由。共产主义依托的是全面自由发展的个人。马克思恩格斯因为看到资本主义国家统治下人的片面发展，所以立志要改变人的生存状况，因而他们积极推动工人阶级革命，以加速资本主义向共产主义的过渡。在共产主义社会中，物质财富是极大丰富的，这意味着人们不再需要为了生存而花费大部分时间，从而有大量的时间用于提升自身能力。一句话，人们的自由时间在共产主义社会中更加充足。人的自由而全面的发展需要人们能够支配充分自由的时间，时间不仅是人的生命尺度，而且是人的发展空间。因而拥有自己能够自由支配的时间才能实现人的发展自由，而这需要在物质财富极大丰富的共产主义社会内实现。

---

① 《马克思恩格斯文集》（第 3 卷），人民出版社 2009 年版，第 198 页。
② ［美］伯尔特·奥尔曼：《辩证法的舞蹈——马克思方法的步骤》，田世锭、何霜梅译，高等教育出版社 2006 年版，（序言）第 2 页。

第三，共产主义的实现意味着人的真正的解放。马克思恩格斯在谈到人的解放时说："当人们还不能使自己的吃喝住穿在质和量方面得到充分保证的时候，人们就根本不能获得解放。"① 这就是说，实现人的解放所需要满足的首要条件是物质极大丰富。虽然我们把资本主义社会描述为庞大的商品堆积的物化世界，看起来物质极大丰富，但这些物质只是资产阶级的物质，是他们私有财产的表现，广大的无产阶级还是一无所有，所以资本主义社会的物质丰富是虚假的。要打破这种虚假的繁荣的泡沫，真正实现在平等意义上的物质丰富，则需要扬弃私有财产，这是实现共产主义的重要一步。马克思在《1844 年经济学哲学手稿》中谈到共产主义时认为："对私有财产的积极的扬弃……从而是人从宗教、家庭、国家等等向自己的合乎人性的存在即社会的存在的复归。"② 也就是说，扬弃私有财产就是对自身生命的真正的占有，因为私有财产使这个世界成为物化的世界，个人成为抽象的个人，人性被物性所掩盖。而在共产主义社会中，人不再是抽象的人，而是作为社会存在物的、占有自己财富的人，正是在这里马克思说，"任何解放都是使人的世界即各种关系回归于人自身"③。所以，共产主义实际上意味着人的彻底解放。此外，共产主义社会是真正的自由人的联合体。只有在真正的共同体中，个人才能获得全面发展其才能的手段，也就是说，只有在共同体中才可能有个人自由。综合以上论述，由于共产主义的实现意味着国家的消亡，同时意味着人能够实现自由而全面的发展，并获得真正的解放。因此，在马克思恩格斯看来，共产主义的实现标示着国家与个人矛盾关系的彻底解决。

---

① 《马克思恩格斯文集》（第 1 卷），人民出版社 2009 年版，第 527 页。
② 《马克思恩格斯文集》（第 1 卷），人民出版社 2009 年版，第 186 页。
③ 《马克思恩格斯文集》（第 1 卷），人民出版社 2009 年版，第 46 页。

第七章

马克思恩格斯国家与个人关系
思想的中国启示

习近平强调："必须认识到，我国社会主要矛盾的变化，没有改变我们对我国社会主义所处历史阶段的判断，我国仍处于并将长期处于社会主义初级阶段的基本国情没有变。"① 这就是说，当前中国仍处于向共产主义社会过渡的社会主义初级阶段，而这意味着国家仍有存在的必要性。因此，马克思恩格斯的国家与个人关系思想对我国的发展无疑具有现实性的启示。在当今世界，国家现实地存在着，个人又生活在国家之中，因而国家与个人的和谐统一，不仅对国家的发展，而且对个人的成长都有非常重要的意义。马克思恩格斯的国家与个人关系思想对我国至少有如下三个方面的启示：在宏观层面上，我们应当坚持中国共产党的领导，因为中国共产党的性质表明了她能够真正代表人民群众的利益，因而能够最大限度地消解国家与个人之间存在的矛盾，并且能够促使国家与个人达到更进一步的和谐统一。在中观层面上，我国应当坚持把促进个人发展作为国家治理的目标，唯有如此，才能更好地促进国家与个人的和谐，也才能更好地发展国家，更好地促进个人的发展。在微观层面上，我国应当坚持在社会发展中积极关心人民，在社会主义市场经济中正确处理国家与个人的关系，积极将社会主义核心价值观作为促进国家与个人和谐统一的价值基点，着力实现国家梦与个人梦的辩证统一，进一步提升国家与个人之间的良性互动。

---

① 《十九大以来重要文献选编（上）》，中央文献出版社 2019 年版，第 9 页。

第一节　在建设现代化强国进程中应始终坚持中国共产党的领导

我国是由中国共产党领导的社会主义国家，正是有了中国共产党的领导，我们才有了今天的美好生活。中国共产党是以马克思主义为指导建立起来的政党，她始终代表最广大人民群众的利益，因而她在推进国家建设过程中始终以为人民谋幸福、谋利益为根本，可以说，我国在中国共产党的领导下始终是以人民为中心的。从这个角度说，中国共产党领导的国家就能够最大限度地克服国家与个人的矛盾关系。鉴于此，我们当然要在建设现代化强国进程中始终坚持中国共产党的领导。

一　中国共产党始终坚持以马克思主义为指导

中国共产党已走过百年的光辉历程，回首过往，实践证明正是中国共产党带领中华儿女实现了国家富强、人民幸福安康。那中国共产党为什么能创造如此巨大的成就呢？其主要的原因是坚持马克思主义的指导。那么为什么中国共产党会选择马克思主义并以马克思主义为指导呢？再者，中国共产党是如何始终坚持马克思主义指导的呢？

首先，马克思主义有其自身的理论魅力，它为中国共产党指明前进的方向。熟悉中国近代以来发展历史的人，都能真切感受到，是马克思主义拯救了中国。在中国陷入危难的那个年代，是马克思主义抓住了中国救亡图存志士的心灵，由此才诞生中国共产党，才有了中国后来站起来、富起来、强起来的历史。马克思主义之所以具有如此巨大的现实力量，影响中国、影响世界，乃因为它是真理。习近平指出："马克思主义极大推进了人类文明进程，至今依然是具有重大国际影响的思想体系和话语体系。"① 马克思恩格斯用唯物史观对资产阶级历史和发展趋势进行分析，既指明了资本主义具有进步性，也批判了它的弊端。资本主义不是永恒的千年王国，其内在的矛盾使它必然走向灭亡。马克思主义对资本主义的批判以及对历史发展趋势的把握，均显示出马克思主义的真理

---

① 《十九大以来重要文献选编（上）》，中央文献出版社 2019 年版，第 426 页。

性。此外，从中国具体实践来看，马克思主义使中国革命有了新的方向。正是在马克思主义的指导下，中国共产党带领全国各族人民建成中国特色社会主义，在实践中生成中国特色社会主义意识形态。在中国危亡之际，各种社会思潮纷纷上场，如无政府主义、民主社会主义等，它们都力图拯救中国于危难之中，然而都失败了。不过，俄国十月革命的成功，为我们送来了马克思主义，中国共产党由此应运而生。此后，中国共产党立刻在中国大地扎根、发芽、生长，在马克思主义的指导下，她带领中国人民走上了革命、建设和改革的艰辛道路。因而，中国的历史和实践均已证明马克思主义是科学的、正确的。还要看到，马克思主义是重要的方法论。习近平指出："马克思主义始终是我们党和国家的指导思想，是我们认识世界、把握规律、追求真理、改造世界的强大思想武器。"① 也有论者认为："中国特色社会主义意识形态是以马克思主义科学世界观和方法论为指导思想和理论基础的社会意识形态。"② 因而，在应对意识形态领域内的风险和挑战时，我们党坚持马克思主义的方法论，即辩证唯物主义和历史唯物主义，坚持底线思维、辩证思维、战略思维，展开意识形态斗争，推动中国特色社会主义纵深发展。因而，从这个维度来看，马克思主义仍然是真理。马克思主义人民至上的理念也是符合现实、符合中国实际情况的，这也彰显出马克思主义的真理性。马克思主义是人民的理论，中国共产党传承了人民至上的理念，其一切领导活动、实践活动的出发点都是为了人民。总之，马克思主义是真理性的，它深刻地影响和改变了世界，也促成了中国特色社会主义的建立，因而中国共产党更加坚定信仰马克思主义，以马克思主义为指导建设中国。

其次，中国共产党始终以马克思主义为指导，建立新中国，建成具有中国特色的社会主义。马克思主义之所以能在中国产生如此之大的理论影响力和现实变革能力，一方面自然离不开马克思主义自身的科学性和真理性，但另一方面，也离不开中国共产党善于将马克思主义与中国具体实践相结合，在这个过程中中国共产党创造了中国化马克思主义，

---

① 《十九大以来重要文献选编（上）》，中央文献出版社 2019 年版，第 428 页。
② 余卫国：《意识形态自信：文化自信的逻辑递归和实践路径选择》，《青海社会科学》2020 年第 5 期。

以此为指导促进国家发展。这些具有中国特色社会主义理论的形成表明，在我国社会发展进程中，中国共产党始终坚持马克思主义的指导地位。1956 年三大改造完成后，我国确立了以马克思主义为指导的社会主义制度。此时，面对国外势力的压制、国内残余的封建买办思想和资产阶级唯心主义思想及党内不良的思想风气，毛泽东坚决指出，"在我们无产阶级专政的国家里，当然不能让毒草到处泛滥。无论在党内，还是在思想界、文艺界，主要的和占统治地位的，必须力争是香花，是马克思主义"①。在这个时期，中国共产党人始终坚持马克思主义，尤其是毛泽东，他亲自带领党内同志在全国范围内进行马克思主义理论宣传教育，破除封建买办思想、与资产阶级唯心主义展开斗争，同时宣传党的路线方针政策，鼓励人民参与社会主义现代化建设，为社会主义建设与改革打下牢固的基础。后来随着社会的发展，我国在建设过程中逐渐侧重政治功能，实行高度集中的计划经济体制并注重阶级斗争，这在一定程度上给社会主义建设带来挫折。但我们党吸取了教训，我国进行政治、经济、文化、生态等多个方面的改革。邓小平提出坚持四项基本原则，其中着重强调要坚持马列主义和毛泽东思想。在坚持马克思主义领导下，邓小平同志提出以经济建设为中心，实行改革开放的重大决策。针对国内当时出现的姓"资"与姓"社"的问题，邓小平明确指出，"计划多一点还是市场多一点，不是社会主义与资本主义的本质区别……计划和市场都是经济手段"②。这说明我们还是坚持以马克思主义为指导建立的社会主义，并在国家经济发展战略上实行社会主义市场经济。21 世纪初，面对新的发展形势，江泽民提出"三个代表"重要思想，高举思想旗帜，重申共产党人的使命，重塑共产党人的形象，而如何使共产党人能够坚守自己的使命，就是要坚持马克思主义的指导地位，"全党同志首先是各级干部必须加强马克思主义理论武装"③。之后，面对工业化、城镇化、社会发展不平衡、生态破坏，人与自然矛盾突出等问题，胡锦涛同志提出以人为本的科学发展观和以马克思主义为指导的社会主义核心价值体

---

① 《毛泽东文集》（第 7 卷），人民出版社 1999 年版，第 197 页。
② 《邓小平文选》（第 3 卷），人民出版社 1993 年版，第 373 页。
③ 《江泽民文选》（第 3 卷），人民出版社 2006 年版，第 227 页。

系，他明确指出："社会主义核心价值体系是社会主义意识形态的本质体现……用中国特色社会主义共同理想凝聚力量。"① 党的十八大以来以习近平同志为核心的党中央也始终坚持以马克思主义为指导。一方面，在新的历史发展时期共产党人为更好地适应新的执政环境，从容面对四大风险和四大考验，同时保持其先进性与纯洁性而进行自我革命，不断加强自身建设，始终坚持马克思主义；另一方面，我们党也要始终以马克思主义为指导进行社会革命，以实现国家繁荣富强，人民幸福安康，实现中华民族伟大复兴的中国梦为目标。国内方面，我们坚持马克思主义意识形态地位不动摇，开展意识形态宣传教育，坚定"四个自信"，做到"两个维护"。在全党开展"两学一做"、加强四史学习等。坚持社会主义核心价值观，坚持以人民为中心的发展思想，维护国家安全等。国家方面，我们以马克思主义为指导，坚持马克思主义世界历史理论，开展"一带一路"建设，推动世界共建人类命运共同体。总之，中国共产党在革命、建设、改革之路上始终以马克思主义为指导，实践证明它是科学的、行之有效的。我们中国共产党正是在它的指导下逐步迈向社会主义现代化强国。

二 中国共产党始终代表最广大人民群众的根本利益

中国共产党自成立起就始终代表最广大人民群众的根本利益。那为什么中国共产党能够代表最广大人民群众的根本利益？回答这个问题，则要从党的理论基点、中国传统社会文化熏陶与现实实践这三个方面来说明。

首先，中国共产党是在马克思主义指导下建立的党，马克思主义唯物史观和无产阶级政党观是中国共产党始终遵循的原则。就唯物史观角度来说，马克思恩格斯指出："整个所谓世界历史不外是人通过人的劳动而诞生的过程。"② 这就把人自身和人的实践置于很重要的地位。"人们为了能够'创造历史'，必须能够生活……第一个历史活动就是生产满足这

---

① 《胡锦涛文选》（第2卷），人民出版社2016年版，第639页。
② 《马克思恩格斯文集》（第1卷），人民出版社2009年版，第196页。

些需要的资料，即生产物质生活本身。"① 因而，可以说一方面实践是为了满足人的生存需求，另一方面实践是人的有意识的有目的的活动。人是在实践中生成的，人为了生存与发展不得不展开实践活动。有了人的现实的实践活动，人改变自然环境并创造社会和自身所需要的东西。马克思恩格斯认为，人民群众在社会历史发展中发挥着不可替代的作用。人民群众是社会物质财富和精神财富的创造者，是推动社会进步的根本力量。虽然生产力是社会变革的决定力量，可生产力只有经过人的运用，实现人的某种需求和社会发展的需求，才能使其变得更为强大，因而人民群众有重要的作用。就无产阶级政党观来说，无产阶级政党即共产党，他们不是代表少数人的，为少数人谋利益，而是代表多数人的，为多数人谋利益，而我们党是以马克思主义为指导建立的政党，这就决定了她也代表绝大多数人的利益。此外，作为一名共产党员，作为确定的人、现实的人，就有相应的职责和使命，所以中国共产党的每个共产党员要发挥自己的作用，做到始终为人民的利益而奋斗。因而中国共产党始终代表最广大人民群众的根本利益。

其次，中国共产党是植根于中国大地的，受中华优秀传统文化中的民本思想的影响。纵观中国五千多年文明史，一个朝代的繁荣昌盛，最主要的原因是君王体察民情，做到社会清明、人民安居乐业。中国历代先贤都提出民本思想。唐太宗的水能载舟亦能覆舟，就深刻表达了人民群众的重要性。宋代苏轼在《上神宗皇帝书》中说，"未论行事之是非，先观众心之向背"②。宋代朱熹也写出"天下之务莫大于恤民，而恤民之本，在于人君正心术以立纪纲"的旷世警句。直到近代孙中山先生提出的三民主义，都体现出中国社会始终以民为本，始终把人民放在首位。而中国共产党是根植于中国大地的，因而自然受中国传统文化中民本思想的影响，并且始终强调吸收中华优秀传统文化的精髓，实现中国传统文化的创造性转化和创新性发展。因此，汲取了中华文化民本思想的中国共产党，因为时刻想着为人民服务，因而她当然代表了最广大人民群众的利益。

---

① 《马克思恩格斯文集》（第1卷），人民出版社2009年版，第531页。
② 刘以林主编：《中国文学·苏轼作品选》，内蒙古人民出版社2003年版，第76页。

最后，从中国共产党百年奋斗历程看，中国共产党的确不仅是口头上高喊为人民服务，而且在实践上也用心为人民谋幸福。实践证明，她的确代表了最广大人民群众的根本利益。中国共产党自成立起就将为中国人民谋幸福，为中华民族谋复兴作为自己的初心和使命，在革命、建设和改革中都重视人民，始终以人民利益为重，从人民的立场出发想问题、办事情。毛泽东对人民做了很高的评价，他说，"人民，只有人民才是创造世界历史的动力"①。习近平也强调，人民是历史的创造者，群众是真正的英雄。在我国，人民有特定的政治内涵，人民指的是能够促进革命发展和社会进步的阶级、阶层及社会团体。人民不仅为建立新中国英勇抗争，还为建设社会主义现代化强国奉献自己的力量。习近平指出，"党性和人民性从来都是一致的、统一的"②。江泽民提出"三个代表"重要思想也深刻地表达了这一点。胡锦涛也重申，面临新的发展时期和新的发展状况，更要"保证我们党始终是中国工人阶级的先锋队，同时是中国人民和中华民族的先锋队"③。中国特色社会主义进入新时代，我们党的性质和宗旨没有变。党始终秉承全心全意为人民服务的理念。习近平多次强调："人民是我们党执政的最大底气，是我们共和国的坚实根基，是我们强党兴国的根本所在。"④ 我们回顾党走过的百年历程，党的重大思想的提出和重大举措的实施都紧紧围绕着人民展开。从我国社会主要矛盾的历次转变中也可以看到，每一个主要矛盾都与人民有关。如在党的十九大上提出，我国社会的主要矛盾是人民日益增长的美好生活需要和不平衡不充分的发展之间的矛盾，可见，我们党始终想着人民、为着人民，不断满足人民的需求和实现人民的利益。此外，科学发展观的提出直接体现出中国共产党始终是为人民的。科学发展观的核心就是以人为本，"坚持以人为本，就是要以实现人的全面发展为目标，从人民群众根本利益出发谋发展、促发展"⑤。我们尤其注意到，自党的十八大以来，党中央提出一系列惠民措施，直接体现中国共产党全心全意为人

① 《毛泽东选集》（第 3 卷），人民出版社 1991 年版，第 1031 页。

② 《习近平谈治国理政》（第 1 卷），外文出版社 2018 年版，第 154 页。

③ 《江泽民文选》（第 3 卷），人民出版社 2006 年版，第 569 页。

④ 《习近平谈治国理政》（第 3 卷），外文出版社 2020 年版，第 137 页。

⑤ 《胡锦涛文选》（第 2 卷），人民出版社 2016 年版，第 166—167 页。

民服务的宗旨。习近平指出，我们"要抓住人民最关心最直接最现实的利益问题，把人民群众的小事当作我们的大事"①。新冠疫情暴发，习近平总书记第一时间做出指示，要把人民群众的生命安全放到首位，这让我国人民感受到党的关怀。在这个全球疫情大流行时期，我们党不仅带领全国人民抗击疫情，努力恢复生产，还不忘继续开展脱贫攻坚战，并在 2021 年顺利实现了全面建成小康社会的宏伟目标。习近平庄严宣告："我国脱贫攻坚取得了全面胜利，现行标准下 9899 万农村贫困人口全部脱贫，832 个贫困县全部摘帽，12.8 万个贫困村全部出列，区域性整体贫困得到解决。"② 我国贫困人口收入水平显著提高，全国人民共同过上美好生活。此外，党中央一直提出要实现共同富裕，明确指出："我们说的共同富裕是全体人民共同富裕，是人民群众物质生活和精神生活都富裕，不是少数人的富裕，也不是整齐划一的平均主义。"③ 这一系列的举措无不体现我们党代表最广大人民群众的根本利益，始终把人民放在心中最高的位置。

三 中国共产党领导的国家能够克服国家与个人的矛盾

我国最基本的一项政治制度是中国共产党领导的多党合作和政治协商制度。中国共产党是执政党，其他民主党派是参政党，这些民主党派统一受中国共产党的领导。但这并不代表其他党派没有民主权利，相反，其他民主党派可以表达自己的意愿，最后中国共产党采纳由民主党派提出的对国家和人民发展有益的建议。这说明中国共产党不是一党独大，中国共产党是执政党，在社会各方面起领导作用，其始终贯彻民主的原则。中国共产党在执政过程中始终代表人民的利益，因而在其领导下的国家能够缓和与个人的矛盾。

第一，我们党是在马克思主义无产阶级政党的指导下建立起来的，其遵循马克思主义政党的党性原则，因而中国共产党领导的国家能够缓和国家与个人的矛盾。有学者指出："维护广大人民群众的根本利益是党

---

① 《习近平谈治国理政》（第 3 卷），外文出版社 2020 年版，第 135 页。
② 习近平：《在全国脱贫攻坚总结表彰大会上的讲话》，《人民日报》2021 年 2 月 26 日。
③ 习近平：《扎实推进共同富裕》，《求是》2021 年第 20 期。

员有党性的根本尺度。"① 马克思恩格斯规定共产党是无产阶级的政党，是代表无产阶级利益的政党。列宁指出："共产党以无产阶级为其阶级基础，但又不等同于无产阶级，是由无产阶级中的先进成员组成的。"② 因而共产党有先进性。我们党是马克思主义无产阶级政党，因而始终秉持无产阶级政党的党性。首先，我们始终把民主集中制定为我们党根本组织原则和制度。就此，邓小平指出，"我们需要集中统一的领导，但是必须有充分的民主，才能做到正确的集中"③，也就是在民主基础上的集中，在集中领导下的民主。其次，我们党始终加强作风建设，始终保持先进性和纯洁性。对党组织来说，就要遵守党内法规和纪律。对党员来说，就要以身作则，增强党员的组织性和纪律性。习近平总书记在中共十九届中央纪委四次全会上指出："要坚持以人民为中心的工作导向，以优良作风决胜全面建成小康社会、决战脱贫攻坚。"④ 正是因为我们党在全面建成小康社会的道路上，始终加强作风建设，我们才取得了全面建成小康社会的成就，实现全面脱贫的胜利。最后，党在领导全国人民进行社会革命和社会建设的同时，不忘加强自我革命，依法治党，从严治党，坚持开展党的反腐败斗争。

第二，从我国的国家性质和我们党执行利益表达途径与形式上看，中国共产党领导的国家能够最大限度地克服国家与个人的矛盾。众所周知，当今世界有两种社会制度并存，一种是资本主义制度，一种是社会主义制度。在这两种不同性质的社会中，虽都有政党领导国家，但是政党代表的利益团体和执行利益表达功能的途径与形式存在一定的差别。在资本主义社会中主要是通过竞选的方式实现的，通过竞选来反映并验证其代表整个资产阶级的利益与意志的程度，并从中得以执掌政权。而在社会主义社会中，人民群众真正成为国家的主人，其利益和要求被置于政治的最高地位。"为实现对国家与社会的领导与管理并顺利推进社会

---

① 寇清杰、李征征：《列宁党性思想的着力点及党性教育实现路径》，《广西社会科学》2019 年第 12 期。

② 曹泳鑫、卢汉：《论中国共产党对马克思主义政党党性的守正创新》，《毛泽东邓小平理论研究》2020 年第 3 期。

③ 《邓小平文选》（第 2 卷），人民出版社 1994 年版，第 144 页。

④ 《习近平谈治国理政》（第 3 卷），外文出版社 2020 年版，第 548 页。

主义事业的发展，无产阶级政党也要将人民群众的各种意志与要求集中统一起来，转化为法律、制度、政策等形式。"① 而事实上，我们国家中的执政党即中国共产党就是这样做的。我国是中国共产党领导的社会主义国家，正因如此，人民才能在形式上和实质上都具有主体地位。像比较典型的资本主义国家——美国，其国家的政策都是由金融寡头所决定的，并且美国存在种族、种姓、民族、阶级、财富、男女等歧视，政治上压制人民。所以经过比较我们看出，我们党领导的国家是以人民为中心的。此外，国家就是在秉承满足阶级利益的执政理念下展开实现阶级利益的治理实践的。我们"国家的性质决定了中国共产党作为执政党将以'人民为中心'作为执政信条的政治前提"②。所以说，中国共产党领导的国家能够最大限度地克服国家与个人的矛盾。

第三，从中国共产党领导国家取得前所未有的伟大成就，人民过上幸福美好的生活来看，中国共产党领导的国家的确能够有效缓解国家与个人的矛盾。为谁立命、为谁谋利，是判断一项制度性质和优劣的根本性、方向性问题。我们之所以把坚持中国共产党的领导作为我国的根本政治制度，其原因在于在其领导下，国家走向富强，人民安居乐业。在党的领导下，我国的发展始终以人民为中心，人民至上已成为一种价值理念，已成为判断一项制度好坏的标准。正是在中国共产党的领导下我们取得了社会主义建设的伟大成就。从国家层面看，中国共产党领导的国家取得许多新的伟大成就。2019 年 9 月 17 日，习近平总书记在视察黄河郑州段时的讲话中提出："实践证明，只有在中国共产党领导下，发挥社会主义制度优势，才能真正实现黄河治理从被动到主动的历史性转变，从根本上改变黄河三年两决口的惨痛状况。"③ 大兴国际机场不到五年的时间竣工，港珠澳大桥克服世界级工程难题建成通车，我国首个航母"山东舰"正式交付海军等，探月工程、中国空间站建设等，我国谱写了

① 王邦佐等编著：《中国政党制度的社会生态分析》，上海人民出版社 2000 年版，第 214 页。

② 卢黎歌、梅煜：《"人民至上"价值理念的三重意蕴》，《西安交通大学学报》（社会科学版）2021 年第 4 期。

③ 杜尚泽等：《创作新时代的黄河大合唱——记习近平总书记考察调研并主持召开黄河流域生态保护和高质量发展座谈会》，《人民日报》2019 年 9 月 20 日。

开创性发展的新篇章。此外，我国国内生产总值稳居世界第二，人均GDP逐年上升，这些都表明在中国共产党领导下国家逐步走向繁荣富强。从个人层面看，中国共产党领导的国家始终把造福人民、创造人民美好生活作为一切工作的重点。给个人提供就业的机会和发展的舞台的同时始终坚持国家一切建设依靠人民，把人民视为社会主义事业的建设者，让人民看到自身的价值，让人民有更多的获得感和幸福感。此外，在宣传社会主义核心价值体系和核心价值观的基础上，把共产主义信仰者、中国特色社会主义拥护者、中华民族爱国者、创造财富劳动者、民营经济投资者等紧密地团结起来，实行最广泛的统一战线，加速建成富强民主文明和谐美丽的社会主义现代化强国。

综合本节所述内容来看，由于中国共产党始终以马克思主义为指导，并且的确代表最广大人民群众的根本利益，因而由她领导的国家就能够最大限度地缓和国家与个人的矛盾关系。因此，立足于马克思恩格斯国家与个人关系思想，在我国推进现代化强国建设的进程中，始终坚持中国共产党的领导无疑是最为正确的选择。

第二节　坚持将促进个人发展作为国家治理的重要目标

我国是以马克思主义为指导建立的具有中国特色的社会主义国家，因而始终遵循马克思主义以人为本的思想。马克思恩格斯国家与个人关系思想作为马克思主义的重要内容之一，也始终把追求人的发展放在首要地位。虽然在马克思恩格斯看来，国家是阶级统治的工具，但我国是人民民主专政的国家，这意味着国家的性质已经发生变化，也就是说国家所采取的行动是有益于个人的。我国的国家治理都是以个人组成的人民的利益为出发点和落脚点的。国家治理是双赢的，即在实现国家富强的同时，个人也得到了发展。所以可以认为，以促进个人发展为目的的中国特色社会主义国家治理是缓解国家与个人矛盾的现实方案，也是促进我国国家与个人更加和谐统一的重要途径。因此，马克思恩格斯国家与个人关系思想带给我们的一个重要启示就是要在发展中国特色社会主义的过程中，坚持将促进个人发展作为国家治理的重要目标。

一 追求人的发展是马克思恩格斯国家与个人关系思想的根本

从马克思恩格斯国家与个人关系思想的核心内容中可以看到，无论从国家的阶级属性审视国家与个人的关系，还是从"国家—市民社会—个人"三重结构中探究国家与个人的关系，抑或是在共同体历史演变中认识国家与个人的关系，再或是在人的全面解放维度中辩证认识国家与个人的关系，国家与个人之间都是存在矛盾的。总的来看，马克思恩格斯认为国家有其不利的一面，那就是限制个人发展乃至压迫个人。可以说，马克思恩格斯之所以将国家与个人关系作为一个重要内容加以探讨，不仅是因为国家在他们当时生活的那个年代现实地存在着，而且是因为他们想要为人的彻底解放、为人的全面发展找到一条切实可行的道路，如此他们就无法绕开国家与个人的关系问题。所以，马克思恩格斯国家与个人关系思想的根本在于追求人的发展。

首先，从马克思恩格斯国家与个人关系思想的理论基础、现实背景以及他们的个人实践来看，马克思恩格斯的国家与个人思想的根本在于追求人的发展。马克思首先批判德国的旧哲学，尤其是以费希特、黑格尔和费尔巴哈为代表的旧哲学，批判他们对国家本质、人的本质的认识。黑格尔认为，国家是绝对精神的体现、理性的产物。在黑格尔那里，人能够在国家中实现自由和发展，如此国家与个人之间似乎并无矛盾可言。费希特建构的"理性王国"是神意的体现，是上帝的王国，是至高无上的。费尔巴哈把人看作直观感性的动物，是抽去人的主观能动性的"类"人，同时把国家理解为神化的人，国家高于人的存在。马克思不但批判他们有关国家本质和人的本质的认识，而且摒弃他们在考察国家、个人时所使用的虚幻的、唯心主义的视角，转而采取从现实的、唯物主义的视角来审视国家和个人，从而把一切虚幻的批判落到尘世即现实的国家中。马克思认为，人是具有感性实践的、现实的有血有肉的人，是处于一定社会关系中的人，而不是单个的原子式的个人。国家也不是虚幻的、绝对精神的化身，而是建立在现实社会物质基础之上的上层建筑。马克思恩格斯从他们所处时代的国家，如德国普鲁士专制的封建国家、英国、法国等资本主义国家中，发现国家是专门为某一阶级服务的，是某一阶级压迫人民的工具。由此他们得出国家并不是理性的体现，而是阶级统治的工具，它具有压迫性质，并限制个人的发展。马克思恩格斯所处的阶段是资本主义的上升期，因而在看到资本主义社会繁荣的同时看到了资本主义国家面对周期性经济危机的表现。那时的社会处于动荡期，产品找不到销路而大量积压，资本家和工人都受到危机的影响，尤其是工人找不到工作，连基本的生存都维持不了。国家在当时不能很好地处理经济危机，只能通过毁坏产品或者通过海外战争转嫁危机来解决问题。所以，资本主义国家不能从根本上解决危机。此外，从资本主义国家中的个人生存现状来看，资本控制了国家，进而影响到个人。国家被资本裹挟，遵循资本逻辑，无法关注每个人的利益。资本又渗透到社会之中，尤其渗透到生产领域，不仅是工人，资本家也受到资本的影响。工人生存困难，而资本家自己受到资本的控制，他们生产什么、怎样生产都由资本决定。可以说整个国家都被一种无法把握的资本逻辑所控制。国家为资本持有者所操控，成为资本所有者的工具。这样的国家从表面上看，它倡导自由、平等、民主，但实际上却造成不平等。对广大人民群众而言，国家是为资产阶级服务的。显然，在那个时代，马克思恩格斯早已看到了资本主义国家对个人的压迫。事实上，马克思恩格斯不只是批判家，而且是实践家，他们积极参与捍卫个人自由的斗争之中，创办报纸，为人民利益发声，还建立共产主义者同盟，推动欧洲革命发展。总之，马克思恩格斯对德国旧哲学的批判、对他们所处的社会现实的批判和为争取人民自由而进行的社会实践都为他们的国家与个人思想的形成奠定了扎实的基础，并且从中我们也能看到，马克思恩格斯的初衷是实现人的全面发展。因此，从这一维度来看，追求人的发展是马克思恩格斯国家与个人关系思想的根本。

其次，从马克思恩格斯国家与个人关系思想的核心内容及其有关国家与个人之间矛盾的解决方式中也可以把握到他们的国家与个人关系思想的根本目的在于追求人的发展。在马克思恩格斯国家与个人关系思想的四个方面主要内容中可以把握到，马克思恩格斯无论赞扬国家的政治解放意义，还是揭示国家的阶级统治的本质，都没有离开人的生存、自由与发展。关键还在于，他们在指出国家与个人之间存在矛盾的同时，还着力提出相应的方案来解决二者的矛盾。马克思指出，哲学家的目的不仅仅要解释世界，更重要的是要改造世界。在第三章中，我们已着重分析了马克思恩格斯之前的思想家看到国家与个人存在矛盾并结合自身所处的历史阶段，提出他们有关国家与个人矛盾关系的解决方案。不过，由于他们没有深刻认识到国家的本质，也没有深入挖掘国家的历史唯物主义起源，同时没有认识到人的本质，所以没有彻底或者根本地解决国家与个人的矛盾。如欧文等空想社会主义者，不是从历史发展的唯物主义角度而是从唯心主义的角度来思考，由此导致的结果是从唯心主义角度承认人的心理的发展并对资产阶级寄予厚望，希望以慈善和博爱来感化资产阶级进而使他们能够帮助无产阶级摆脱困境，与此同时还幻想不通过政治斗争而一下子把国家提到共产主义的境界以达到国家自行消亡的目的。虽然在他们畅想的未来的共产主义社会会实现人的发展，但那只是"和过去毫无联系的抽象的人的发展"①。因而他们的解决方案是无效的。反观马克思恩格斯所提出的解决国家与个人矛盾关系的方案，不是空想的而是直接付诸实际行动的。先是无产阶级联合通过社会革命打碎资产阶级旧的国家机器。再是建立无产阶级自己的国家，实行无产阶级专政，把资产阶级的私有的生产资料剥夺，实现生产资料全民所有，大力发展生产力。最后是在物质得到极大丰富之后，进入共产主义社会。那时国家会自行消亡，由此国家与个人的矛盾得到彻底解决。在共产主义社会中，没有分工，人们也有足够的时间来发展自身，每个人能够得到自由而全面的发展。

所以，无论从马克思恩格斯国家与个人关系思想的基础，还是国家与个人关系思想的核心内容，抑或是他们提出的有关国家与个人矛盾关系的解决方案来看，马克思恩格斯国家与个人关系思想的根本乃是追求人的全面而自由的发展。

二　坚持以人民为中心的国家治理

马克思恩格斯所推断的未来的共产主义社会中国家将消亡，从而人能够得到真正的解放。不过现阶段我们还没有达到马克思恩格斯所提出的那种物质极大丰富的程度，因而在未来很长一段时间内国家会一直存在。既然国家现实地存在着，那么国家与个人的矛盾关系就不可能得到

---

① 《马克思恩格斯文集》（第1卷），人民出版社2009年版，第472页。

彻底解决，不过我们却可以促进国家与个人和谐统一，实现共同发展。就现代社会而言，国家是由无数个个人组成的，个人生活于国家之中，没有个人，就没有国家，所以说国家与个人是紧密相连的。我们将目光聚焦于我国，我们看到个人积极的生产活动对国家的发展具有非常重要的作用。无论是拥有丰富知识的科学家，还是各行各业中平平凡凡但却能勤勤恳恳做好本职工作的人都对国家有贡献。所以对国家发展而言，个人是非常重要的。需要指出的是，我们这里所说的个人是现实存在的个人，而不是抽象的、原子式的个人。在我国，我们强调个人的同时将更多的目光放到人民身上。从现实层面说，人民是由无数个个人组成的。从概念意义上说，人民是由个人组成的一个大的集体的统称。因而，人民是抽象的概念与具体的概念的统一。我们谈到人民自然就会想到是由无数个个人组成的。从一定意义上而言，人民代表了一种普遍性。所以，我国从宏观层面制定制度或实施一项政策谈到其价值所在时总会提及"人民"二字，并始终以人民为中心，为人民的利益而奋斗。

当前我国处于社会主义初级阶段，国家依然存在，并且我国正逐渐走向世界舞台的中央。尤其党的十八大以来，我国的国际地位有了很大的提升，中华民族越发自信，人民越发幸福。这一系列变化自然离不开由中国共产党领导的国家展开的一系列治理。现实发展表明，国家要实现繁荣富强、长盛不衰，最重要的是从内部不断调整自身来适应社会的变化，从而增强国力以沉着应对外部的竞争和国际环境的变化，而这种适时的调整称为国家治理。在马克思恩格斯看来，国家有政治统治和社会管理两大重要职能。政治统治职能在马克思恩格斯看来是由一个阶级掌握国家而对其他阶级进行统治的活动。但我国是社会主义国家，实行人民民主专政，人民当家作主，因而不存在政治统治。但我国的社会管理职能是存在的，我们可以把这一职能称为国家治理。有学者对国家治理下了明确的定义，他认为："国家治理是国家按照某种既定的秩序和目标，对全社会包括政治、经济、社会、文化、生态等领域进行自觉的、有计划的控制、支配、规范和引导、组织、协调的活动。"① 也就说是全方位的，涉及政治、经济、社会、文化、生态等多方面，国家要从整体

---

① 丁志刚：《如何理解国家治理与国家治理体系》，《学术界》2014 年第 2 期。

上调控、规范和引导。但是国家调控、引导需要制定相应的、具体的制度，以便高效率落实相应的政策措施。因此，国家治理的关键在于制度，可以说国家治理是由一系列制度构成的，制度是保障执行力的前提。习近平在《坚持、完善和发展中国特色社会主义国家制度与法律制度》一文中深刻指出："我国国家制度深深植根于人民之中，能够有效体现人民意志、保障人民权益、激发人民创造力。"① 这说明制定国家制度的终极目标是为了人民，而制度是国家在治理过程中规范、引导、调配社会各方面的重要手段，因而这表达了一个重要的信息，即我国国家治理始终以人民为中心。

我国的国家治理要以人民为中心。首先，从人民群众自身方面来说，我国的治理是共治共享模式，也就是说人民参与国家治理之中，在其中发光发热，成为国家治理中不可或缺的一分子。虽然国家从整体上调控、支配、引导和规范社会的各方面，但是政策下沉到基层后，还是由人民来执行的。因此，人们在参与国家治理的同时也享受国家治理带来的红利。习近平指出，"人民是历史的创造者，是决定党和国家前途命运的根本力量"②。因此，人民参与国家治理，也是在创造历史、创造美好生活。所以，国家治理应该以人民为中心。其次，从国家治理的价值维度来说，我国遵循马克思恩格斯国家治理的基本思想，人本性是马克思恩格斯国家治理的精髓，因而我国国家治理始终坚持以人为本。有学者指出："人本性是中国特色社会主义国家治理坚持以人民为中心的根本要求和外显特征。"③ 这就说明国家治理始终以人为本。从宏观上说，以人民为中心的国家治理也是在追求人的发展。从微观上说，以人民为中心的发展涉及我们每一个个体。给人民带来幸福的国家治理才是有效的，所以，国家治理要始终坚持以人民为中心。

以人民为中心的国家治理不仅是一种价值旨归，还是国家治理能力的体现。国家治理涉及社会的各个方面，在各个方面中都践行以人民为

---

① 习近平：《坚持、完善和发展中国特色社会主义国家制度与法律制度》，《求是》2019 年第 23 期。

② 《习近平谈治国理政》（第 3 卷），外文出版社 2020 年版，第 135 页。

③ 陈昌荣：《科学理解中国特色社会主义制度和国家治理体系的三个维度》，《云南社会主义学院学报》2021 年第 3 期。

中心的发展思想和治理理念。"我国国家制度和国家治理体系始终着眼于实现好、维护好、发展好最广大人民根本利益"①，国家治理和国家的发展是不可分离的，治理的好坏直接决定国家的繁荣发展和人民的有序生活。习近平指出："我们要着力提升发展质量和效益，更好满足人民多方面日益增长的需要，更好促进人的全面发展、全体人民共同富裕。"② 从根本上说，这也是国家治理的现实目标之所在。所以，我国的国家治理从这一目标出发实施了一系列举措。一是在全国开展脱贫工作，谱写了人类反贫困历史的新篇章。在脱贫工作中着力解决"两不愁三保障"的突出问题。二是保护人类共同生存家园，以绿水青山就是金山银山为生态治理的理念，实行河长制、湖长制，压实责任，推进生态文明建设，建设一个美丽中国，为人民有美好的生活环境而奋斗。三是加强社会治理，推进社区网格化管理，提高办事效率，为人民创造安全的生活环境。四是国家制定完备的法律，规范市场秩序，促进社会公平正义，等等。当然，我国的国家治理还涉及其他方面，在这里不一一赘述。正因为始终坚持以人民为中心，所以随着我国的发展，人民的幸福感、满足感在逐渐提升。总之，要始终坚持以人民为中心的国家治理，唯有如此，国家才能繁荣昌盛，人们才能安居乐业，国家与个人更加和谐统一。

三 促进个人发展的国家治理是缓解国家与个人矛盾的现实方案

通过对马克思恩格斯国家与个人关系思想的研究可知，马克思恩格斯认为国家与个人是有矛盾的，所以他们在阐述其思想的同时也为我们给出解决国家与个人矛盾的方案。这个方案不是无产阶级把资产阶级的国家政权从资产阶级手里夺过来继而在原有的国家机器基础上进行治理，而是打碎资产阶级旧的国家机器，代之以建立无产阶级专政的国家，唯有这样才能解决国家与个人的矛盾。因为这时的国家性质已经发生变化，它是社会主义国家，国家的权力真正属于全体人民，而不属于占人口少数的资产阶级。也就是说，马克思恩格斯认为要解决国家与个人的矛盾需要建立代表人民大众利益的无产阶级国家。从宏观上看，我国实行人

---

① 《习近平谈治国理政》（第3卷），外文出版社2020年版，第123页。
② 《习近平谈治国理政》（第3卷），外文出版社2020年版，第133页。

民民主专政是解决国家与个人矛盾的重要举措。一来我国是在马克思主义指导下，确切地说是马克思主义国家理论与我国的实际国情相结合而建立的具有中国特色的社会主义国家。二来我国是人民民主专政的社会主义国家，人民当家作主，没有统治与被统治之说。所以建立社会主义国家实行人民民主专政是解决国家与个人矛盾的一个积极的方案。从微观上看，社会是个复杂而庞大的系统，单从宏观方面来推进是不可能完满的，还需要落到实处，深入社会的各个层面，所以就需要国家治理。国家治理涉及社会的方方面面，正因如此才能准确抓住人民乃至每个个人的需求，从而从每个个人的需求出发，来展开以促进个人发展为目标的国家治理。前文已指出要坚持以人民为中心的国家治理，并且我们看到人民是由一个个人组成的。以人民为中心的国家治理，落到细小处也是为每个人。由于每个人生活环境的不同、需求不同，可以说每个人是差异化发展的，而社会又是复杂的。所以只有从社会各个领域出发，并根据每个人的不同需求来进行相应的治理，比如根据个人的能力和兴趣给个人提供不同的机会和资源，如此国家和个人才能得到更好的发展。因此，不仅需要通过人民当家作主来实现国家与个人的和谐统一，更重要的是深入社会现实，根据个人的需求进行国家治理，从而促进国家与个人更加和谐统一。

其实促进个人发展是人类永恒的主题，自人类社会产生以来，关注人类生存与发展的改革家、思想家层出不穷。虽然他们的有些改革没有从根本上促进人的发展，但是他们的思想乃至政治主张的初衷还是为了人。人一般首先要满足生存需要即物质需要，然后再谈人的发展需要，因为物质需要是最基本的。人的发展是建立在最基本的物质需求之上的。马克思恩格斯也指出，人的自由而全面的发展也是建立在物质极大丰富的基础之上的。在我国，中国特色社会主义取得伟大成就，个人最基本的生存需求已得到满足，而我们现在要关注的是如何实现个人的发展。人是社会性动物，人只有在社会中才能实现发展，而脱离社会、离群索居的个人是无法得到发展，也无法感受到自己的成长的。个人得到发展与否的标准有两个，一是在自我成长历程中比较，在时间的历程中看个人是否发展，如自身技能的提高、精神层次的提升等；二是自我与所处社会的比较，如与社会脱节了还是完全融入社会并紧跟社会发展，这也是个人是否得到发展的一个重要评价标准。总而言之,只有在社会中才能不断提升自身。但是有一个重要的问题是,只有良性运行的社会才能促进个人发展,而无序的社会将会阻碍人的发展。

为促进个人发展,国家也出台一系列政策来推进以促进个人发展为目标的国家治理,如国家出台《中华人民共和国个人信息保护法》(简称《个人信息保护法》)。此法的重要目的就是完善社会信用体系并且为国家机关处理个人信息划定一定的边界,从而保护个人信息,也就是说这条法规为国家如何完善社会信用体系并如何划清与个人信息、社会信用之间的边界提供依据。有学者指出:"个人信息利用需要严格恪守个人保护逻辑,规范信息利用行为,加强个人权益保护……个人保护逻辑的实现则需要将国家治理纳入法治框架,以促进国家治理能力输出规范化。"[1]因而可以说,国家治理在规范社会的同时也给自身划定法律边界。个人信息的保护虽然对于人的整个发展来说微乎其微,但是它无疑影响着个人。所以《个人信息保护法》的出台,也为促进个人发展保驾护航。此外,国家为个人提供发展的平台,如规范平台经济、完善平台经济法律法规,增加个人依据其自身能力出彩的机会,以便他们成为传播正能量的网红。如四川理塘的丁真就是鲜明的例子,在抖音平台上爆火后,走出自己的小世界进入多姿多彩的大世界,在实现个人发展的同时促进家乡的旅游业,这就是促进个人发展的国家治理的生动体现。

实现人的发展是马克思恩格斯国家与个人关系思想的终极目标,在当前国家依然存在的情况下,促进个人发展的国家治理是解决国家与个人矛盾的最佳方案,而我国国家的治理确实以人民为中心,始终关注个人发展。正因为如此,我们才会有生于华夏,何其有幸的深切感受。

第三节 坚持在社会发展中实现国家与个人良性互动

要真正实现国家与个人和谐统一自然离不开国家、社会和个人三方面的共同努力。我们生活于国家之中,更确切地说是生活在社会中,而

---

[1] 孟融:《国家治理到个人保护:社会信用体系的信息利用逻辑传递——以〈个人信息保护法〉出台为背景》,《北京行政学院学报》2021 年第 5 期。

社会则是国家与个人的中介。正是在社会生活中，国家与个人能够实现真正的互动，因而我们需要在促进社会发展的同时积极实现国家与个人的良性互动。这主要包括在社会主义市场经济中正确处理国家与个人的关系、把社会主义核心价值观作为国家与个人和谐统一的价值基点，着力实现国家梦与个人梦的辩证统一。

一 在社会主义市场经济中正确处理国家与个人的关系

我国是社会主义国家，实行人民民主专政，人民真正成为国家的主人，这与马克思恩格斯所批判的资本主义国家即虚幻的共同体是有所不同的。资产阶级国家作为虚幻的共同体，其所标榜的"'自由'、'平等'、'人权'等所谓'共同价值'都成为共同关系作掩护的意识形态'外衣'"[1]。资本主义国家从本质上来说代表的是资产阶级的利益，所以国家与个人是有矛盾的。我国的国家性质、以人民为中心的国家治理以及中国共产党全心全意为人民服务的宗旨等，无不体现出国家始终把人民放在最高的位置。所以在我国，国家与个人之间是一种和谐的共生关系。根据马克思恩格斯的理论主张，相较于资产阶级国家即作为虚幻的共同体，我们国家可以称为真实的共同体。随着国际交流的日益频繁、加深及社会经济的发展，人们在一定程度上也受到资本主义市场经济思想的影响，尤其是新自由主义的影响，认为资本主义市场经济能够充分实现个人自由，而社会主义市场经济是公有制的，由国家管控而不能实现个人自由。此外，社会主义市场经济发展过程中出现的一些难题如消费异化、拜物教、交往不平等、不公平等，这些问题能否得到合理有效的解决直接关系国家与个人的关系是否和谐。面对这些问题，我们所要做的就是：第一，积极发挥社会主义市场经济优势，正确看待在社会主义市场经济中的国家与个人关系，即个人可以在社会主义市场经济中实现自由。第二，运用社会主义市场经济制度优势，解决面临的难题，从而正确处理国家与个人的关系，让国家与个人更加和谐统一。

首先，我们来回答第一个问题即社会主义市场经济能否实现个人自由，也就是要回应这一问题：资本主义市场经济真的比社会主义市场经

---

① 赵坤：《马克思个人与共同体关系思想研究》，博士学位论文，东北师范大学，2018 年。

济更能实现个人自由吗？其一，从市场经济模式和所有制形式来看，资本主义国家是以私有制为基础的，而且资本主义市场经济一般是市场主导的，国家（政府）在其中的作用很小。而社会主义市场经济是以公有制为基础的，并且在认同市场的决定作用之外，还要充分发挥国家（政府）的作用，从而实现社会主义市场经济的高质量发展。就资本主义市场经济来说，其鲜明的特征是以私有制为基础。虽然市场经济经历了从古典市场经济到现代市场经济的转变，但其根本性质并未发生改变。古典市场经济的代表人物亚当·斯密提出他的"经济人"理论。他认为，市场不需要国家（政府）调控，只需要"一只看不见的手"进行自行调节就可以，这样市场主体即每一个个人都可以实现充分的自由。但是20世纪30年代的经济危机使人们逐渐清醒，已然认识到市场不是万能的，也有其缺陷。所以，凯恩斯主义出现了，凯恩斯主义主张用国家（政府）的力量进行宏观调控，从而弥补市场的不足和有时失灵的状况。但后来随着资本主义经济的发展而出现了以哈耶克为代表的新自由主义，他们不但提倡完全放任自由的市场经济，还批判政府并希望政府只做"守夜人"。对一种政府调控的计划手段，哈耶克批判性地指出，"一个受指导的经济必须或多或少地遵循独裁性的路线"①。也就是说，他反对国家（政府）的调控和指导，主张充分的市场自由。若有政府的指导乃至计划的话就有很大可能产生独裁，这样一来则无法实现个人自由。从市场经济发展历程看，西方资本主义市场经济还是以市场为基础，几乎不需要宏观调控，因为在他们看来，国家的介入会妨碍个人自由的实现。我们国家刚成立初期，实行计划经济，之后随着国家政策的不断调整，建立起以公有制为主体，多种所有制经济共同发展的经济制度，开启社会主义市场经济的新时代。党的十八届三中全会提出，要"使市场在资源的配置中起决定性作用和更好发挥政府作用"，也就是说，社会主义市场经济，不是完全放任由市场决定的，而是政府以计划形式参与资源配置，主要是政府通过国有企业完成对市场配置资源所具有的缺陷和漏洞进行弥补。显然，这并没有妨碍个人自由的实现。可以看到，资本主义市场

---

①　[英] 冯·哈耶克：《通往奴役之路》，王明毅、冯兴元等译，中国社会科学出版社1997年版，第87页。

经济与社会主义市场经济有着根本的不同。

其二，从个人在资本主义市场经济与社会主义市场经济中自由的实现的对比中我们看到，资本主义市场经济实现的自由是片面的、个别人的自由，而社会主义市场经济通过国家宏观调控实现的则是全民的自由。我们先来看资本主义市场经济中的个人自由。在第一点的阐述中，我们看到资本主义市场经济是建立在私有制基础上的，而且新自由主义者认为，只有崇尚自由市场，人的自由才能得到保障。但是资本主义制度下的市场经济完全以资本家的利益为主，资本主义市场经济只是保护资产阶级的自由，比如资本家的生产商品的自由、贸易的自由等，而对于其他阶级来说，尤其是工人阶级，就只是出卖劳动力的自由。再者，资本主义国家是为资产阶级服务的，即使通过微弱的力量进入资本主义市场，那也是以资本家的利益为主，实现的是资本家的个人自由。反之，社会主义市场经济是以公有制为基础的，社会主义市场经济首先依循了"其'每个人的自由发展是一切人的自由发展的条件'"[1] 这一基本逻辑。此外，"社会主义生产的根本目的是为了满足人民需要，促进人的全面发展，国家的计划和规划，都是坚持以人民为中心"[2]。社会主义市场经济保证了人民主体的权利地位，它以人民的利益为价值导向，其价值立场是以个体独立性为前提的集体主义市场。此外，国家通过宏观调控，建立市场法规，规范社会市场主体，给人们营造公平、正义、良好的市场环境。正是如此，我国的市场经济保护每个人的自由。总之，在与资本主义市场经济的比较中，我们可以看到社会主义市场经济，在国家宏观调控下保护个人，实现了个人自由。所以针对第一个问题，我们的回答便是社会主义市场经济是能够实现个人自由的，而且国家宏观调控恰恰是当前阶段实现个人自由不可或缺的条件。

对于第二个问题，社会主义市场经济能够处理好一些现实的问题，能够实现公平、平等与正义。在这里我们首先要认识到，在坚持社会主

---

① 于金成：《社会主义市场经济对马克思人的发展理论的深化》，《理论与现代化》2021 年第 6 期。

② 刘凤义：《论社会主义市场经济中政府和市场的关系》，《马克思主义研究》2020 年第 2 期。

义市场经济的同时还需市场经济制度不断完善，要让政府"不仅成为社会公共事务和社会经济活动的管理者和参与者，而且是广大人民群众根本利益的代表，是社会主义制度的捍卫者"①。因此，要注意以下问题：一是不能只强调集体而忽视个人，国家要把握好宏观调控的度，不能过度控制市场经济，要让市场有其自由发展的空间。二是完善分配制度，在按劳分配的基础上，通过合理有效的制度，解决初次分配和二次分配的问题，逐步缩小贫富差距。三是实现以个体差别为前提的平等，让个人利益得到切实保障，从而实现共享发展、共同富裕。四是警惕资本渗透，影响国家决策。随着外国资本的输入，资本市场鱼龙混杂，在这个重要时期，国家要利用资本。五是针对社会主义市场经济条件下出现的消费异化，金钱拜物教、权力拜物教等的不良现象，要由国家推动大力发展社会生产力，同时让人们精神境界提升，使人们不受物的控制。六是国家要实行全面深化改革，处理好个人利益关系，扩大供给、满足需求、充分就业，公平合理地处理人与人之间的关系，凸显人的主体地位和首创精神。

总而言之，在社会主义市场经济中，通过国家宏观调控和市场经济自身有序地发展，正确处理了国家与个人的关系。由此，人们能够实现真正的自由和平等，国家与个人更加和谐统一。

二 将社会主义核心价值观作为国家与个人和谐统一的价值基点

我国自改革开放，尤其是党的十八大以来，经济进入高质量发展阶段并且逐渐走向世界前列。深究其原因，乃是因为党的坚强领导和全国各族人民的共同奋斗。正是全国各族人民齐心协力、艰苦奋斗才有了我们今天的美好生活。但是我们在享受美好生活的同时也要居安思危，理性面对社会中出现的一些问题并积极地加以解决，让我们的国家更加富强，人民生活更加幸福。众所周知，自改革开放以来，中国扩大对外开放，社会主义市场经济蓬勃发展，这让每个人都有机会，也有能力创造属于自己的美好生活。但是我们也面临一些问题，一方面，西方外来文

---

① 刘凤义：《论社会主义市场经济中政府和市场的关系》，《马克思主义研究》2020 年第 2 期。

化输入，尤其是个人主义的输入，这使得在我国个人主义者尤其是精致利己主义者不少，他们坚持个人主义，而漠视集体主义，有时为了实现自己的利益不惜侵害集体利益；另一方面，经济新自由主义也不断冲击我们的社会主义市场，导致有些市场主体漠视国家（政府）制定的有利于社会经济发展的规则和法律。可以看到，这些思潮在给个人的价值观带来一定冲击的同时，也在一定程度上影响国家与个人的和谐统一。因此，党和国家坚持问题导向，提出社会主义核心价值观，以此来引领社会多元价值和文化潮流，加强社会主义精神文明建设，规范个人和社会，阻击企图破坏国家与个人和谐统一的行为。

一般来说，核心价值观是人们生活所遵循的一种共同的价值理念，旨在规范个人和社会，从而让人们生活在一个有秩序的社会环境之中。可以说，它对社会生活秩序有着非常重要的意义。习近平明确指出："培育和弘扬核心价值观，有效整合社会意识，是社会系统得以正常运转、社会秩序得以有效维护的重要途径。"① 这说明核心价值观对社会发展非常重要。虽然核心价值观属于精神层面，更加理性地说，它属于意识形态领域，但它有时却胜过物质的力量。它用一种无形的力量规范国家、社会和个人，从而达到整合社会意识，继而成为国家治理的重要思想指引。我国提出社会主义核心价值观并被冠之以社会主义，就是因为它符合我国国情，是我国人民的一种价值追求。社会主义核心价值观虽然只有简单的二十四个字，却蕴含丰富的内容，它对国家层面、社会层面和个人层面提出要求。首先，我们来看社会主义核心价值观在国家层面的要求即富强、民主、文明、和谐。一个国家的发展目的就是让人民能够幸福生活，但实现幸福生活是有前提的。其一，国家要摆脱贫困，走向富强。其二，国家不能成为统治阶级的工具，国家要倡导民主，实现人民当家作主，得到人民的拥护。其三，大力发掘自身优秀文化传统。我们知道，我国具有五千多年的文明史，在历史长河中积淀了劳动人民的智慧，因而国家要保护、传承这些优秀传统文化，用优秀传统文化涵养自身。其四，和谐，其实和谐在这里更多的是指国家与个人的和谐。因为和谐是富强、民主、文明的结果。如果实现富强、民主和文明，国家

---

① 《习近平谈治国理政》（第 1 卷），外文出版社 2018 年版，第 163 页。

与个人、个人与社会就能实现和谐统一。其次，我们来看社会主义核心价值观在社会层面的要求即自由、平等、公正、法治。人们生活在社会中，马克思也说过，人的本质是一切社会关系的总和，离开社会而生存的单个的人是不可能存在的。此外，在马克思恩格斯看来，社会是国家与个人的中介。如果社会有利于人的发展，那么国家与个人便更加和谐统一。既然社会对于个人而言非常重要，那么社会应该也有一套行为规范。人们在社会中交往，如果没有一个平等、公平和自由的社会环境，不但人与人之间会斗争不断，而且社会也会由此陷入无秩序状态之中。此外，要有自由、平等和公平的社会环境还需要有法律作为保障。最后，我们再来看其对个人的要求即爱国、敬业、诚信、友善。个人是国家与社会的一分子，虽然社会主义核心价值观对国家和社会的要求的最终目标还是为了个人，但是个人也要有一套行为规范来规范自身。首先个人要热爱国家，我们常说有国才有家，所以个人要爱国。其次要做好自己的本职工作，要热爱自己的职业，做到敬业，这不仅是自我成长的需要，也是实现国家富强的必不可少的条件。如果每个公民能够敬业，那么国家也会因此走向富强，反过来个人也会生活得更为幸福。最后要做到诚信友善，这是我们做人的基本准则。只有个人诚信友善，国家和社会才能和谐。所以社会主义核心价值观，虽分属三个层面，但是三个层面是相通的，它对实现国家与个人的和谐统一具有非常重要的作用。

从社会主义核心价值观的内容中可以看出，社会主义核心价值观是指向未来的，是中国人民一种永恒的价值追求，是国家与个人和谐统一的价值基点。正如习近平指出的："社会主义核心价值观是当代中国精神的集中体现，凝结着全国人民共同的价值追求。"① 也有学者在研究社会主义核心价值观时指出："社会主义核心价值观的价值形态就是人们对当下国家、社会、'现实的个人'价值目标的一种伦理追求。"② 所以说，把社会主义核心价值观作为国家与个人和谐统一的价值基点无疑是正确的。此外，社会主义核心价值观是联结国家与个人的一种精神纽带，是

① 《习近平谈治国理政》（第3卷），外文出版社2020年版，第33页。
② 田鹏颖：《社会主义核心价值观的存在形态》，《社会主义核心价值观研究》2021年第3期。

无形的价值力量。基于此，我们要积极践行和弘扬社会主义核心价值观，要把社会主义核心价值观贯穿社会生活的各个方面，"使社会主义核心价值观内化为人们的精神追求，外化为人们的自觉行动"①。社会主义核心价值观贯穿中国社会发展的始终，它是开放的、持续发展的形态，所以我们要积极践行社会主义核心价值观，将其融入社会生活之中，逐渐成为人们的共同价值认同，从而使每个人成为社会主义核心价值观的坚决拥护者。其实，我们党带领中国人民进行伟大实践就是对社会主义核心价值观的践行。可以说，用社会主义核心价值观激发人们热爱祖国进而建设祖国，反过来国家强大又保护每个个人，这就是将社会主义核心价值观作为国家与个人和谐统一的价值基点的原因所在。

三 着力实现国家梦与个人梦的辩证统一

2012年习近平在参观《复兴之路》展览时正式提出中国梦，他说实现中华民族伟大复兴是中华民族近代以来最伟大的梦想。但这个梦想需要中华民族每个人共同的奋斗才能实现。我们每个人也有个人的梦想。人不同于动物，人类具有主观能动性，能够规划蓝图，为自己设定目标，并朝着目标不断前进，这种人生目标可以称之为个人理想，也就是个人梦。无论是国家梦的实现还是个人梦的实现都离不开国家和个人的共同努力。国家梦是个人梦的集合，国家梦实现了，个人梦也就能够实现，可以说国家梦助推个人梦的实现。反过来，个人为实现自身的梦而进行的奋斗也推动了国家梦的实现。正是在国家梦与个人梦的关系中，我们看到国家的发展离不开每个人的奋斗，而个人又离不开现实的国家为之提供发展的平台和机会。正如习近平指出的："每个人的前途命运都与国家和民族的前途命运紧密相连。国家好、民族好，大家才会好。"② 因此要充分认识国家梦与个人梦是辩证统一的，这样在实现国家梦与个人梦的进程中，国家与个人更加紧紧地联系在一起，国家与个人将更加和谐统一。

第一，国家梦以个人梦为基础，无数个个人梦汇集成国家梦，国家

---

① 《习近平谈治国理政》（第1卷），外文出版社2018年版，第164页。
② 《习近平谈治国理政》（第1卷），外文出版社2018年版，第36页。

梦是个人梦的最高表现。在我国，国家梦是实现中华民族的伟大复兴，但更具体一点来说，就是让每个中华儿女都能过上幸福的生活，实现自己的梦想。所以说国家梦是以个体梦为基础的，国家梦包含每个人的梦，个人梦是国家梦的具体表现。我国始终坚持以人民为中心的发展乃是中国梦实现过程中不可忽视的主线。正如有学者所说："人是中国梦的承载主体和基本因子，'中国梦'以实现'个人梦'为出发点和落脚点，把'宏大叙事'和'个人生活'结合起来，格外关注每个中国人的个性化发展和自我价值实现。"① 也就是说把中国梦微观化来看其实就是每个人的梦，中国梦的实现也就是每个人的梦的实现，中国梦把个人梦的实现作为自己的使命。习近平也指出："中国梦归根到底是人民的梦，必须紧紧依靠人民来实现，必须不断为人民造福。"② 正是如此，中国梦具有宏大的格局，积极关注每个人的梦想，每个人的成长。为此，党和国家不断深化改革，想民之所想，急民之所急，不断推进中国梦的实现。每个人的梦都有不同的表现形式，但个人梦不同表现形式后有其深层逻辑，那就是能够实现物质生活和精神生活水平的双重提高，让自身有幸福感和成就感，而这些个人梦就是国家梦，是国家不断走向富强的动力。

第二，个人梦的实现离不开国家梦，国家梦是个人梦的依托平台。个人梦的形成与个人的生活环境和文化环境有着很大的关系。可以说个人梦的实现受到国家的经济实力和政治格局的影响。如果国家富强这个梦实现了，那么就为个人梦想的实现提供了相应的条件。马克思恩格斯在《德意志意识形态》中指出："至于个人在精神上的现实丰富性完全取决于他的现实关系的丰富性。"③ 就是说外界的环境对个人精神追求即每个人的梦想和诉求有很大的影响，个人梦的实现离不开外界所提供的良好的环境。可以说，国家和社会的进步与发展是个人梦想实现的重要条件。所以说，实现个人梦须以国家梦为基础。只有把个人梦奠基在国家梦之上，才能在实现国家梦的同时实现自己的人生价值，使人生大放

---

① 龚晓珺、贺金瑞：《中国梦与人的全面发展——基于中国现代国家建构的政治生态视角》，《马克思主义哲学论丛》2015 年第 1 期。

② 《习近平谈治国理政》（第 1 卷），外文出版社 2018 年版，第 40 页。

③ 《马克思恩格斯文集》（第 1 卷），人民出版社 2009 年版，第 541 页。

光彩。

第三，实现国家梦和个人梦都需要每个人不断努力奋斗。实现个人梦需要每个个体发挥主观能动性，认准目标坚持不懈，用汗水浇灌梦想之花。当然，实现国家梦，即我们的中国梦也需要每个人敢于实践、勇于奋斗。中国梦是民族梦，也是每个中国人的梦，实现中华民族伟大复兴的光荣使命，需要一代又一代中国人民共同为之努力。不能让实现中国梦流于口号，每个人都要尽自己最大的努力参与现实实践推动中国梦的实现。一是要弘扬中国精神，即以爱国主义为核心的民族精神和以改革创新为核心的时代精神。如果没有这两大精神作为指引，我们个人的努力就缺乏内生动力，所以要以此来激发我们奋斗的动力。二是全国人民需要紧密团结，万众一心，为实现共同的梦想而奋斗，如此一来实现梦想的力量就会无比强大。其实实现国家梦也是在实现个人梦。这样我们才能拥有更广阔的空间，共享人生出彩的机会，共享梦想成真的机会。

结　语

　　"国家与社会、国家与个人、社会与个人之间的矛盾与冲突将是人类
社会生活需要面对的一个永恒课题。"① 马克思恩格斯对这一永恒的课题
进行了深入的研究。马克思恩格斯国家与个人关系思想不仅对国家与个
人关系进行了深入阐发，同时阐明了国家与个人之间存在的矛盾，而且
对解决国家与个人矛盾进行了有益的探索。马克思恩格斯国家与个人关
系思想是面向人的解放的。因而我们也可以说，这一思想的终极目的是
实现人的自由而全面的发展。马克思恩格斯遵循摧毁、重建再到发展的
逻辑。首先，需要一个最根本的、科学的理论来指导无产阶级选择正确
的实践方式以打碎资产阶级旧的国家机器。这个科学的理论就是唯物史
观，唯物史观揭示了社会发展规律，即生产力与生产关系、经济基础与
上层建筑的矛盾是推动社会发展的根本动力，而社会革命可以作为催化
剂推动社会发展。资本主义社会内部出现的矛盾表明资本主义社会需要
一次真正的社会革命，而这无疑增强了无产阶级革命运动的信心。其次，
建立无产阶级专政的社会主义国家，把生产资料从资产阶级手中剥夺过
来，使其成为全体人民的生产资料，也就是把国家从私有制变成公有制，
变成代表绝大多数人利益的社会主义国家，然后在此基础上大力发展社
会生产力。最后，随着生产力高度发展，物质财富极大丰富，进而步入
共产主义社会，这时国家消亡，由此国家与个人矛盾关系也得到彻底解
决，个人将真正实现自由而全面的发展。

---

① 侯小丰：《马克思的共产主义与柏拉图的理想国之理论主旨辨析》，《学术研究》2021 年
第 10 期。

一定程度上可以说，中国特色社会主义取得举世瞩目的成就也离不开马克思恩格斯国家与个人关系思想的指引。

当前，我们在朝着马克思恩格斯所推断的共产主义社会发展，但要实现物质财富的极大丰富还有很长的路要走。在此期间，我们仍然需要国家，需要国家为个人提供自由发展的条件。因此，只要国家还有存在的必要，那么研究国家与个人的关系问题也就是重要且必要的。事实上，要发展21世纪的马克思主义，当然也可以围绕有关国家与个人的关系问题创新发展马克思主义。本书虽然对马克思恩格斯国家与个人关系思想进行了较为深入的探索，但是并未穷尽相关研究，例如站在马克思恩格斯国家与个人关系思想的立场上对无政府主义、空想社会主义进行批判等，本书并未作深入探讨。总之，在很长一段时间内，国家形式都将现实地存在着的，因此，如何更好地促进国家与个人之间的和谐当是马克思主义者发展马克思恩格斯国家与个人关系思想需要重点加以考虑的问题。

主要参考文献

一　中文类

1. 著作

《马克思恩格斯全集》（第 1 卷），人民出版社 1995 年版。

《马克思恩格斯全集》（第 3 卷），人民出版社 2002 年版。

《马克思恩格斯全集》（第 4 卷），人民出版社 1958 年版。①

《马克思恩格斯全集》（第 30 卷），人民出版社 1995 年版。

《马克思恩格斯全集》（第 40 卷），人民出版社 1982 年版。

《马克思恩格斯全集》（第 47 卷），人民出版社 2004 年版。

《马克思恩格斯文集》（第 1—10 卷），人民出版社 2009 年版。

《列宁全集》（第 24 卷），人民出版社 2017 年版。

《列宁全集》（第 37 卷），人民出版社 2017 年版。

《列宁选集》（第 2 卷），人民出版社 2012 年版。

《列宁选集》（第 3 卷），人民出版社 2012 年版。

《列宁选集》（第 4 卷），人民出版社 2012 年版。

《列宁专题文集·论社会主义》，人民出版社 2009 年版。

《列宁专题文集·论马克思主义》，人民出版社 2009 年版。

《毛泽东文集》（第 7 卷），人民出版社 1999 年版。

《毛泽东选集》（第 4 卷），人民出版社 1991 年版。

《毛泽东选集》（第 3 卷），人民出版社 1991 年版。

《邓小平文选》（第 2 卷），人民出版社 1994 年版。

---

　① 特别说明，由于《马克思恩格斯全集》第二版并未全部出版，因而本书遵循的原则是：涉及马克思恩格斯经典文献的引文，能采用马克思恩格斯全集第二版的就采用第二版，不能的，则依然沿用第一版的马克思恩格斯全集。

《邓小平文选》（第3卷），人民出版社1993年版。

《江泽民文选》（第3卷），人民出版社2006年版。

《胡锦涛文选》（第2卷），人民出版社2016年版。

《习近平谈治国理政》（第1卷），外文出版社2018年版。

《习近平谈治国理政》（第2卷），外文出版社2017年版。

《习近平谈治国理政》（第3卷），外文出版社2020年版。

《十九大以来重要文献选编（上）》，中央文献出版社2019年版。

［英］阿克顿：《自由史论》，胡传胜等译，南京译林出版社2001年版。

［英］阿诺德·汤因比：《历史研究》，郭小凌等译，上海世纪出版集团
2010年版。

［以］阿维瑞纳：《马克思的社会与政治思想》，张东辉译，知识产权出版
社2016年版。

［英］安东尼·吉登斯：《资本与现代社会理论》，郭忠华、潘华凌译，上
海译文出版社2018年版。

［英］安东尼·肯尼：《牛津西方哲学简史》，陈晓曦译，中国轻工业出版
社2019年版。

［古希腊］柏拉图：《理想国》，黄颖译，中国华侨出版社2016年版。

［英］鲍桑葵：《关于国家的哲学理论》，汪淑钧译，商务印书馆1996
年版。

［美］伯尔特·奥尔曼：《辩证法的舞蹈——马克思方法的步骤》，田世
锭、何霜梅译，高等教育出版社2006年版。

［英］戴维·米勒、韦农·波格丹诺编，邓正来主编：《布莱克维尔政治
学百科全书》，中国政法大学出版社1992年版。

［德］费希特：《国家学说：或关于原初国家与理性王国的关系》，潘德荣
译，中国法制出版社2010年版。

［德］费希特：《论学者的使命——人的使命》，梁志学、沈真译，商务印
书馆2009年版。

［德］费希特：《自然法权基础》，谢地坤、程志民译，商务印书馆2004
年版。

［英］冯·哈耶克：《通往奴役之路》，王明毅等译，中国社会科学出版社
1997年版。

［美］弗朗西斯·福山：《政治秩序与政治衰败：从工业革命到民主全球化》，毛俊杰译，广西师范大学出版社 2015 年版。

［法］傅立叶：《傅立叶选集》（第 1 卷），赵俊欣等译，商务印书馆 1982 年版。

［英］G. D. H. 柯尔：《社会主义思想史》（第 2 卷），何瑞丰译，商务印书馆 1978 年版。

［美］汉娜·阿伦特：《马克思与西方政治思想传统》，孙传钊译，江苏人民出版社 2007 年版。

［德］黑格尔：《哲学史讲演录》（第 2 卷），贺麟等译，商务印书馆 1997 年版。

［德］黑格尔：《法哲学原理》，邓安庆译，人民出版社 2016 年版。

［德］亨利希·库诺：《马克思的历史、社会和国家学说》，袁志英译，上海译文出版社 2006 年版。

［法］亨利·列菲弗尔：《论国家——从黑格尔到斯大林和毛泽东》，李青宜等译，重庆出版社 1988 年版。

［英］霍布斯：《利维坦》，黎思复、黎廷弼译，商务印书馆 2017 年版。

［美］卡罗尔·C. 古尔德：《马克思的社会本体论：马克思社会实在理论中的个性和共同体》，王虎学译，北京师范大学出版社 2018 年版。

［德］康德：《道德形而上学原理》，苗力田译，上海人民出版社 1986 年版。

［德］康德：《法的形而上学原理：权利的科学》，沈叔平译，商务印书馆 1991 年版。

［苏］科恩：《自我论》，佟景韩等译，生活·读书·新知三联书店 1986 年版。

［英］拉尔夫·密里本德：《资本主义社会的国家》，沈汉等译，商务印书馆 1997 年版。

［英］拉尔夫·密利本德：《马克思主义与政治学》，黄子都译，商务印书馆 1984 年版。

［法］雷蒙·阿隆：《阶级斗争——工业社会新讲》，周以光译，译林出版社 2003 年版。

［法］卢梭：《社会契约论》，施新州编译，商务印书馆 2012 年版。

［德］路德维希·费尔巴哈：《费尔巴哈哲学著作选集（上）》，荣震华、李金山等译，商务印书馆 1984 年版。

［德］路德维希·费尔巴哈：《费尔巴哈哲学著作选集（下）》，荣震华、王太庆、刘磊译，商务印书馆 1984 年版。

［法］路易·阿尔都塞：《保卫马克思》，顾良译，商务印书馆 2010 年版。

［美］路易斯·亨利·摩尔根：《古代社会》，杨东莼、马雍等译，中央编译出版社 2007 年版。

［美］罗伯特·诺奇克：《无政府、国家和乌托邦》，姚大志译，中国社会科学出版社 2008 年版。

［英］洛克：《政府论（下篇）》，叶启芬、瞿菊农译，商务印书馆 1996 年版。

［德］马克斯·韦伯：《学术与政治》，李菲译，四川人民出版社 2020 年版。

［英］玛丽·比尔德：《罗马元老院与人民》，王晨译，民主与建设出版社 2018 年版。

［美］麦金泰尔：《德性之后》，龚群等译，中国社会科学出版社 1995 年版。

［法］孟德斯鸠：《论法的精神》，许明龙译，商务印书馆 2009 年版。

［法］米歇尔·博德：《资本主义史：1500—1980》，吴艾美等译，东方出版社 1986 年版。

［英］欧文：《欧文选集》（第 2 卷），柯象峰等译，商务印书馆 1984 年版。

［英］乔纳森·沃尔夫：《当今为什么还要研读马克思》，段忠桥译，高等教育出版社 2006 年版。

［美］乔治·萨拜因：《政治学说史（城邦与世界社会）》，托马斯·索尔森修订，邓正来译，上海人民出版社 2015 年版。

［美］乔治·萨拜因：《政治学说史：民族国家（下）》，邓正来译，上海人民出版社 2015 年版。

［美］R. W. 米勒：《分析马克思——道德、权力和历史》，张伟译，高等教育出版社 2009 年版。

［法］圣西门：《圣西门选集》（第 1 卷），董果良译，商务印书馆 1982 年

版。

[法] 圣西门：《圣西门选集》（第2卷），赵俊欣等译，商务印书馆1982
　　年版。

[美] 斯塔夫里阿诺斯：《全球通史（上）》，吴象婴等译，北京大学出版
　　社2005年版。

[英] T. H. 马歇尔、安东尼·吉登斯等：《公民身份与社会阶级》，郭中
　　华、刘训练编，江苏人民出版社2008年版。

[英] 特里·伊格尔顿：《美学意识形态》，王杰等译，中央编译出版社
　　2013年版。

[德] 威廉·冯·洪堡：《论国家的作用》，林荣远等译，中国社会科学出
　　版社1998年版。

[古希腊] 亚里士多德：《政治学》，颜一、秦典华译，中国人民大学出版
　　社2003年版。

[英] 约翰·麦克里兰：《西方政治思想史》（上），彭淮东译，中信出版
　　社2014年版。

[美] 张效敏：《马克思的国家理论》，田毅松译，上海三联书店2013
　　年版。

陈炳辉：《西方马克思主义的国家理论》，中央编译出版社2004年版。

陈先达、杨耕：《马克思主义哲学原理》，中国人民大学出版社2003
　　年版。

陈越编：《哲学与政治：阿尔都塞读本》，吉林人民出版社2003年版。

邓正来、[英] J. C. 亚历山大编：《国家与市民社会——一种社会理论的
　　研究路径》，中央编译出版社2005年版。

顾海良主编：《马克思主义发展史》，中国人民大学出版社2009年版。

韩庆祥：《马克思的人学理论》，河南人民出版社2011年版。

蒋红：《马克思市民社会理论研究》，人民出版社2007年版。

李佃来：《公共领域与生活世界——哈贝马斯市民社会理论研究》，人民
　　出版社2006年版。

刘海江：《马克思实践共同体思想研究》，中国社会科学出版社2016
　　年版。

刘以林主编：《中国文学·苏轼作品选》，内蒙古人民出版社2003年版。

吕思勉：《中国通史》，群言出版社 2016 年版。

聂露主编：《当代西方政治思想前沿》，中国政法大学出版社 2016 年版。

孙伯鍨、侯惠勤主编：《马克思主义哲学的历史和现状（上卷）》，南京大
　　学出版社 2004 年版。

谭培文、陈新夏、吕世荣：《马克思主义经典著作选编与导读》，人民出
　　版社 2005 年版。

唐士其：《西方政治思想史》，北京大学出版社 2002 年版。

王邦佐等编著：《中国政党制度的社会生态分析》，上海人民出版社 2000
　　年版。

王海明：《理想国家（下册）》，商务印书馆 2014 年版。

西方政治思想史编写组：《西方政治思想史》，人民出版社 2011 年版。

应克复、金太军、胡传胜：《西方民主史》，中国社会科学出版社 1997
　　年版。

袁雷、张云飞：《马克思传——人间的普罗米修斯》，中国人民大学出版
　　社 2018 年版。

庄福龄主编：《简明马克思主义史》，人民出版社 2004 年版。

　　2. 期刊论文

习近平：《坚持、完善和发展中国特色社会主义国家制度与法律制度》，
　　《求是》2019 年第 23 期。

习近平：《扎实推进共同富裕》，《求是》2021 年第 20 期。

［英］B. 杰普索、艾彦：《国家理论的新进展——各种探讨、争论点和议
　　程》，《世界哲学》2002 年第 1—2 期。

［俄］伊万·伊戈列维奇·科米萨罗夫著，周来顺译：《斯宾塞与恩格斯：
　　国家制度起源与本质的两种模式》，《国外理论动态》2020 年第 5 期。

曹泳鑫、卢汉：《论中国共产党对马克思主义政党党性的守正创新》，《毛
　　泽东邓小平理论研究》2020 年第 3 期。

陈昌荣：《科学理解中国特色社会主义制度和国家治理体系的三个维度》，
　　《云南社会主义学院学报》2021 年第 3 期。

陈培永：《对马克思关于人的本质问题论断的再理解》，《思想理论教育导
　　刊》2012 年第 9 期。

陈晓斌、刘同舫：《马克思对近代社会契约论的价值规范性批判》，《福建

师范大学学报》（哲学社会科学版）2019 年第 3 期。

丁志刚：《如何理解国家治理与国家治理体系》，《学术界》2014 年第
　2 期。

高海清：《市场经济、个人主体与现代哲学》，《吉林大学社会科学学报》
　1994 年第 1 期。

龚晓珺、贺金瑞：《中国梦与人的全面发展——基于中国现代国家建构的
　政治生态视角》，《马克思主义哲学论丛》2015 年第 1 期。

郭奕鹏：《灵魂的德性与人的解放——从亚里士多德的灵魂学说看马克思
　的政治批判》，《马克思主义与现实》2018 年第 3 期。

侯小丰：《马克思的共产主义与柏拉图的理想国之理论主旨辨析》，《学术
　研究》2021 年第 10 期。

蒋红群：《马克思恩格斯对资本主义灾难化向度的内在批判》，《社会主义
　研究》2021 年第 5 期。

寇清杰、李征征：《列宁党性思想的着力点及党性教育实现路径》，《广西
　社会科学》2019 年第 12 期。

李晓光：《马克思恩格斯对巴枯宁无政府主义的分析批判及其当代启示》，
　《当代世界与社会主义》2020 年第 3 期。

梁冰洋：《马克思对费尔巴哈与施蒂纳利己主义的批判》，《哲学动态》
　2020 年第 12 期。

林青：《作为中介者的国家——论马克思国家学说的建构意义》，《复旦学
　报》（社会科学版）2017 年第 2 期。

林钊：《马克思对蒲鲁东无政府主义思想的批判》，《山东社会科学》2018
　年第 3 期。

刘凤义：《论社会主义市场经济中政府和市场的关系》，《马克思主义研
　究》2020 年第 2 期。

卢黎歌、梅煜：《"人民至上"价值理念的三重意蕴》，《西安交通大学学
　报》（社会科学版）2021 年第 4 期。

马拥军：《民主集中制：中国共产党百年探索与领路的组织原则》，《江西
　社会科学》2021 年第 4 期。

孟融：《国家治理到个人保护：社会信用体系的信息利用逻辑传递——以
　〈个人信息保护法〉出台为背景》，《北京行政学院学报》2021 年第

5 期。

聂锦芳：《"现实的个人"与"共同体"关系之辨——重温马克思恩格斯对一个重要问题的阐释与论证》，《哲学研究》2010 年第 11 期。

商逾：《政治国家与市民社会之关系的哲学内涵——马克思关于〈费尔巴哈的提纲〉第 1 条新释》，《山东社会科学》2015 年第 4 期。

宋艳华、蒋锦洪：《马克思对黑格尔个人与国家关系的理论批判》，《广西社会科学》2019 年第 1 期。

田鹏颖：《社会主义核心价值观的存在形态》，《社会主义核心价值观研究》2021 年第 3 期。

汪信砚、孔婷：《个体与共同体：马克思阐释社会历史发展的一对基本范畴》，《马克思主义理论学科研究》2021 年第 2 期。

王国勤：《国家与社会关系的话语建构：从哲学话语到政治话语》，《浙江社会科学》2021 年第 8 期。

王艳秀：《〈论犹太人问题〉的政治解放批判及其与"人的解放"之对勘》，《浙江学刊》2021 年第 3 期。

温纯如：《论费希特自我学说中绝对自我"三位一体"的思想》，《安徽大学学报》（哲学社会科学版）1995 年第 5 期。

吴波、秦志龙：《〈共产党宣言〉中的"资本逻辑"批判》，《长白学刊》2018 年第 6 期。

吴仲平：《亚里士多德国家学说述要》，《厦门大学学报》（哲学社会科学版）1985 年第 1 期。

薛俊强：《马克思的"个人"、"国家"与"社会"关系视域的开启——从与黑格尔、卢梭的关系视角之审视》，《湖北行政学院学报》2009 年第 5 期。

杨雪冬：《西方马克思主义的国家理论简评》，《马克思主义与现实》2004 年第 2 期。

于春洋、马瑞琪：《分期与进展：当代中国民族国家建构线索梳要》，《统一战线学研究》2021 年第 4 期。

于金成：《社会主义市场经济对马克思人发展理论的深化》，《理论与现代化》2021 年第 6 期。

余卫国：《意识形态自信：文化自信的逻辑递归和实践路径选择》，《青海社会科学》2020 年第 5 期。

余涌：《论财产权及其关联的道德义务》，《中州学刊》2020 年第 8 期。

曾凡跃：《试论马克思与哈耶克国家观批判的不同维度》，《学术界》2012
年第 7 期。

张斌、侯怡如：《资本逻辑批判与共产主义演进发展》，《当代经济研究》
2020 年第 10 期。

张东辉：《论费希特的国家观》，《阅江学刊》2011 年第 3 期。

张盾：《马克思政治哲学中的个人原则和社会原则》，《中国社会科学》
2013 年第 8 期。

章新若：《论马克思的辩证个人观》，《理论月刊》2014 年第 1 期。

周东辰、马世力：《自由农民与农业革命——英国东盎格利亚地区的圈地
运动和农业革命》，《学术界》2016 年第 4 期。

　　3. 学位论文

冯珊：《马克思个人与共同体关系的思想研究》，博士学位论文，吉林大
学，2018 年。

杨勇：《哲学视野中的国家与个人的关系》，博士学位论文，中共中央党
校，2005 年。

赵坤：《马克思个人与共同体关系思想研究》，博士学位论文，东北师范
大学，2018 年。

　　4. 报纸

习近平：《在全国脱贫攻坚总结表彰大会上的讲话》，《人民日报》2021
年 2 月 26 日。

杜尚泽等：《创作新时代的黄河大合唱——记习近平总书记考察调研并主
持召开黄河流域生态保护和高质量发展座谈会》，《人民日报》2019 年
9 月 20 日。

二　外文类

1. 著作

Augustine, *The City of God against the Pagans*, edited and translated by
R. wyson, Cambridge: Cambridge University Press, 1998.

R. G. Gettell, *History of Political Thought*, New York: Appleton-centurCrofts,

INC，1924.

2. 期刊

Samuel DeCanio，"Beyond Marxist State Theory：State Autonomy in Democratic Societies"，*Critical Review*，Vol. 14，No. 2 - 3，2000.

Todd Gordon，"Towards an Anti-racist Marxist State Theory：A Canadian Case Study"，*Capital & Class*，Vol. 31，No. 1，2007.